OEUVRES
COMPLÈTES
DE DUCLOS.

TOME NEUVIÈME.

DE L'IMPRIMERIE DE P. DIDOT L'AINÉ,
CHEVALIER DE L'ORDRE ROYAL DE SAINT-MICHEL,
IMPRIMEUR DU ROI.

OEUVRES

COMPLÈTES

DE DUCLOS

PRÉCÉDÉES D'UNE NOTICE

SUR SA VIE ET SES ÉCRITS

Par M. AUGER,

DE L'ACADÉMIE FRANÇOISE.

NOUVELLE ÉDITION.

TOME NEUVIÈME.

A PARIS

CHEZ JANET ET COTELLE, LIBRAIRES,
RUE NEUVE-DES-PETITS-CHAMPS, N° 17.

M DCCCXXI.

MORCEAUX HISTORIQUES

ET

MATÉRIAUX POUR L'HISTOIRE,

TROUVÉS DANS LES PAPIERS DE DUCLOS [1].

MORT

DE MADAME HENRIETTE D'ANGLETERRE,

PREMIÈRE FEMME DE MONSIEUR, FRÈRE UNIQUE DE LOUIS XIV.

Le public a toujours soupçonné que Madame étoit morte empoisonnée le 30 juin 1660. Madame étant à St.-Cloud, en parfaite santé, but un verre d'eau de chicorée. Dans l'instant elle sentit des douleurs aiguës dans l'estomac, les convulsions suivirent; six heures après elle étoit morte; il eût été difficile de ne pas supposer de poison une mort si prompte et si violente. Mais ce n'est plus un soupçon; c'est un fait certain, quoique les preuves en soient connues de très peu de personnes.

---

[1] Ces morceaux et matériaux devoient entrer dans les Mémoires secrets sur les règnes de Louis XIV et de Louis XV, ou servir à leur continuation.

Le roi, frappé des circonstances de cette mort, fit venir devant lui Morel, contrôleur de la bouche de Madame; il fut introduit secrétement, la nuit même qui suivit la mort de cette princesse, dans le cabinet du roi, qui n'avoit avec lui que deux domestiques de confiance; et l'officier des gardes du corps qui amena ce domestique. « Regardez-moi, lui dit le « roi, et songez à ce que vous allez dire : soyez sûr « de la vie, si c'est la vérité; mais si vous osez me « mentir, votre supplice est prêt. Je sais que Ma- « dame est morte empoisonnée; mais je veux savoir « les circonstances du crime. » « Sire, répondit « Morel sans se déconcerter, votre majesté me re- « garde avec justice comme un scélérat; mais, après « sa parole sacrée, je serois un imbécile, si j'osois « lui mentir. Madame a été empoisonnée: le cheva- « lier de Lorraine a envoyé de Rome le poison au « marquis d'Effiat, et nous l'avons mis dans l'eau « que Madame a bue. » « Mon frère, reprit le roi, « le savoit-il? » « Monsieur! dit Morel, nous le con- « noissons trop pour lui avoir confié le secret. » Alors le roi respirant : « Me voilà soulagé, sortez. » Pour entendre ce qui regarde le chevalier de Lorraine et le marquis d'Effiat, il faut savoir que le chevalier de Lorraine, d'une figure charmante, d'un esprit séduisant, et sans aucun principe, étoit passionnément aimé de Monsieur, dont le goût grec étoit connu. Le chevalier avoit un tel ascendant sur l'esprit de Monsieur, qu'il exerçoit sur la maison un empire absolu, dont il abusoit au point que Madame en éprouvoit des insolences qu'elle n'auroit pas eu à craindre d'une rivale de son sexe. Le chevalier de Lorraine avoit envoyé le poison au marquis d'Effiat, premier écuyer de Monsieur, et digne d'être son ami autant que des scélérats peuvent l'être. D'Effiat étoit petit-fils du maréchal d'Effiat, et fils du frère aîné de Cinqmars, grand écuyer, décapité à Lyon avec de Thou. C'étoit un homme de beaucoup d'esprit, et qui, ayant connu que le chevalier de Lorraine étoit à-la-fois le maître et la maîtresse de Monsieur, s'y étoit totalement dévoué. Je l'ai vu dans ma première jeunesse à Chilly : un petit vieillard assez vigoureux pour monter des chevaux très vifs. Il mourut à plus de quatre-vingts ans, en 1719.

Un des trois témoins de l'interrogatoire de Morel le dit, long-temps après, au procureur général Joli de Fleury, père de celui d'aujourd'hui, et je le tiens d'abord d'un magistrat très distingué, ami du procureur général. Mais je l'ai su encore d'un plus qu'ami de mademoiselle Chausseraie, à laquelle le roi l'avoit dit ; elle avoit fait des mémoires très curieux, que l'abbé d'Andigné, son parent, lui conseilla de brûler. Je soupçonne que l'ami intime qu'elle en chargea, ne les sacrifia pas tous ; car il me promit un jour de les rechercher, et nous n'avons pas eu depuis occasion de nous retrouver; mais, dans une longue conversation que nous eûmes ensemble, il me confirma tous les faits dont il me voyoit instruit, et m'en apprit beaucoup d'autres. J'ai fait ailleurs connoître cette demoiselle Chausseraie (Voyez Mémoires secrets). Quelque indignation que la présence du chevalier de Lorraine et du marquis d'Effiat pût réveiller dans le cœur du roi, ce prince, ne voulant pas laisser soupçonner qu'il sût rien de cet affreux secret, traita extérieurement d'Effiat comme à l'ordinaire, et accorda, après quelque temps, à Monsieur le retour du chevalier.

Il ne s'agit plus que d'expliquer pourquoi le chevalier fit empoisonner Madame. Louis XIV, voulant porter la guerre en Hollande, voulut aussi s'assurer de Charles II, roi d'Angleterre; pour y parvenir, il engagea Madame, sœur de Charles, à passer en Angleterre, et pour que ce voyage parût un effet du hasard, et non d'un projet politique, Louis XIV parut aller visiter ses conquêtes des Pays-Bas, et y mena toute sa cour. Madame alors prit le prétexte du voisinage pour demander la permission de passer la mer et d'aller voir son frère. Il n'y avoit d'abord que M. de Turenne et Louvois d'instruits du vrai motif du voyage; mais M. de Turenne, amoureux de madame de Coëtquen, lui confia le secret dès le premier moment, afin qu'elle prît ses mesures pour être du voyage. Madame de Coëtquen, qui aimoit le chevalier de Lorraine, ne manqua pas de lui dire le mystère du voyage, et le chevalier n'eut rien de plus pressé que d'en instruire Monsieur. Ce prince fut outré qu'on eût eu assez peu d'égard pour lui cacher un projet où sa femme jouoit le principal rôle. N'osant exhaler son ressentiment contre le roi, il traita Madame si mal, que le roi, dans la crainte que cette dissension domestique ne fît un éclat qui divulgueroit le secret, fit arrêter le chevalier de Lorraine, l'envoya prisonnier à Pierre-Encise, de là au château d'If; alors Monsieur, plus furieux que jamais, se retira à Villers-Cotterets, et y emmena sa femme; le roi, employant à-la-fois l'autorité et la douceur, envoya M. Colbert à Villers-Cotterets, pour ordonner le secret du voyage à Monsieur, et le ramener à la cour. On convint qu'il reviendroit, et que le chevalier de Lorraine sortiroit de prison, mais qu'il iroit quelques mois en Italie. Le roi fit ensuite la tournée de Flandres, qui couvrit le voyage de Madame en Angleterre, d'où elle revint le 12 de juin après avoir engagé Charles II à s'unir à la France contre la Hollande. Pendant ce temps-là, le chevalier de Lorraine, qui sentoit qu'il n'obtiendroit jamais son rappel que du consentement de Madame, ce qu'elle étoit fort éloignée d'accorder, prit le parti de s'en défaire par le poison. Le roi le fit revenir dans la suite : il s'en servoit pour gouverner Monsieur. Le chevalier de Lorraine mourut en 1702.

L'abbé de Choisi, écrivain agréable, et dont le style a les graces négligées d'une femme, a quelquefois trop peu d'exactitude dans les faits. Par exemple, en parlant du voyage de Madame, il fait dire (page 406 de ses mémoires), par le roi à M. de Turenne, que le chevalier de Lorraine avoit révélé le secret à Monsieur, et l'abbé venoit de dire (page 377) qu'il étoit en Italie; voilà des contradictions assez près les unes des autres. Il ne s'agit que de distinguer les époques: le chevalier étoit à la cour lors du projet, et en Italie, lors du voyage et de la mort de Madame.

CAUSES SECRÈTES

DE LA GUERRE DE 1741.

Le cardinal de Fleury avoit le desir le plus sincère, à la mort de l'empereur Charles VI (le 20 octobre 1740), d'éviter la guerre avec la reine de Hongrie; il pensoit, avec raison et justice, que le roi, ayant à la dernière paix, dans les préliminaires signés à Vienne, le 3 octobre 1735, accepté la pragmatique-sanction, qui assuroit à la reine l'indivisibilité des états de l'empereur, la France devoit être fidéle à ses engagements, et garantir l'exécution de la pragmatique.

Le cardinal se laissa entraîner à faire la guerre, par les sollicitations, ou plutôt les persécutions du roi et de la reine d'Espagne, et de Madame, infante, fille aînée de France, mariée à l'infant, le 26 août 1739. Rien n'étoit si vif, si pressant, que les lettres du roi, de la reine et de l'infante au cardinal. Tous les trois écrivoient au roi pour le même objet, qui étoit de procurer à l'infant un établissement en Italie; mais ils étoient bien convaincus que c'étoit particulièrement le cardinal qu'il falloit gagner. Je ne rapporterai que quelques lettres de l'infante, pour donner une idée des autres. Après plusieurs lettres à ce sujet, auxquelles le cardinal ne répondoit pas toujours, l'infante lui écrivoit, le 21 septembre 1740, en ces termes :

« Monsieur, je vois bien que vous nous oubliez;
« cependant ce ne sera pas manque de vous en faire
« ressouvenir. Vous pouvez compter que je ne vous
« laisserai pas en repos jusqu'à ce que j'aie réussi.
« Quand j'étois en France, vous disiez que j'étois
« votre favorite, et il ne faut pas oublier ses amis,
« et sur-tout moi, qui étois une des personnes qui
« vous aimoient le plus. A moi, l'absence ne m'a
« pas fait le même effet qu'à vous, soyez-en per-
« suadé. »

Huit jours après, le 28 septembre :

« Monsieur, je vous écris encore cette lettre pour
« faire ressouvenir le roi de nous; et vous, monsieur,
« de lui parler souvent de l'attachement sans bor-
« nes que j'ai pour lui, et d'être persuadé de l'obli-
« gation et tendre amitié éternelle que j'aurai pour
« vous, si vous nous protégez dans cette occasion. »

Dans une autre occasion :

« C'est vous qui avez contribué à mon mariage :
« vous voudrez bien me rendre parfaitement heu-
« reuse. Je vous aurai une obligation éternelle ;
« soyez persuadé de la reconnoissance que j'ai pour
« vous. »

Le roi et la reine d'Espagne n'épargnoient pas plus que l'infante les sollicitations vives et les caresses au vieux cardinal.

« A cette heure, lui écrivoit le roi, c'est une belle
« occasion pour faire avoir quelque chose à l'in-
« fant, et je prie le roi, mon neveu, de se souvenir
« de sa fille en cette occasion, pour que leurs en-
« fants aient quelque chose pour se maintenir, et
« qu'ils ne restent pas des cadets. Je remets nos in-
« térêts entre vos mains, vous assurant de nouveau
« de l'amitié que j'ai pour vous. »

« Mon cousin, lui mandoit la reine, je vous prie
« de faire souvenir le roi de France de sa fille et de
« son gendre; je me rapporte entièrement à vos lu-
« mières, et je remets nos affaires entre vos mains.

« J'attends tout de votre amitié, soyez persuadé de
« la mienne. »

« Monsieur, écrivoit encore l'infante, je n'ai pas
« eu de réponse à la lettre que je vous ai écrite, je
« crains que vous ne m'ayez oubliée; je vous prie
« de vous ressouvenir de nous autant que je me
« ressouviens de vous; je ne sais si c'est trop me
« flatter, mais j'en suis persuadée.... Vous n'obli-
« gerez pas des ingrats : ce n'est pas seulement pour
« nous; mais au cas que nous ayons des enfants,
« *qu'ils aient un morceau à manger.....* Je ne vous
« laisserai pas en repos que vous n'ayez fait quelque
« chose pour nous. »

On voit par ces lettres que les princes adoptent aisément, pour leurs intérêts, le style de leurs flatteurs.

La reine d'Espagne s'imaginoit qu'il étoit de toute justice que ses enfants fussent souverains; mais si ce principe étoit adopté en France et en Espagne pour tous les fils, petits-fils et princes, les deux monarchies seroient à la fin morcelées. Ce ne seroit peut-être pas un malheur pour les peuples, qui ne sont jamais plus ménagés que par les petits princes; mais ce n'est et ne peut être le système des grands rois.

L'empereur avoit recommandé au duc de Lorraine, son gendre, de remettre ses intérêts entre les mains du cardinal de Fleury : le duc auroit très bien fait d'en user ainsi. Au lieu de prendre des voies d'amitié, lui et l'archiduchesse, sa femme, commencèrent par un acte qui devoit prévenir contre leurs desseins les deux puissances que la garantie de la pragmatique intéressoit le plus, la France et l'Espagne : dans la lettre par laquelle ils donnoient part à la cour de Madrid de la mort de l'empereur, l'archiduchesse prenoit le titre de *duchesse de Bourgogne, de Lorraine et de Bar;* elle mettoit encore autour de ses armes le collier de la Toison d'Or, quoique il y eût eu une convention par laquelle, à la mort de l'empereur, la grande maîtrise de cet ordre retourneroit uniquement au roi d'Espagne. L'archiduchesse et son mari firent même assez entendre qu'ils conservoient des prétentions sur ces provinces.

La cour d'Espagne eut grand soin de faire observer au cardinal ce qu'on avoit à craindre d'une nouvelle maison d'Autriche si elle parvenoit à l'Empire avec autant de puissance qu'en avoit l'ancienne. Le cardinal le prévoyoit assez, mais il ne croyoit pas devoir manquer à la garantie que la France avoit signée au sujet de l'indivisibilité de la succession de l'empereur dans la personne de l'archiduchesse : tel étoit l'objet de la pragmatique-sanction de 1713. On représentoit au cardinal que, sans manquer aux engagements sur l'indivisibilité de la succession de l'empereur, la France devoit du moins empêcher que la couronne impériale passât sur la tête de l'héritier des biens patrimoniaux, et ne pas s'opposer aux prétentions des électeurs de Bavière, de Saxe et autres puissances sur la succession de l'empereur, et que la France pouvoit même, comme auxiliaire, fournir des secours, sur-tout à la maison de Bavière, qui avoit donné tant de preuves d'attachement à Louis XIV dans la guerre de la succession.

On vient de voir avec quelle vivacité la reine d'Espagne pressoit le cardinal d'engager le roi à procurer un établissement à son gendre. Le roi, le plus tendre des pères, n'étoit pas difficile à gagner; mais le cardinal, qui avoit toute sa confiance, n'étoit pas si aisé à déterminer. Il avoit l'expérience, ainsi que les François, qu'alors que la France prend le moindre intérêt dans une guerre, elle devient bientôt la partie principale, et que nos alliés nous sont toujours onéreux, et jamais utiles. La guerre de la succession, qui s'étoit annoncée par les plus grandes espérances, avoit mis le royaume à deux doigts de sa ruine. Le mariage du roi nous avoit engagés dans une guerre pour le roi Stanislas. Nous avons vu, depuis la mort du cardinal de Fleury, ce que l'alliance avec la maison de Saxe nous a produit; presque tous les princes de l'Europe sont ennemis ou jaloux de la France, et tous, dans leurs disgraces, y cherchent un asile. Si un sultan pouvoit être détrôné, sans perdre la vie ou la liberté, il se réfugieroit en France. Le cardinal enfin ne croyoit pas devoir précipiter l'Europe dans une guerre générale, pour faire un établissement à don Philippe; d'ailleurs, son âge avancé ne lui permettoit pas d'espérer de terminer la guerre quand il le voudroit.

Cependant les persécutions de la reine d'Espagne, le penchant du roi à satisfaire sa fille et son gendre, les sollicitations de la noblesse, et sur-tout des courtisans qui attendent toujours de la guerre leur fortune méritée ou non, l'emportèrent sur les intentions pacifiques du cardinal. Le comte de Belle-Isle, petit-fils du surintendant Fouquet, ne contribua pas peu à séduire le cardinal, sur qui il avoit du crédit, par le moyen de vieilles amies, jadis protectrices du ministre dans le temps où il n'étoit que l'abbé de Fleury, cherchant à percer. Belle-Isle n'étoit à la mort de l'empereur, ni maréchal de France, ni duc et pair : la guerre seule pouvoit achever sa fortune. Un lieutenant général peut rester long-temps avec ce grade pendant la paix; et la mort du cardinal, qui ne pouvoit pas être éloignée, auroit privé Belle-Isle de son principal appui. Il en étoit inquiet, et consultant un jour sur sa fortune avec Chavigny, qui a passé pour un grand négociateur, parcequ'il a beaucoup intrigué, celui-ci lui dit qu'il ne devoit rien attendre que de la mort de l'empereur, s'il savoit en profiter. Belle-Isle ne laissa pas échapper l'occasion, fit valoir les craintes de l'Espagne et celles que devoit avoir la France sur la puissance future d'une nouvelle maison impériale.

L'irruption du roi de Prusse dans la Silésie fournit à Belle-Isle un moyen de dissiper les scrupules du cardinal sur l'infraction à la garantie. Frédéric étoit entré en Silésie, comme on l'a vu depuis entrer en Saxe, sous prétexte de conserver les états à leurs vrais maîtres, contre les entreprises des usurpateurs. On sait quels ont été les effets de ses promesses. Il a gardé la Silésie, et a dévasté la Saxe. Quoi qu'il en soit, Belle-Isle s'attacha à persuader au cardinal que l'électeur de Bavière et celui de Saxe, roi de Pologne, réclamant une partie de la succession de l'empereur, la pragmatique n'avoit plus lieu. Comme il se répandit bientôt qu'il étoit question, entre l'archiduchesse et le roi de Prusse, d'un accommodement par lequel une portion de la Silésie seroit cédée à ce prince, le cardinal devoit, disoit-on, perdre tous ses scrupules. Enfin, ajoutoit-on, l'indivisibilité de la succession de l'empereur ne donnoit à son héritier aucun droit à un empire électif, et la France pouvoit l'en écarter, sans violer sa garantie, outre qu'elle n'étoit tenue de sa part que de ne rien prétendre à cette succession, sans être encore obligée d'empêcher les autres puissances de réclamer des droits légitimes, sans compter les prétentions que les princes prennent toujours pour des droits. De ce nombre étoit le roi de Sardaigne, qui prendra toujours parti dans les guerres d'Italie, jusqu'à ce qu'il soit maître du Milanois.

Le cardinal se détermina donc à nommer Belle-Isle notre ambassadeur et plénipotentiaire à la diète de Francfort pour l'élection d'un empereur. Les deux prétendants et rivaux du duc de Lorraine, gendre de Charles VI, et grand-duc de Toscane, étoient les électeurs de Bavière et de Saxe. La France préféroit le premier; mais ce qui l'intéressoit le plus étoit de s'opposer à l'élection du grand-duc. Les deux électeurs, pour ne pas se croiser, convinrent de réunir leurs suffrages en faveur de celui qui trouveroit moins d'opposition. On sait que l'électeur de Bavière fut élu empereur sous le nom de Charles VII, le 24 janvier 1742, et qu'il mourut le 20 janvier 1745. Les trois années de son règne, si l'on peut dire le règne d'un prince obligé de sortir de sa capitale, et de recevoir jusqu'à sa subsistance de la France, sa protectrice plutôt que son alliée [1]; ces trois années, dis-je, furent pour nous une vicissitude de succès bons et mauvais, mais toujours ruineux. Sans entrer dans le détail des campagnes, j'observerai du moins qu'obérés ou trahis par nos

---

[1] La reine d'Espagne disoit, en parlant de l'empereur à l'évêque de Rennes, qu'un allié à charge est un présent à faire à l'ennemi. Nous aurions pu, en bien des occasions, faire présent de l'Espagne.

alliés, tout le fardeau de la guerre portoit sur la France; nous eûmes tour-à-tour, pour amies ou ennemies, les mêmes puissances. Dans le temps même que l'Angleterre signoit la neutralité avec nous, ses escadres attaquoient nos vaisseaux, et eurent cependant, à nombre supérieur, toujours le désavantage.

L'Espagne, qui nous engageoit dans une guerre uniquement pour ses intérêts, et qui montroit tant d'ardeur pour des conquêtes, nous faisoit perdre, par ses lenteurs, tout le fruit de nos efforts. Villarias, ministre de la marine espagnole, étoit absolument incapable de son emploi. La reine et notre ambassadeur (le comte de Lá Mark), et ensuite l'évêque de Rennes (Vauréal), le représentoient au roi. Ce prince le savoit; il en convenoit: « Cela n'est « que trop vrai, disoit-il; mais Villarias est un bon « homme, et j'y suis accoutumé. Je suis d'habitude. » Il ajoutoit que les commis du ministre étoient des fripons qui le trompoient; et tout restoit en place. Ces contradictions se voient parfois ailleurs qu'en Espagne. Au milieu des opérations les plus instantes, on étoit arrêté par des misères d'étiquettes. Avant que d'envoyer à la diète de Francfort le marquis de Montejo, en qualité de ministre plénipotentiaire d'Espagne, on prit toutes les mesures possibles pour qu'il n'y eût aucune discussion entre lui et le comte de Belle-Isle, plénipotentiaire de France, au sujet de la préséance. Car, malgré la médaille pompeuse par laquelle Louis XIV a voulu assurer la préséance à ses ambassadeurs sur ceux d'Espagne et autres, il n'y a rien de moins reconnu à Madrid, et presque tous les rois se sont accoutumés à prétendre que, se traitant réciproquement de frères, ils doivent marcher d'un pas égal ; cela n'étoit pas ainsi quand les rois du nord donnoient la main chez eux à nos ambassadeurs. Ce ne fut que pendant la régence du duc d'Orléans que le roi de Danemark obtint le titre de Majesté ; et les états généraux de Hollande celui de Hautes-Puissances. Si jamais nous avons à-la-fois des généraux et des ministres différents de certains que nous avons vus, la France reprendra peut-être sa supériorité......

Cette guerre, dont nous aurions si bien pu nous passer, nous coûta des sommes immenses, des milliers d'hommes, et plusieurs officiers distingués qui nous auroient été très utiles, sur-tout le marquis de Beauvau, maréchal de camp, tué au siége d'Ypres, en 1744.

NÉGOCIATION
DU DUC DE DURAS EN ESPAGNE,

Depuis novembre 1752, jusqu'en septembre 1755, sous le règne de Ferdinand, beau-frère du roi de Portugal [1].

L'objet de la négociation du duc de Duras étoit :
1º De faire épouser une des dames de France au roi d'Espagne, Ferdinand, fils de Philippe V et de la Savoyarde, au cas que la reine d'Espagne vînt à mourir;
2º D'engager le roi d'Espagne à faire un pacte de famille avec Louis XV;
3º De demander un traité de commerce plus favorable à la France qu'à toute autre nation.

Le premier article exigeoit le plus grand secret : la conduite du duc de Duras, à cet égard, devoit se borner à plaire au roi, aux ministres et à la nation, à les concilier de plus en plus à la France, afin que, la reine venant à mourir, il trouvât l'Espagne favorable à la proposition d'un second mariage; il étoit de la plus grande importance que la reine,

---

[1] Les deux principaux ministres d'Espagne étoient Carvajal et l'Ensenada. Le confesseur étoit le jésuite Ravajo. Le duc de Duras avoit avec lui le jésuite Desnoyers, et le maréchal de Noailles partageoit avec les ministres la correspondance des affaires étrangères, ce qui fait actuellement une lacune au dépôt.

attaquée d'une maladie mortelle, ne soupçonnât rien du projet. Cette Portugaise, dont le cœur étoit autrichien et anglois, gouvernoit absolument son mari, et auroit pu lui donner contre la France des préventions difficiles à détruire. L'image de la mort, qu'elle voyoit approcher, la plongeoit dans la douleur; elle pleuroit souvent sur elle : quelquefois elle cherchoit à se cacher son état, et auroit vu avec horreur tout ce qui l'auroit empêchée de se le dissimuler. Le duc de Duras gardoit ou croyoit garder profondément son secret; car, en tenant sa langue captive, sa vivacité lui faisoit commettre des indiscrétions de caractère.

Jamais ambassadeur n'avoit été si magnifiquement payé : outre ses appointements considérables, il avoit cinquante mille livres par forme de gratification, et on acquitta pour soixante mille livres de dettes criardes ; on lui fournissoit beaucoup de bijoux, qu'il distribuoit à la cour et dans les bureaux. Il avoit de grands avantages : le contrôleur Machault étoit son ami particulier, et la femme de Saint-Contest, ministre des affaires étrangères, étoit sa maîtresse, ce qui, à la cour, fait ordinairement d'un mari l'ami et le serviteur de l'amant. Indépendamment de sa qualité de c..., Saint-Contest étoit un sot; on l'avoit fait ministre, parceque son père avoit été ambassadeur, et en avoit les talents : en conséquence, le fils s'étoit adonné à la lecture des gazettes, avoit été nouvelliste aux Tuileries, où l'on s'en moquoit souvent : ce docteur n'avoit, comme Sganarelle, jamais eu d'autres licences. Lorsque le duc de Modène fit, avec l'empereur, ce traité qui rendra un jour la maison impériale maîtresse du Modénois, le duc de Modène ne se détermina qu'après avoir consulté Saint-Contest, qui ne l'honora pas même d'une réponse.

Quoique le roi Ferdinand, cousin-germain de Louis XV, eût le cœur françois, la reine, sa femme, élevée dans des principes opposés, avoit un tel ascendant sur lui, qu'elle pouvoit, sinon altérer ceux de son mari, du moins en empêcher l'effet. Ses préjugés contre nous étoient entretenus par le musicien castrat Farinelli, vendu aux cours de Vienne, de Londres et de Turin, et qui étoit dans la plus haute faveur auprès de cette princesse, et par elle auprès du roi. Il passoit sa vie dans leur intimité. Ce musicien étoit venu à Paris, où l'on avoit été curieux de l'entendre chanter ; et les bijoux qu'on lui avoit donnés pour prix de sa complaisance, ne lui avoient pas paru dignes de son talent. Les ministres de Vienne, de Londres et de Turin à Madrid, témoins du degré de faveur où il étoit, s'empressèrent de le combler de présents et de prévenances de toute espèce ; l'empereur alla jusqu'à lui écrire[1].

[1] En mars 1753, Farinelli reçut une boîte de cristal de roche, enrichie de diamants, de la part de l'empereur et de l'impératrice,

Les courtisans du roi l'étoient aussi de Farinelli, et lui prodiguoient les bassesses au point qu'il en plaisantoit; ce qui ne l'empêchoit pas d'y répondre par des respects extérieurs, pour les avertir sans doute de celui qu'ils se devoient à eux-mêmes. Il n'aimoit de son crédit que le solide : l'encens ne l'enivroit point, et le brillant de ses chaînes ne lui en cachoit pas le poids; il regrettoit souvent, avec ses familiers, le temps où, menant une vie vagabonde, et aussi libertine que son état le permettoit, parcourant les différentes villes, ne subsistant que du fruit de ses talents, il recevoit des applaudissements, avoit des camarades, peut-être des amis, au lieu d'adulateurs.

La cour étoit alors partagée entre deux cabales : l'une étoit composée de ceux qui avoient conservé le levain autrichien, qui étoient jaloux de la France, ou qui gardoient du ressentiment du renvoi de l'infante, et de plusieurs procédés légers de notre ministère à l'égard de la cour de Madrid. Le chef invisible de cette cabale, étoit la reine : le duc d'Huescar, favori du roi, étoit le principal agent; la reine et lui, en nous traversant, avoient grand besoin de cacher au roi leurs sentiments secrets, sans

---

avec leurs portraits : toute l'Espagne en fut indignée. L'empereur fit plus : quelques mois après, il écrivit de sa main une lettre remplie de protestations d'estime, de louanges et d'assurances de protection *dans tous les évènements*.

quoi ils l'auroient aliéné sans retour. Ce prince, attaché à la gloire de sa maison, aimoit le roi son cousin, et pensoit que le bien des deux monarchies exigeoit leur union ; la reine ne pouvoit donc l'écarter de ce système qu'en le circonvenant, et par voie de séduction : c'est ordinairement la plus sûre, et l'on ne risque guère d'autre conduite à l'égard des rois. Elle étoit encore plus indispensable auprès de Ferdinand ; ce prince doux, tranquille et insensible en apparence, sortoit quelquefois de cet état léthargique par des accès de fureur, et il étoit dangereux d'y donner occasion [1] ; il avoit beaucoup du caractère de son père, dont les vapeurs s'éloignoient peu de la folie.

L'autre parti étoit formé des vrais Espagnols qui regardoient les François comme leurs alliés naturels. Tel étoit devenu par degrés l'esprit général de la nation, sur-tout depuis qu'elle avoit un roi né en Espagne ; c'étoit aussi le système des deux principaux ministres, lorsque le duc de Duras arriva en Espagne.

Le premier avoit été quelque temps opposé à la France après les sujets de plainte qu'elle avoit donnés à l'Espagne ; mais il avoit enfin sacrifié ses ressentiments à la vraie politique. C'étoit un homme

---

[1] Le duc de Duras mande, dans une de ses dépêches, que le roi maltraitoit quelquefois la reine ; peut-être vouloit-il simplement dire que le roi la traitoit mal.

très froid, avec de la hauteur, fort attaché au roi dont il étoit aimé, estimé et considéré, d'un sens droit et peu étendu, et d'une probité reconnue; sur ce dernier article, le duc de Duras n'est pas, dans ses lettres, trop d'accord avec lui-même. Pendant que la plupart des grands rendoient des respects à Farinelli, à peine Carvajal vouloit-il recevoir les siens.

Le duc de Duras pressoit vivement ce dernier sur le pacte de famille; mais le ministre espagnol ne s'y prêtoit nullement; il convenoit que l'union et l'amitié devoient être la base de la politique des deux monarques; mais quand le duc de Duras s'appuyoit de l'exemple des deux branches de la maison d'Autriche, qui souvent, sans avoir d'amitié l'une pour l'autre, prenoient en toute occasion le même parti, et faisoient cause commune, Carvajal s'appuyoit du même exemple contre la proposition du pacte de famille. « Les deux branches « d'Autriche, disoit-il, en se soutenant mutuelle- « ment dans le fait, laissoient toujours espérer qu'on « auroit pu les désunir, et se gardoient bien d'ex- « citer ou d'affermir, par un pacte de famille, la « jalousie des autres puissances. » Enfin, sans refuser formellement, Carvajal évita toujours de se déterminer, et mourut pendant l'ambassade du duc de Duras, qui trouva des obstacles réels avec Wall, successeur de Carjaval.

Le marquis de l'Ensenada, qui partageoit le crédit avec Carvajal, étoit le ministre qui secondoit le mieux les vues de notre ambassadeur, et auroit peut-être déterminé Carvajal, si celui-ci eût vécu encore quelque temps, ou que l'Ensenada n'eût pas ensuite été disgracié.

L'Ensenada, né dans l'obscurité, avoit d'abord tenu les livres d'un banquier de Cadix. Des talents, fort supérieurs à son état, le firent bientôt connoître; il s'éleva par degrés, fut intendant d'armée, et de là passa dans le ministère, où il parut avec l'éclat d'un homme qui s'est créé lui-même. Ayant reçu du roi un titre de marquis, le nom qu'il prit (*La Ensenada*, en soi rien) prouve combien il étoit au-dessus de la vanité, ou du moins que son amour-propre n'étoit pas d'un ordre commun; son vrai nom étoit Zeno Somo de Silva [1].

L'Ensenada et Farinelli s'étoient connus dans un temps où leur liaison ne faisoit déroger ni l'un ni l'autre; s'étant retrouvés à la cour, l'un en place et l'autre en faveur, ils continuèrent d'être amis. Fa-

---

[1] Plusieurs Espagnols ont pris des noms en mémoire d'évènements dont ils se glorifioient : le Biscayen Orendayn prit le nom de *la Pas*, pour avoir signé la paix en 1725, entre l'empereur et l'Espagne ; *Transport-real*, pour avoir conduit l'infante en Italie ; Navarro, après le combat de Toulon, en 1744, se fit nommer *la Vittoria*, quoiqu'il fût resté à fond de cale, pendant que Decourt combattoit, et que la victoire fût très équivoque entre les escadres combinées de France et d'Espagne, et la flotte angloise.

rinelli se déclara tel avec courage, lors de la disgrace de l'Ensenada; il osa montrer à la reine le ressentiment qu'il avoit de ce qu'elle ne s'y étoit pas opposée, demanda à se retirer, et ne céda qu'aux excuses de cette princesse, qui descendit à des bassesses pour le retenir. A l'égard de l'Ensenada, il ne se montra jamais si supérieur à sa place que lorsqu'il la perdit. Sur la permission qu'on lui donna d'emmener, dans son exil, un certain nombre de domestiques, il répondit qu'il en avoit eu besoin pendant son ministère, mais que, dans l'état où il se retrouvoit, il sauroit encore bien se servir lui-même. Peu de jours après on lui envoya une partie de sa maison. Le roi, qui, en le déplaçant, s'étoit laissé entraîner par la cabale du duc d'Huescar, le regrettoit, et n'en parloit qu'en disant : *Ce pauvre L'Ensenada.* Il revint ensuite à la cour.

Les ministres, comme ceux de tous les princes foibles, étoient dans une continuelle opposition, maîtres absolus dans leurs départements, et plus occupés à se traverser qu'à se concerter mutuellement dans les opérations que l'état exigeoit. Cela se voit ailleurs.

Il faut compter, parmi les ministres des princes catholiques, leur confesseur; quand ils en font usage, ce personnage est alors aussi puissant qu'une maîtresse a pu l'être. Le jésuite Ravajo occupoit ce poste, quand le duc de Duras arriva en Espagne, et le jésuite Desnoyers, qui l'avoit accompagné, étoit le correspondant entre l'ambassadeur et Ravajo, et les exemptoit de se voir assez fréquemment pour rendre leur liaison suspecte aux ministres espagnols et étrangers.

Le père Ravajo s'intéressoit assez au duc de Duras, qui lui avoit persuadé qu'il étoit fort dévoué à la société, le père Desnoyers en étoit garant; l'Ensenada paroissoit porté pour la France, et seconder les desseins de notre ambassadeur; Carvajal desiroit aussi notre union avec l'Espagne, mais il répugnoit à un acte en forme : peut-être y auroit-il à la fin consenti, mais il mourut pendant l'ambassade, comme il a été dit ; et Wal, son successeur, nous fut absolument opposé. Il étoit né à Saint-Germain, fils d'un de ces Irlandois qui suivirent en France Jacques II, race dont le plus grand nombre étoit d'aventuriers qui n'abandonnoient rien chez eux, et qui détestent la nation chez laquelle ils ont trouvé un asile; du moins je n'ai pas encore vu d'exception, et j'en ai connu beaucoup faisant toujours des vœux contre nous, pour la patrie qui les a rejetés. Wall, plus fidèle à ce caractère qu'au roi d'Espagne, dont il étoit ministre, fut d'une partialité marquée et presqu'à découvert pour l'Angleterre contre la France. Réservé, et ne pouvant contenir son humeur avec notre ambassadeur, il communiquoit à celui d'Angleterre (Kienne) les mémoires de notre cour. Kienne, très instruit des intérêts respectifs des puissances de l'Europe, avoit eu le temps de connoître à fond le caractère espagnol et l'esprit de la cour de Madrid. Les Anglois ont la sage méthode de laisser à poste fixe, ou du moins très long-temps, leurs ministres dans les cours où ils les envoient, et savent les choisir ; au lieu que les nôtres, pris souvent au hasard, sont toujours censés convenir au roi, quand ils sont parents ou amis du ministre des affaires étrangères. A peine ont-ils pu prendre une légère connoissance de la cour où on les envoie, qu'impatients de revenir à la nôtre, ils se font remplacer par un autre ; sur-tout en Espagne, quand ils ont obtenu la grandesse ou la Toison d'Or, leur principale affaire est faite. Le duc de Duras fut tellement la dupe de Kienne et de Wall, que, la veille de la disgrace de l'Ensenada, il écrivoit que ce ministre étoit dans la plus haute faveur, quoique le cardinal de Bernis lui eût mandé de Versailles que l'Ensenada étoit sûrement disgracié. Le duc de Duras, qui fut près d'avoir la Toison dès le commencement de son ambassade, en revint sans grandesse ni Toison. Le marquis d'Aubeterre lui succéda.

A l'égard du traité de commerce, nous en pouvions faire un très avantageux ; mais on appela, dans cette négociation, des fermiers généraux qui, trouvant que ce traité ne seroit bon que pour l'état et pourroit nuire à la ferme, firent échouer le traité.

RÉVOLUTION DE RUSSIE

DE 1762[1].

La princesse d'Anhalt-Zerbst, aujourd'hui impératrice de Russie, sous le nom de Catherine II, est née le 2 mai 1729; elle épousa, le 1er septembre 1745, Charles-Pierre Ulric, fils de Charles-Frédéric, duc de Holstein-Gottorp, et d'Anne Petrowna, fille aînée du czar Pierre Ier. Catherine, devenue par son mariage dit, grande duchesse de Russie, en y entrant, et avant d'avoir vu son mari, à ceux qui l'accompagnoient : *Je régnerai ici.* On fait des

[1] Duclos se préparoit à écrire l'histoire de la révolution de Russie, comme on a pu le voir dans ses Mémoires secrets, tome II, p. 237.

« N'étant pas aussi instruit, dit-il, des causes et des circon-
« stances de cette révolution, que des faits que j'ai rapportés jus-
« qu'ici, je termine à cette époque ce qui concerne la Russie :
« peut-être donnerai-je un jour, etc... »

Les deux morceaux qu'on va lire, et qui ont été trouvés dans ses papiers, étoient les premiers documents qu'il avoit réunis. L'un a été écrit d'après des renseignements très sûrs donnés par la princesse d'Aschof, pendant son séjour à Paris ; l'autre est le récit fait par l'impératrice elle-même.

prédictions sûres, quand on sait, comme elle, les accomplir.

Pour en préparer l'effet, elle s'attacha d'abord à plaire à son mari par toutes les complaisances pour ses manies puériles; chaque après-dînée il s'enfermoit avec elle; mais, au lieu de l'employer comme il étoit naturel de le supposer, cet imbécille de dix-sept ans vis-à-vis d'une femme de seize, lui faisoit faire l'exercice à la prussienne, ce qui faisoit dire à la jeune princesse qu'elle se croyoit propre à autre chose; mais cette autre chose ne dépendoit pas de son mari : il en étoit malheureusement incapable.

Ces tête-à-tête ridicules ayant duré quelque temps, et n'en résultant rien pour la succession à l'empire, le chancelier Bestuchef vint un jour trouver la grande-duchesse, et portant la parole, comme c'est le devoir de tout chancelier : « Madame, lui dit-il, « il faut à l'empire un héritier de façon ou d'autre. » La princesse trouva d'abord un peu d'indécence dans la harangue du chancelier, et voulut répondre avec fierté; mais Bestuchef, pour corriger l'équivoque peu respectueuse de son premier propos, s'expliqua plus clairement qu'il n'avoit fait; et Catherine, voyant qu'il s'agissoit d'une affaire d'état, dit avec dignité au chancelier : « Puisqu'il faut ab-
« solument un héritier à l'empire, envoyez-moi ce
« soir Solticof, qui, je crois, en sait faire. » Ainsi

dit, ainsi fait. Solticof ne la trompa point, et neuf mois après l'empire eut un héritier.

Dès que la grande-duchesse eut un fils, au lieu de cacher l'imbécillité de son mari, elle saisit toutes les occasions d'en relever les inepties, et de prouver qu'il étoit incapable de gouverner ; elle comptoit disposer tellement les esprits, qu'à la mort d'Élisabeth, elle, Catherine, pourroit faire préférer au grand-duc, son fils, dont elle auroit la tutelle avec la régence de l'empire.

Elle avoit pris beaucoup de goût à la façon de faire des héritiers, et voulut aussi varier les faiseurs. Quoiqu'elle s'efforçât d'en dérober la connoissance à son mari, il la surprit un jour avec Poniatowski, aujourd'hui roi de Pologne. Le grand duc voulut le prendre fort haut, et faire arrêter Poniatowski ; mais elle le prit encore plus haut, lui prouva que l'éclat ne se feroit qu'à sa honte, et tout finit, comme les querelles de princes, par un traité. Il fut convenu qu'elle le verroit à sa fantaisie, quoique avec du secret ; que par reconnoissance elle cesseroit de traiter avec hauteur la comtesse de Woronzof, sa maîtresse, et même lui feroit une pension.

Cependant elle donna plusieurs associés à Poniatowski, en prit même dans des états obscurs, et finit par être visiblement cachée. Elle en eut cependant un, seul ou avec d'autres, pendant deux ans, sans qu'on le soupçonnât, et qui lui a été très utile dans la conspiration ; c'est Orlof, sergent aux gardes, qui, aidé de ses frères, lui gagna les soldats, et ce qu'il y avoit de troupes à Pétersbourg.

Soit que la conduite de Catherine fût connue ou ignorée de l'impératrice Élisabeth, celle-ci n'étoit guère en droit de lui faire des remontrances sur des goûts qui leur étoient communs.

Quoi qu'il en soit, le jour même que mourut Élisabeth (5 janvier 1762), le grand duc fut proclamé empereur, sous le nom de Pierre III, et reçut le serment de fidélité, qui ne tire point à conséquence en Russie. Dès ce moment le czar, au lieu de déclarer grand-duc le prince dont Solticof lui avoit fait présent, ne s'en déclaroit nullement le père, ne dissimuloit point ce qu'il en pensoit, et regardoit la mère en conséquence. Pendant les six mois qui s'écoulèrent depuis son arrivée à l'empire jusqu'à son détrônement, il ne prit aucune mesure pour s'affermir et prévenir sa chute ; il laissoit voir ouvertement son peu d'attachement à la communion grecque, qu'il avoit embrassée en venant en Russie. Il assistoit avec beaucoup d'indécence au service de chapelle, et ne sentoit pas l'impression défavorable qui en resulteroit contre lui dans l'esprit des peuples. Admirateur du roi de Prusse ; dont il n'auroit jamais pu être l'imitateur que dans la façon de s'habiller, il avoit toujours vu avec chagrin la Russie déclarée contre ce prince ; sa première opération

fut de faire la paix avec lui, pour qui Catherine
prit ensuite parti par des motifs que nous verrons.

Cependant ce fut du jour même que Pierre III
sortit de l'espéce d'esclavage où il étoit sous Élisabeth, que Catherine tomba sous celui de son mari,
devenu empereur. Elle ne pouvoit pas douter qu'elle
ne fût bientôt répudiée et mise dans un cloître. Ses
craintes se trouvant de jour en jour plus fondées,
elle chercha les moyens de prévenir son malheur
par une conspiration contre son mari. On prétend
qu'une jeune princesse d'Aschof, sœur de la frêle
Woronzof, fut le principal ressort d'une entreprise
si hardie, si délicate, et qui n'exigeoit pas moins
d'habileté que de courage. Orlof, cet amant obscur
et solide, secondé d'un frère, ainsi que lui, bas officier dans les gardes, procuroit d'avance à Catherine un appui dans l'affection des soldats.

Enfin, comme il ne s'agit pas d'amener une révolution dans une nation barbare par des négociations, il fallut prendre un de ces partis brusques
qui laissent à la fortune la plus grande partie du
succès.

Catherine apprit un soir, par une indiscrétion
de son mari dans un souper de débauche, que le
lendemain il devoit la faire arrêter, et que c'étoit
dans ce dessein qu'il lui avoit fait dire de venir
dîner avec lui à Péterhoff, où il devoit se rendre
d'Oranienbaum, où il étoit alors, avec les princi-

paux de sa cour, et la plupart des ministres étrangers. Catherine part à l'instant, se rend à un couvent près de Pétersbourg, et là, s'étant concertée avec les conjurés, détache quelques gardes qui courent d'avance répandre dans la ville que le czar, tombé de cheval à la chasse, est mort de sa chute.

Bientôt elle s'avance elle-même, entre dans Pétersbourg, escortée des gardes qu'Orlof lui avoit gagnés, et qui la proclament à grands cris impératrice. Les cris se répètent et se répandent; la frénésie devient contagieuse; l'eau-de-vie est abandonnée dans les cabarets aux soldats et au peuple; l'ivresse achève la révolution. Les gardes sont changées, et les postes confiés aux conjurés les plus surs. Les chemins furent si exactement gardés, que le czar n'eut pas la moindre nouvelle de ce qui se passoit dans sa capitale. Il se rendit d'Oranienbaum à Péterhoff, où il comptoit trouver l'impératrice. Ce fut là qu'il sut en partie ce qui se passoit à Pétersbourg. Le feld-maréchal Munich lui proposa d'y marcher à l'instant : sa présence, détruisant le faux bruit de sa mort, raméneroit le peuple à l'obéissance, et ceux qui étoient restés fidèles à leur maître se joignant à lui, il reprendroit sa couronne, ou périroit noblement.

Ce parti n'étant pas accepté, Munich conseilla au czar de passer à Cronstadt, où, maître de la forteresse, du port et de la flotte, il seroit en état de contrebalancer les rebelles, jusqu'à ce que, le feu de la sédition se ralentissant, il pût les regagner.

Le czar, avec la cour qui lui restoit, hommes et femmes, s'embarque dans un yacht; mais dès qu'il fut près d'aborder, la sentinelle lui cria qu'il n'y avoit plus d'empereur, que Catherine étoit actuellement souveraine de la Russie, et que, s'il ne se retiroit, on alloit faire feu sur lui; les femmes effrayées n'eurent pas de peine à l'engager à reprendre le chemin d'Oranienbaum. Une heure plus tôt, il étoit maître de Cronstadt; mais un jeune officier, du parti de Catherine, venoit d'y arriver seul; et, avant qu'on y sût rien de la révolution, il s'ouvrit d'abord à quelques officiers et soldats de la garnison, qu'il échauffa d'espérances de fortune; et, profitant de ce premier moment de chaleur si subit et si décisif chez un peuple accoutumé aux révolutions, où il y a si peu d'espace entre le trône et l'échafaud, il s'avance avec ceux qu'il a déjà gagnés, et propose brusquement au commandant de se déclarer pour Catherine; celui-ci, retenu, ou par la fidélité pour son maître, ou par la crainte des suites, paroît incertain en refusant la proposition. Le jeune officier juge, par le maintien embarrassé du commandant, du peu de fermeté de son caractère, prend le ton absolu, voit qu'il peut, qu'il doit, par prudence même, user d'audace; il ordonne aux soldats d'arrêter leur propre commandant: « Je vous fais prisonnier, lui dit-

« il, puisque vous n'avez pas eu le courage de me
« faire arrêter. » Toute la garnison venoit de se déclarer pour Catherine, quand le czar se présenta devant la place; au milieu de l'effroi des femmes et du prince, quelques unes furent si peu épouvantées, qu'elles dirent, en riant : « Qu'allions-nous faire dans cette galère ? »

Cependant le czar apprit, en arrivant à Oranienbaum, que sa femme, avec un corps de troupes et un train d'artillerie, est à Péterhoff, à trois lieues de lui; il se croit encore en état de traiter avec elle; mais Catherine, pour toutes conditions, lui fait dire de se rendre prisonnier, et d'envoyer à l'instant sa renonciation au trône : il obéit, et le dernier ordre qu'il donna, fut de faire mettre bas les armes aux dragons et hussards qui l'accompagnoient, disposés à verser pour lui la dernière goutte de leur sang, et avec lesquels il pouvoit du moins périr les armes à la main. Sa renonciation est conçue en termes plus avilissants encore, s'il est possible, que la conduite qu'il a tenue. On le conduisit dans le château de Robschak, à six lieues de Pétersbourg, et Catherine retourna triomphante dans la capitale, le dimanche 13 juillet. Deux jours changèrent la face de l'état.

Quelque méprisable que le czar eût paru dans tout ce qu'il fit et ne fit pas, la compassion parloit encore pour lui dans le cœur d'une grande partie de la nation. Les murmures n'étoient pas fort retenus, gagnoient du terrain, et il y avoit des moments où'un sujet hardi, qui se seroit déclaré pour lui au milieu de Pétersbourg, auroit fait une révolution aussi prompte que la première. Il avoit cependant perdu le plus sage et le plus expérimenté de ses partisans. Le vieux Munich ayant été conduit avec d'autres prisonniers devant Catherine : « Vous « avez voulu combattre contre moi, lui dit-elle : « Oui, madame, répondit Munich; hier c'étoit mon « devoir; aujourd'hui, si vous l'agréez, je combat-« trai pour vous. »

Une élévation si rapide ne parut pas un état sûr à cette princesse, tant que son mari vivroit : la fortune pouvoit changer. Depuis sept ou huit jours qu'il étoit arrêté, il s'élevoit parmi les gardes même des reproches, des remords et des insultes réciproques. Dans ces circonstances, le passage pouvoit être court de l'étincelle à l'incendie. Catherine cherchoit les moyens de se tirer d'inquiétude. Les Orlof, voyant qu'après ce qu'ils avoient fait, ils n'avoient plus que le choix de la faveur ou de l'échafaud, déterminèrent sans peine l'impératrice à sacrifier son mari; du moins dit-on qu'ils étoient tous trois seuls avec lui, lors de sa mort : on dit aussi qu'ils l'avoient empoisonné; mais le tumulte et les cris qu'on entendit prouvèrent qu'ils employèrent une violence moins sourde que le poison; il y a apparence qu'ils l'étranglèrent, qu'il se défendit autant qu'il put; et les cris, qu'ils ne pouvoient pas empêcher qu'on entendît, leur firent imaginer de dire qu'ils provenoient des douleurs aiguës d'une colique.

De quelque genre qu'ait été la mort de ce malheureux prince, le procès-verbal de l'ouvérture de son corps prouve qu'elle a été violente; c'est un monument d'absurdité. Les médecins et chirurgiens de la cour, aussi stupides que les autres Russes sont féroces, disent qu'ils ont vu clairement, par l'ouverture du corps, que le prince ne pouvoit pas vivre encore six mois: c'est d'abord convenir, encore plus clairement qu'ils n'ont vu, que les jours du prince ont été abrégés; ce qu'ils prétendoient sans doute donner pour consolation à ceux qui se seroient flattés d'un long règne. On peut encore conclure de l'ingénieuse observation de ces docteurs, qu'en fait d'assassinat, les degrés du crime doivent se mesurer sur l'âge et le tempérament de celui qu'on assassine.

Dès que l'impératrice fut au comble de ses désirs, elle publia des manifestes remplis d'expressions religieuses, rapportant tout ce qui étoit arrivé aux décrets incompréhensibles de la Providence. Elle jugea aussi qu'il étoit convenable de jouer la douleur, qu'on exagère tant qu'on veut quand elle est fausse; car son jeu, à cet égard, a passé les bornes de la vraisemblance.

Il faut pourtant avouer que la conduite politique de cette princesse commence à distraire de l'attention qu'on pourroit faire à sa morale.

Son mari avoit déja fait, à son avénement au trône, la paix avec le roi de Prusse. Catherine comprit que ce qu'elle avoit de mieux à faire, étoit de n'entrer en aucune des guerres; mais elle eut une raison de plus de s'intéresser de cœur au roi de Prusse : ce fut de trouver plusieurs lettres de ce prince dans la cassette du feu czar, et dans lesquelles il cherchoit à calmer le mari sur les déportements de sa femme, et à vivre bien avec elle.

Outre le manifeste que Catherine fit publier, le jour qu'elle s'empara du trône, elle en fit paroître un second, où rien de ce qui pouvoit flétrir la mémoire de son mari n'étoit oublié.

Soit que les trop grands services gênent la reconnoissance des princes, soit que Catherine craignît que la jeune d'Aschof n'eût quelque jour intérêt de détruire son ouvrage, ses talents pour une conjuration la firent exiler avec son mari.

LETTRE

ÉCRITE PAR CATHERINE II.

Pierre III avoit perdu le peu d'esprit qu'il avoit : il heurtoit tout de front; il vouloit casser les gardes; il alloit les mener à la campagne pour cela, comptant les faire remplacer par celles d'Holstein, qui devoient rester en ville; il vouloit changer la religion, se marier avec Élisabeth Woronzof, me répudier et m'enfermer.

Le jour de la célébration de la paix avec le roi de Prusse, après m'avoir injuriée publiquement à table, il avoit ordonné le soir de m'arrêter. Mon oncle, le prince Georges, fit rétracter cet ordre. Ce n'est que depuis ce jour que je prêtai l'oreille aux propositions qu'on me faisoit depuis la mort de l'impératrice Élisabeth. Le dessein étoit de le prendre dans sa chambre, et de l'enfermer, comme autrefois la princesse Anne et ses enfants. Il s'en alla à Oranienbaum [1]. Nous étions suivis d'un grand nombre de capitaines aux régiments des gardes. Le

---

[1] Oranienbaum, à dix lieues de France de Pétersbourg, sur le bord de la mer, vis-à-vis Cronstadt, qui n'en est séparé que par deux lieues de France de mer.

Oranienbaum veut dire *Maison des Orangers*.

sort du secret étoit entre les mains des trois frères Orlof, dont Osten se souvient d'avoir vu l'aîné me suivre pàr-tout, et faire mille folies; sa passion pour moi étoit publique, et tout a été fait par lui dans cette vue. Ce sont des gens extrêmement déterminés, et fort aimés du commun des soldats, ayant servi dans les gardes. J'ai la plus grande obligation à ces gens-là: tout Pétersbourg en est témoin Les esprits des gardes étoient préparés, et il y avoit à la fin trente à quarante officiers, et près de dix mille hommes du commun dans le secret. Dans ce nombre il ne se trouva pas un traître, pendant trois semaines; il y avoit quatre factions séparées, dont on réunissoit les chefs pour l'exécution, et le vrai secret étoit entre les mains des trois frères.

Panin vouloit que ce fût en faveur de mon fils; mais ils n'y voulurent jamais consentir. J'étois à Péterhoff[1], Pierre III vivoit et buvoit à Oranienbaum. On étoit convenu, qu'en cas de trahison, on n'attendroit point son retour, mais qu'on assembleroit les gardes. et qu'on me proclameroit. Leur zèle pour moi fit ce que la trahison auroit effectué. Il se répandit un bruit, le 27, que j'étois arrêtée. Les soldats se mettent en mouvement; un de nos officiers les calma. Vient un soldat chez un capitaine

[1] Péterhoff, à huit lieues de France de Pétersbourg, aussi sur le bord de la mer, sur le chemin d'Oranienbaum.

nommé Pacik, chef d'une faction, et lui dit qu'assurément j'étois perdue. Il l'assura qu'il avoit de mes nouvelles. Ce soldat, alarmé pour moi, va chez un autre officier, et lui dit la même chose ; celui-ci n'étoit pas du secret : effrayé d'entendre qu'un officier avoit renvoyé ce soldat sans l'arrêter, il s'en va au major : ce dernier fit arrêter Pacik, et envoya le rapport pendant la nuit à Oranienbaum : voilà tout le régiment en mouvement, et l'alarme parmi nos conjurés. Ils résolurent d'abord d'envoyer chez moi le deuxième frère d'Orlof, pour m'amener en ville, et les deux autres allèrent par-tout dire que j'y étois arrivée. Le hetman [1], Wolskouski et Panin étoient du secret.

Je me trouvois presque seule, à Péterhoff, avec les femmes qui me servoient, oubliée en apparence de tout le monde. Mes journées étoient très inquiètes cependant, parceque je savois régulièrement tout ce qui se tramoit pour et contre moi. Le 28, à six heures du matin, Alexis Orlof entre dans ma chambre, m'éveille, et me dit, avec une grande tranquillité : « Il est temps de vous lever ; tout est « prêt pour vous proclamer. » Je lui demandai des détails, il me dit : *Pacik est arrêté.* Je n'hésitai plus ; je m'habillai au plus vite, sans faire de toilette ; et

---

[1] Rosumofski, qui commandoit les gardes d'Ismaelofski ; Wolskouski, un des généraux des troupes ; Panin, gouverneur du grand-duc.

je montai dans le carrosse qui l'avoit amené. Un autre officier étoit en guise de valet à la portière ; un troisième vint au-devant de moi, à quelques verstes de Péterhoff. A cinq verstes de la ville, je rencontrai l'aîné Orlof avec le prince Boratinski, le cadet. Celui-ci me céda sa place dans sa chaise ; car mes chevaux étoient rendus, et nous allâmes débarquer dans les casernes du régiment Ismaelofski [1]. Il n'y avoit que douze hommes et un tambour qui se mit à battre l'alarme. Voilà les soldats qui arrivent, me baisent, m'embrassent les pieds, les mains, l'habit, me nomment leur sauveur. Deux amènent un prêtre sous les bras, avec la croix ; les voilà qui se mettent à prêter le serment. Cela fait, on me prie de monter dans un carrosse. Le prêtre, avec la croix, marchoit devant. Nous allâmes au régiment de Semionofski. Celui-ci vint au-devant de nous en criant : *Vivat!* Nous allâmes à l'église de Cazan [2], où je descendis : le régiment de Préobazenski arriva en criant : *Vivat!* en me disant : « Nous « vous demandons pardon d'être venus les derniers, « nos officiers nous ont retenus ; mais en voilà quatre « que nous amenons arrêtés, pour vous montrer

[1] Ismaelofski, troisième régiment des gardes ; Semionofski, second régiment ; Préobazenski est le premier.

[2] On appelle ainsi la première église de Pétersbourg, de celles qui sont en terre ferme ; car la cathédrale de Saint-Pierre est dans l'île qui fait la citadelle, la bastille et l'hôtel des monnoies de cette capitale.

« notre zéle : car nous voulons aussi ce que nos frè-
« res vouloient. » La garde à cheval arriva après;
celle-ci étoit dans une fureur de joie que je n'avois
jamais vue. Ils crioient en pleurant à la délivrance
de leur patrie : cette scène se passoit entre le jardin
du hetman et la Cazaniski. La garde à cheval étoit
en corps, les officiers à la tête. Comme je savois que
mon oncle, le prince Georges, à qui Pierre III avoit
donné ce régiment, en étoit horriblement haï, j'envoyai des gardes à pied chez mon oncle, pour le
prier de rester dans sa maison, de peur d'accident
pour sa personne.

Point du tout : son régiment avoit détaché pour
l'arrêter; on pilla sa maison, et on le maltraita; j'allai au nouveau palais d'hiver, où le synode et le sénat étoient assemblés. On dressa à la hâte le manifeste et le serment. De là je descendis, et fis à pied
le tour des troupes, il y avoit plus de quatorze mille
hommes, gardes et régiments de campagne [1]. Dès
que l'on me voyoit, c'étoient des cris de joie qu'un
peuple innombrable répétoit. J'allai au vieux palais
d'hiver, pour prendre les mesures nécessaires et
achever. Là, nous consultâmes, et il fut résolu que
j'irois à la tête des troupes a Péterhoff, où Pierre III
devoit dîner. Il y avoit des postes posés sur tous les
chemins, et de moment en moment on nous amenoit des langues. J'envoyai l'amiral Talisin à Crons-

[1] Les quatre gardes seules font dix mille hommes.

tadt. Arrive le chancelier Woronzof, pour me faire des reproches sur mon départ de Péterhoff. On l'amena à l'église pour prêter serment; ce fut ma réponse : ensuite arrivèrent le prince Trubetskoi [1] et le comte Alexandre Schowalof, aussi venant de Péterhoff, pour s'assurer des régiments et pour me tuer. On les mena aussi prêter serment sans aucune violence.

Après avoir expédié tous nos courriers, et pris toutes nos précautions, vers les dix heures du soir, je me mis en uniforme des gardes, m'étant fait proclamer colonel avec des acclamations inexprimables. Je montai à cheval, et nous ne laissâmes que peu de monde de chaque régiment pour la garde de mon fils, qui étoit resté à la ville.

Je sortis ainsi à la tête des troupes, et nous marchâmes toute la nuit vers Péterhoff. Arrivée au petit monastère, le vice-chancelier Galitzin me vint apporter une lettre très flatteuse de Pierre III. (J'oubliois de dire qu'en sortant de la ville, trois soldats envoyés de Péterhoff, pour répandre un manifeste dans le peuple, me le donnèrent en me disant : » Tiens, voilà ce dont Pierre III nous a char« gés; nous te le donnons à toi, et nous sommes « bien aises d'avoir cette occasion de nous joindre « à nos frères. ») Après donc cette première lettre

---

[1] Trubetskoi, commandant le Préobazenski, Schowalof le Semionofski.

de Pierre III, il m'en arriva une seconde portée par le général Michel Ismaelof, qui se jeta à mes pieds, et me dit : « Me comptez-vous pour un hon- « nête homme? Je lui réponds : Oui. Eh bien! dit-il, « il y a plaisir d'être avec des gens d'esprit ; l'empe- « reur s'offre à résigner; je vous l'amènerai après « sa résignation très libre; j'éviterai une guerre ci- « vile à ma patrie. » Je le chargeai sans difficulté de cette commission, et il alla la faire.

Pierre III renonça à l'empire à Oranienbaum en toute liberté, entouré de quinze cents Holstenois, et vint avec Élisabeth Woronzof, Gudtwitsh et Michel Ismaelof à Péterhoff, où, pour la garde de sa personne, je lui donnai cinq officiers et quelques soldats. C'étoit le 29 juin, jour de la Saint-Pierre, à midi. Tandis qu'on préparoit à manger pour tout le monde, les soldats s'imaginèrent que Pierre III étoit amené par le feld-maréchal prince de Trubetskoi, et que celui-ci tâchoit de faire la paix entre nous deux. Les voilà qui chargent tous les passants, entre autres le hetman, les Orlof et plusieurs autres, disant qu'il y a trois heures qu'ils ne m'ont vue, qu'ils meurent de peur que ce vieux fripon de Trubetskoi ne me trompe, en faisant, me disoient-ils, « une paix simulée entre ton mari et toi, et « qu'on ne te perde, toi et nous aussi; mais nous « les mettrons en piéces »; c'étoient leurs expressions. Je m'en allai parler à Trubetskoi, et lui dis :

« Je vous prie, mettez-vous en carrosse, tandis
« que je ferai à pied le tour de ces troupes. » Je
lui contai tout ce qui se passoit ; il s'en alla en ville
tout effrayé, et moi je fus reçue avec des acclamations inouïes, après quoi j'envoyai, sous le commandement d'Alexis Orlof, suivi de quatre officiers
choisis et d'un détachement d'hommes doux et raisonnables, l'empereur déposé à vingt-sept verstes
de Péterhoff, dans un endroit nommé Robschak,
très écarté, mais très agréable, tandis qu'on préparoit des chambres honnêtes et convenables à
Schlufselbourg, et qu'on eut le temps de mettre des
chevaux pour lui, en relais. Mais le bon Dieu en
disposa autrement : la peur lui avoit donné un cours
de ventre qui dura trois jours et s'arrêta au quatrième. Il but excessivement ce jour-là, car il avoit
tout ce qu'il vouloit, hors la liberté. Il ne m'a cependant demandé que sa maîtresse, son chien, son
nègre et son violon; mais, crainte de scandale et
d'augmenter la fermentation dans les esprits, je ne
lui envoyai que les trois dernières choses. La colique hémorroïdale lui reprit avec le transport au
cerveau; il fut deux jours dans cet état, d'où s'ensuivit une grande foiblesse, et, malgré les secours
des médecins, il rendit l'ame en demandant un prêtre luthérien. Je craignis que les officiers ne l'eussent
empoisonné, tant il étoit haï. Je le fis ouvrir, et il
est certain qu'on n'en trouva pas la moindre trace :

il avoit l'estomac très sain, mais l'inflammation dans les boyaux; et un coup d'apoplexie l'avoit emporté; son cœur étoit d'une petitesse extrême, et étoit flétri.

Après son départ de Péterhoff, on me conseilla d'aller tout droit à la ville : je prévis que les troupes s'en alarmeroient; j'en fis semer le bruit, sous prétexte de savoir à quelle heure elles seroient en état de se mettre en chemin. Après trois jours d'une aussi grande fatigue, ils donnèrent l'heure à dix heures du soir : « Pourvu, ajoutèrent-ils, qu'elle « vienne avec nous. » Je partis donc avec eux; et, à moitié chemin, je vins me reposer à la maison de campagne de Kourakin, où je me jetai tout habillée sur un lit. Un officier m'ôta mes bottes. Je dormis deux heures et demie, et puis nous nous remîmes en chemin de Catherinhoff : je me remis à cheval; un régiment de hussards marchoit devant, puis mon escorte qui étoit la garde à cheval; puis venoit immédiatement après moi toute ma cour; après moi marchèrent les régiments des gardes, selon leur ancienneté, et trois régiments de campagne. J'entrai en ville avec de grandes acclamations, et j'allai ainsi au palais d'été, où m'attendoient la cour, le synode, mon fils, et tout ce qui m'approche. J'allai à la messe : puis on chanta le *Te Deum;* puis on vint me féliciter, moi qui, depuis vendredi, six heures du matin, n'avois presque ni bu, ni mangé, ni dormi. Je fus fort aise de me coucher le dimanche au soir.

A peine étois-je endormie, à minuit, que le capitaine Pacik entra dans ma chambre, et m'éveilla en me disant: « Nos gens sont horriblement ivres:
« un hussard, dans le même état, a passé devant
« eux, il leur a crié: aux armes! trois mille Prussiens
« arrivent, et veulent nous enlever notre mère;
« là-dessus, ils ont pris les armes, et viennent pour
« savoir l'état de votre santé, disant qu'il y a trois
« heures qu'ils ne vous ont vue, et qu'ils iront tran-
« quillement à la maison, pourvu qu'ils voient que
« vous êtes bien; ils n'écoutent ni leurs chefs, ni
« même les Orlof. » Me voilà de nouveau sur pied; et, pour ne point alarmer ma garde de cour, qui étoit d'un bataillon, j'allai première à eux, et leur dis la raison pourquoi je sortois à pareille heure. Je me mis ensuite dans mon carrosse, avec deux officiers, et j'allai aux troupes, et leur dis que je me portois bien, qu'ils allassent dormir, et me donnassent aussi du repos, que je ne faisois que de me coucher, n'ayant pas dormi depuis trois nuits; que je souhaitois qu'à l'avenir ils écoutassent leurs officiers. Ils me répondirent qu'on leur avoit donné l'alarme avec ces maudits Prussiens; qu'ils vouloient tous mourir pour moi: « Eh bien! leur dis-je,
« je vous remercie; mais allez vous coucher. » Là-dessus, ils me souhaitèrent le bon soir et beaucoup

de santé, et s'en allèrent, comme des agneaux, à la maison, tournant toujours les yeux sur mon carrosse, en se retirant. Le lendemain ils me firent faire des excuses, et regrettèrent beaucoup de m'avoir éveillée.

Il faudroit un livre entier pour décrire la conduite de chacun des chefs. Les Orlof brillent par l'art de savoir régir les esprits, par une prudente hardiesse, par les grands et petits détails, par une grande présence d'esprit, et par l'autorité que cette conduite leur a donnée. Ils ont beaucoup de bon sens, un courage généreux; patriotes jusqu'à l'enthousiasme, et fort honnêtes gens; attachés avec passion à ma personne, et unis entre eux comme jamais frères ne l'ont été. Ils sont cinq, mais trois seulement étoient ici.

Le capitaine Pacik s'est fort distingué en restant douze heures entières dans son arrêt, quoique les soldats lui ouvrissent portes et fenêtres; et cela pour ne point jeter l'alarme avant mon arrivée à son régiment, quoiqu'il s'attendît à tous moments d'être arrêté et amené à Oranienbaum, pour y être mis à la question. Heureusement cet ordre de Pierre III n'arriva que lorsque je fus entrée à Pétersbourg.

La princesse d'Aschof, sœur cadette d'Élisabeth Woronzof, quoiqu'elle veuille s'attribuer tout l'honneur de cette révolution, étoit en très mauvaise odeur à cause de sa parenté, et son âge de dix-neuf ans n'en imposoit à personne. Elle prétendoit que tout passoit par elle pour venir jusqu'à moi. Cependant, depuis six mois, j'avois des correspondances avec tous les chefs, avant qu'elle en connût seulement le premier nom. Il est vrai qu'elle a beaucoup d'esprit ; mais il est gâté par sa prodigieuse ostentation, et l'humeur naturellement brouillonne ; elle est haïe des chefs, et amie des étourdis qui la mettoient au fait de ce qu'ils savoient, qui étoient des menus détails. Iwan Jwanistch [1] Showalof, le plus bas et le plus lâche des hommes, a écrit, dit-on, à Voltaire, qu'une femme de dix-neuf ans avoit changé le gouvernement de cet empire : détrompez, je vous prie, ce grand écrivain. Il falloit cacher à la princesse d'Aschof les canaux des autres à moi, cinq mois avant qu'elle sût la moindre chose ; et, les quatre semaines dernières, on ne lui disoit que le moins qu'on pouvoit. La force d'esprit du prince Baratinski qui cachoit à un frère chéri, adjudant du ci-devant empereur, ce secret, parceque ç'auroit été un confident, non pas à craindre, mais seulement inutile, mérite louange. Dans la garde à cheval, un officier, nommé Chitrou, âgé de vingt-

---

[1] Jwanistch étoit le favori de la défunte Élisabeth ; Catherine II vient de lui accorder une pension, et la permission de voyager ; il se dit pauvre, mais on sait qu'il a depuis long-temps de l'argent en Hollande et aussi en Suisse.

deux ans, et un bas officier de dix-sept, nommé Batromkin, ont dirigé toutes choses avec courage et activité.

Voilà à-peu-près notre histoire. Le tout se faisoit, je vous l'avoue, sans ma direction très particulière; et, à la fin, j'y jetai de l'eau, parceque le départ pour la campagne empêchoit l'exécution, et que le tout étoit plus que mûr depuis quinze jours. Le ci-devant empereur, quand il apprit le tumulte de la ville, fut empêché par les jeunes femmes dont il composoit sa suite, de suivre l'avis du vieux feld-maréchal Munich, qui lui conseilloit de se jeter dans Cronstadt, ou de s'en aller, avec peu de monde, à l'armée; et, quand il alla sur une galère, à Cronstadt, la ville étoit déja à nous par la bonne conduite de l'amiral Talisin, qui fit désarmer le général... qui y étoit déja de l'empereur. Quand Talisin y arriva, un officier du port, de son propre mouvement, menaça ce prince malheureux de faire tirer à boulets sur sa galère. Enfin, Dieu a mené tout à la fin qu'il s'étoit proposée, et tout cela tient plus du miracle que des choses prévues et arrangées; car tant de combinaisons heureuses ne peuvent se rencontrer que par les ordres du Tout-Puissant.

BATARDS

DE LA MAISON DE FRANCE.

Le duc de Longueville, beau-frère du grand Condé, qui avoit épousé successivement deux princesses du sang, prétendoit que le bâtard d'Orléans, comte de Dunois, ayant été légitimé à la requisition des états-généraux, sa postérité étoit devenue habile à succéder à la couronne. Quelque chimérique que pût être cette prétention, Louis XIV chargea le chancelier Séguier d'offrir au duc de Longueville toutes les graces qu'il desireroit, en renonçant à ce droit vrai ou faux. Louis XIV étoit sans doute alors bien éloigné de penser à ce qu'il fit lui-même dans la suite pour ses bâtards. Quoi qu'il en soit, le duc de Longueville ne voulut se prêter à aucun arrangement; le roi, pour lui ôter toute parité avec les princes du sang, défendit que les aumôniers lui présentassent le pain bénit à la messe, ni qu'on lui fournît un carreau de la sacristie. Il lui interdit aussi l'entrée dans le balustre aux premières audiences des ambassadeurs, ce qui n'est permis qu'aux princes du sang, et à ceux qui ont un droit de charge. Le duc ayant osé y entrer, au mépris de l'ordre verbal qui lui avoit été donné de la part du roi, ce prince l'en fit sortir; le duc se retira, la rage dans le cœur, et mourut peu de temps après, en 1663. Son fils, duc de Longueville, fut tué au passage du Rhin, en 1672, sans avoir été marié, ne laissant de son nom que la duchesse de Nemours, sa sœur d'un premier lit, veuve sans enfants, morte en 1707, et son frère aîné, l'abbé d'Orléans, prêtre, et mort fou en 1694.

Louis XIV, voulant procurer à ses bâtards ce qui l'avoit si fort révolté dans les Longueville, c'est-à-dire la qualité de prince du sang, et ensuite l'habileté à la succession à la couronne, se repentit sans doute de ce qu'il avoit fait contre le duc de Longueville : ç'eût été une autorisation. Il falloit d'abord les faire légitimer; et comme ils se trouvoient double adultérins, si l'on nommoit la mère, la loi rendoit les bâtards du roi légitimes enfants du marquis de Montespan, qui n'est mort qu'en 1702. On imagina de faire un exemple. Le duc de Longueville, qui venoit d'être tué au passage du Rhin, lorsqu'il alloit être roi de Pologne, laissoit un bâtard. Le roi persuada à la duchesse de Longueville de tenter la légitimation du bâtard de son fils. L'autorité du roi, sourdement employée, et les autorités de droit administrées par le procureur-général Harlay, depuis premier président, levèrent toutes les difficultés. Le chevalier de Longueville fut donc légitimé en sep-

tembre 1672[1]; et quinze mois après, le 10 décembre
1673, le duc du Maine, le comte de Vexin, et mademoiselle de Nantes, qui fut depuis madame la duchesse, grand-mère du prince de Condé d'aujourd'hui,
eurent des lettres de légitimation enregistrées sans
autres motifs que la tendresse, la volonté du roi,
la grandeur de leur naissance, et l'espérance de
leur mérite, et nulle mention de la mère. En janvier 1680, les trois enfants eurent, par lettres-patentes enregistrées, la faculté de se succéder les
uns aux autres dans leurs biens. En 1681, le roi
fit, pour le comte de Toulouse[2], et pour mademoiselle de Blois, depuis duchesse d'Orléans, tout ce
qu'il avoit fait pour les trois premiers enfants. Quelques années après, le roi s'appuyant de l'exemple de
Henri IV à l'égard de César de Vendôme, en 1610,
donna, par lettres enregistrées en 1694, au duc du
Maine et au comte de Toulouse, le rang intermédiaire au parlement, entre les princes du sang et
les pairs; et, le 8 juin, le duc de Vendôme, petit-fils de César, obtint le même rang intermédiaire
au-dessus des pairs; ces distinctions de rang fu-

[1] Il fut tué au siège de Philisbourg, en 1688.

[2] Il épousa secrètement, le 16 février 1723, la marquise de Gondrin, sœur du dernier maréchal de Noailles; le cardinal de Noailles les maria dans sa chapelle; c'étoit pendant le lit de justice de la majorité de Louis XV.

rent confirmées par l'édit sur les pairies du mois de mai 1711. Le roi, ne pouvant donner à ses enfants naturels une supériorité réelle sur les princes du sang, affectoit de leur prodiguer des distinctions de préférence qui pussent établir dans les esprits, dans l'imagination du public, une égalité de considération pour les légitimés et les légitimes. Il donnoit, par exemple, à M. le Duc, son gendre, des entrées libres et familières qu'il refusoit à M. le Prince, de sorte que le fils entroit à des heures et en des occasions où le père demeuroit dans l'antichambre avec le reste de la cour. Madame la Duchesse, et même madame du Maine, menoient leurs dames d'honneur à Marly, ce que madame la Princesse, ni la princesse de Conti, ne purent jamais obtenir.

Quelque solidité que le roi cherchât à procurer à la grandeur de ses bâtards, il ne pouvoit pas ignorer que le rang de César de Vendôme avoit été attaqué après la mort de Henri IV; que ce même César n'avoit reçu, en 1619, le collier de l'ordre qu'après les ducs de Guise, de Mayenne et de Joyeuse; et qu'enfin François de Vendôme, fils de César, n'avoit eu séance au parlement, en 1649 et 1663, que du jour de l'enregistrement de la pairie de Beaufort. Louis résolut donc d'égaler en tout les légitimés aux princes du sang; par un édit enregistré le 10 août 1714, les légitimés et leurs descendants furent appelés à la couronne au défaut des princes du sang; et, par une déclaration du 23 mai 1715, confirmative de l'édit, l'état des princes légitimés fut rendu égal en tout à celui des princes du sang. Tant de précaution devint inutile : l'autorité des rois ne leur survit point. Deux ans après la mort de Louis XIV, en 1717, l'édit de 1714, et la déclaration de 1715, furent révoqués; et le 26 août 1718, Louis XV, dans le lit de justice tenu aux Tuileries, révoqua, par un édit, celui de 1694 : les légitimés furent réduits au rang de leurs pairies. Ce n'a été que par des déclarations successives de 1723, 1727 et 1745 que le rang intermédiaire a été conservé aux légitimés, ce qui aura toujours besoin d'être accordé à chaque génération, et ce qui finira vraisemblablement par ne plus l'être.

Lorsque le rang intermédiaire fut donné par Louis XIV au dernier duc de Vendôme, la veuve du duc de Verneuil[1] eut, à la cour, des honneurs de princesse; son mari n'avoit point eu d'autres honneurs que ceux de duc; il étoit précédé au parlement par son beau-fils, le duc de Sully, plus ancien duc.

Voyons maintenant sur quoi est fondée la légitimation du comte de Dunois, si établie dans l'opinion publique. André Favyn est le premier historien qui en ait parlé dans son Théâtre d'Honneur, imprimé

[1] Fille du chancelier Séguier, et veuve du duc de Sully.

en 1620, tome Ier, p. 536. « Hugues Capet, dit-il,
« ordonna que dorénavant tout bâtard seroit non
« seulement rejeté de la couronne, mais aussi de
« l'aveu et du surnom de France; et pour montrer
« l'observation de cette sainte ordonnance, c'est
« que, depuis six cents ans et plus qu'elle fut pu-
« bliée, il ne se lit point que bâtard de France, ou
« issu, ou descendu de fils de France, ait été légi-
« timé et avoué, que Jean, comte de Dunois, fils
» bâtard de M. Louis de France, duc d'Orléans,
« qui, pour les grands et signalés services rendus à
« la couronne, fut par les états-généraux de France,
« assemblés par le commandement de Charles VII,
« et lui et sa descendance, déclarés princes du sang,
« et leur rang assigné immédiatement après les
« princes du sang. »

Où Favyn a-t-il vu la prétendue ordonnance de Hugues Capet? il ne marque non plus ni l'année ni le lieu où se fit cette légitimation du comte de Dunois.

Baudot de Juilly, auteur d'une histoire de Charles VII, imprimée pour la première fois en 1697, dit, tome II, p. 352, de l'édition de 1754, que le roi fit expédier, en faveur du comte de Dunois, des lettres-patentes qui, après l'avoir légitimé, le déclarèrent prince du sang de France, et que ces lettres furent confirmées en pleins états, en 1454; mais Baudot ne cite point de garant. Le P. Griffet, éditeur et continuateur du P. Daniel, dit, t. VII, p. 341, dans une observation, que ces lettres-patentes n'ont jamais existé, et je pense comme lui.

Dupuy, n° 326 de son manuscrit, dit que ces lettres-patentes furent données en 1454 ou 55. L'incertitude de la date fait voir qu'il parloit d'après la tradition. Il y a apparence que l'erreur vient de ce que Jean d'Orléans, comte d'Angoulême, fils puîné de Louis, duc d'Orléans, eut un bâtard nommé Jean, qui fut légitimé par lettres données à Baugenci, en 1458; ces lettres sont indiquées au premier volume des grands officiers, p. 210. Favyn et les autres auteurs, trompés par le nom de Jean, commun aux deux bâtards, auront attribué au plus illustre ce qui a été fait pour son neveu. D'ailleurs, le héraut Berry, p. 405, édition du Louvre de l'histoire de Charles VII, qualifie le comte de Dunois, seigneur du sang à la suite des autres. Ajoutons que les Longueville, ayant substitué dans leurs armes la bande, caractère de puînesse, à la barre, marque de bâtardise, on se sera facilement accoutumé à les comprendre avec les princes légitimes. (*Voyez* les Mémoires de Castelnau, t. II, p. 653.)

Les lettres de légitimation ne donnent pas le droit de succéder à la couronne au défaut des légitimes, mais seulement le droit de précéder les grands: d'ailleurs ces lettres n'ont point été enregistrées au parlement. Ce qui fait croire que ce droit de précéder les grands étoit personnel à celui qui l'obtint, c'est que plusieurs ducs ont pris le pas et le rang sur les Longueville.

Un des objets du P. Daniel, en donnant son histoire, étoit de favoriser les desseins de Louis XIV pour ses bâtards; il insinue que des bâtards ont régné en France; et cela est faux. Sous la première race, les François n'étoient guère chrétiens que par le baptême, et conservoient encore beaucoup de mœurs des païens. Dagobert avoit à-la-fois trois femmes réputées légitimes, Nanthilde, Usgarde et Berthilde. Les enfants nés de ces mariages étoient donc tous bâtards ou tous légitimes; mais on ne peut pas plus les traiter de bâtards, que les fils d'un sultan. Les lois du christianisme n'étoient pas encore bien suivies sous la seconde race. C'est pourquoi les trois enfants de Louis II, dit le Bègue, savoir, Louis III, Carloman et Charles, dit le Simple, furent également regardés comme légitimes, et régnerent en France, quoique Andsgarde, mère de Louis et de Carloman, eût été répudiée.

Le christianisme étant un peu plus épuré, dès le commencement de la troisième race, Philippe Ier ne put jamais faire approuver, par le pape ni par les évêques de France, la répudiation de la reine Berthe. Depuis la mort de cette princesse, Philippe ne réussit pas davantage à faire prononcer le divorce entre Foulque, comte d'Anjou, et Bertrad que le roi vouloit épouser. Les enfants qu'il en eut furent déclarés bâtards. Les rois avoient alors moins de respect pour la religion que pour ses ministres. Philippe, excommunié deux fois, fut obligé, pour obtenir son absolution, de se présenter nu-pieds, en posture de pénitent (1105), dans l'assemblée des évêques, et de faire serment, conjointement avec Bertrade, de n'avoir désormais ensemble aucun commerce criminel, et de ne se voir qu'en présence de témoins non suspects : cela ne se feroit pas aujourd'hui, quoique nos lois positives ne soient pas favorables aux bâtards. [1]

ORDRE DU SAINT-ESPRIT.

Prétentions de quelques maisons, etc.

Anciennement, lorsque le roi tenoit chapitre, tous les chevaliers étoient assis et couverts comme lui, et les officiers de l'ordre, à l'exception du chancelier, restoient au bas bout de la table, debout et découverts. Louis XIV, pour épargner ce dégoût à ses ministres, officiers de l'ordre, introduisit l'usage de tenir le chapitre debout et découvert.

[1] Je pense, en consultant la nature, que dans toute succession, de quelque genre qu'elle soit, qui suit l'ordre du sang, nul étranger à ce sang ne devroit être préféré aux enfants naturels au défaut des légitimes.

C'est mal-à-propos que les princes du sang ont le droit de présenter un chevalier dans les grandes promotions, c'est-à-dire celles qui passoient huit chevaliers; cela n'est fondé ni sur les statuts, ni sur un usage constant. L'opinion est donc que les fils de France en présentent deux, que les petits-fils, filles, petites-filles, et le premier prince du sang en présentent un. Tous les princes du sang prétendent, depuis le ministère du duc de Bourbon, père du prince de Condé d'aujourd'hui, avoir chacun ce droit de présentation d'un chevalier. L'origine de cette opinion vient de la première grande promotion de Louis XIV, du 31 décembre 1661; elle fut de huit commandeurs ecclésiastiques, et de soixante-trois chevaliers; le roi en accorda deux à son frère, Monsieur, et un au prince de Condé, dit le Grand. En 1688, 31 décembre, seconde et dernière grande promotion de Louis XIV: elle fut de quatre commandeurs ecclésiastiques, et de cinquante chevaliers; le roi en accorda encore deux à son frère, l'un pour d'Effiat, l'autre pour Châtillon, un à Madame, femme de Monsieur, et un sur le comte du duc de Chartres, fils de Monsieur, et depuis régent. Monsieur sollicita vivement celui du duc de Chartres, en faveur d'Estampes, qui vouloit se battre contre Châtillon si on le lui préféroit. Le roi en accorda aussi un à M. le Prince, fils du grand Condé.

et premier prince du sang, pour d'Audibert, marquis de Lussan.

Ce fut à la promotion de 1688 que les princes de la maison de Lorraine obtinrent un rang immédiatement après les princes du sang, et au-dessus de tous les autres chevaliers. A la première promotion du 21 décembre 1578, le duc d'Uzès fut le troisième chevalier entre le duc de Mercœur et le duc d'Aumale. Le duc de Gonzague étoit le premier. La préséance des Lorrains, en 1688, fut accordée à la sollicitation du chevalier de Lorraine, et en reconnoissance de ce qu'il avoit fait consentir Monsieur, frère du roi, au mariage du duc de Chartres avec une fille naturelle de Louis XIV : il y eut à cette promotion quatre Lorrains de reçus à cette même promotion. La maison de Rohan cessa de prétendre à l'ordre, sur le refus qu'on lui fit de lui donner rang après les ducs et pairs, et avant les ducs à brevet et les maréchaux de France. Le prince de Soubise et le comte d'Auvergne, de la maison de Bouillon, qui venoient d'être nommés, n'acceptèrent pas : les registres de l'ordre portent qu'ils n'ont refusé que pour n'avoir pas voulu céder aux cadets de la maison de Lorraine.

La distinction donnée aux Lorrains fit, sans doute, naître la prétention des Rohan et des Bouillon ; car, à la promotion de 1619, le comte de Rochefort qui fut depuis duc de Montbazon, ne fut que le premier des gentilshommes, et son oncle, le marquis de Marigni, Rohan, le cinquante--cinquième.

A l'égard des Bouillon, il n'y en avoit point encore eu dans l'ordre, attendu qu'ils n'étoient point catholiques. Je crois, car je ne l'ai pas vérifié, que les registres portent, sur la distinction donnée aux Lorrains, que c'est sans tirer à conséquence.

A la promotion de 1724, première promotion de Louis XV, et qui fut de cinq commandeurs ecclésiastiques, et de cinquante-deux chevaliers, le duc de Bourbon-Condé, premier ministre, fit nommer Tavanes, son premier gentilhomme; mais cela ne prouve pas un droit de présentation de prince du sang. Tavanes n'avoit pas besoin d'autre titre que sa naissance, et sa place de lieutenant-général de Bourgogne.

Il y a encore eu un autre préjugé, savoir que les compagnies de gendarmerie du titre de Dauphin, donnent à leurs commandants droit aux grandes promotions, sous prétexte que Le Hardi, marquis de La Trousse, capitaine-lieutenant des gendarmes Dauphins, et Mornai de Villarceaux, des chevau-légers, furent de la promotion de 1688 ; mais ils étoient gens de condition ; et, ce qui étoit plus décisif, le premier étoit parent et ami de Louvois; l'autre avoit été, pour le moins, ami de madame de Maintenon. A toutes les cérémonies de l'ordre, jusqu'à celle du 1ᵉʳ janvier 1662 inclusivement, le lendemain de la promotion, tous les chevaliers, en grand habit, alloient à l'offrande à la suite du roi, communioient et dînoient ensuite avec lui au réfectoire. En 1603, les quatre grands officiers eurent le même honneur, qui fut restreint depuis au seul chancelier de l'ordre. Les trois autres mangeoient depuis, dans une pièce séparée, avec les petits officiers. Comme ils réclamoient, en leur faveur, une déclaration de Henri IV, en 1603, on exigeoit qu'ils en produisissent l'original, et il n'y a qu'une copie dans les registres. Il est aisé de sentir pourquoi ce grand cérémonial, et sur-tout celui de la communion, a cessé.

Quoique les statuts fixent l'âge des gentilshommes à trente-quatre ans, pour recevoir l'ordre, le roi en donne quelquefois dispense, et il y en a une de droit pour celui qui porte la queue du manteau du roi, le jour du sacre. Ce fut à ce titre que le duc de Nevers, aïeul du duc de Nivernois d'aujourd'hui (1763) eut l'ordre à vingt ans, en 1661. Ce duc de Nevers avoit beaucoup d'esprit et de lettres. Tout le monde sait l'affaire des sonnets sur la tragédie de Phèdre, qui réussit fort mal pour Racine et Boileau ; il avoit épousé une Damas, la plus belle femme de son temps, et qui l'étoit encore à soixante ans, lorsqu'elle mourut en 1715. M. le Prince, fils du grand Condé, en étant amoureux, voulut lui donner une fête superbe, et trouva plaisant d'en faire faire les vers par le mari. Celui-ci, l'ayant découvert ou deviné, fit les vers, laissa faire les plus grands préparatifs, et, la veille de la fête, partit avec sa femme pour Rome.

Il y a un usage pour les charges de l'ordre, qui multiplie furieusement les cordons bleus, et en pare souvent d'étranges personnages: c'est de permettre de les vendre et d'en garder les honneurs. On fait plus, on fait passer le cordon sur quelqu'un qui paroît l'acheter pour vingt-quatre heures, sans le payer, et en garde tout l'extérieur, après quoi il est livré au véritable acquéreur. Cela s'appelle, pour le postiche intermédiaire, avoir le *rapé* d'une charge. On a vu jusqu'à six hommes porter le cordon de la même charge; celui de greffier a décoré, en même temps, La Vrillière, Pontchartrain, Voisin, Lamoignon, Vertamont, et Le Bas de Montargis. Les *rapés* sont ordinairement mieux placés que les charges. Dans quelques occasions, on a rougi des vrais titulaires, ce qui arriva au sacre du roi, où l'on obligea le trésorier et le greffier de se démettre, pour ne pas les voir figurer dans la cérémonie. Ces officiers, qui vendent leurs charges, et ceux même qui en ont le *rapé*, étant toujours des gens en faveur, ont fait établir qu'ils seroient regardés comme vétérans; et, pour les traiter avec plus de considération, on leur expédie un brevet de promesse d'être chevaliers à la première promotion, ce qui ne s'effectue jamais. Cependant, d'après ce brevet, ils portent le collier de chevalier à leurs armes ; et les vrais titulaires, qui n'ont pas la même fiction de droit, en usent de même, quoiqu'ils ne le portent dans aucune cérémonie.

Il y a un fait curieux, très sûr et peu connu, au sujet du collier : la dévotion s'allioit assez facilement autrefois avec le plus grand désordre de mœurs, et la mode n'en est pas absolument passée. Le motif public de Henri III, en instituant l'ordre du Saint-Esprit, fut la défense de la catholicité, par une association des seigneurs qui ambitionneroient d'y entrer ; le vœu secret fut d'en faire hommage à sa sœur, Marguerite de Valois, qu'il aimoit plus que fraternellement. Le Saint-Esprit est le symbole de l'amour. Les ornements du collier étoient les monogrammes de Marguerite et de Henri, séparés alternativement par un autre monogramme symbolique, composé d'un Φ *phi* et d'un Δ *delta* joints ensemble, auxquels on faisoit signifier *fidelta* pour *fedeltà* en italien, et fidélité en françois. Henri IV, instruit de ce mystère, changea le collier par délibération du chapitre du 7 janvier 1597, et remplaça, par des trophées d'armes, le monogramme symbolique.

VALETS-DE-CHAMBRE DU ROI.

On croit assez communément que les valets-de-chambre du roi ne peuvent pas être gentilshommes depuis, dit-on, que Henri IV donna un soufflet à un des siens, qui représenta au roi qu'ayant l'honneur d'être gentilhomme, il devoit être à couvert d'un pareil traitement; sur quoi ce prince jura de ne plus admettre de gentilshommes parmi ses valets-de-chambre. Que le soufflet soit vrai ou faux, il est sûr que Henri IV et Louis XIII ont eu, jusqu'à leur mort, des valets-de-chambre gentilshommes ou qu'ils anoblirent; tel fut Pierre Beringhen.

Les Beringhen.

Le fils de celui-ci le fut de Louis XIII, et devint premier écuyer au commencement de la minorité de Louis XIV, et chevalier de l'ordre en 1661. Son fils fut premier écuyer après lui, et chevalier de l'ordre en 1688. Le fils aîné de ce dernier fut le troisième premier écuyer, et son cadet lui succéda en 1723; c'est celui d'aujourd'hui, arrière-petit-fils du premier valet-de-chambre, un des grands fripons de la cour, au demeurant dévôt. Il vient de mourir (en février 1770).

Quoique la qualité de gentilhomme ne soit pas un titre exclusif, il faut convenir qu'elle n'est pas nécessaire.

Nyert.

Nyert, qui le fut de Louis XIII, étoit fils d'un valet-de-chambre du marquis de Mortemart, premier gentilhomme de la chambre, duc et pair en 1603, et père de la marquise de Montespan. Le père de Nyert jouoit parfaitement du luth: Mortemart le produisit auprès de Louis XIII, pour l'amuser les soirs, dans le temps que ce prince cherchoit à forcer le Pas de Suze en 1629. Le fils de Nyert fut premier valet-de-chambre de Louis XIII; le fils le fut de Louis XIV, et mourut en 1719, laissant sa place à son fils, homme d'un vrai mérite, mort sans enfants en 1736 : de ses deux sœurs, l'une a épousé Revol, conseiller, puis président au parlement; l'autre est religieuse.

La mère du dernier Nyert vit encore, vieille janséniste, qui loge actuellement au-dessus de moi, au Louvre, et m'incommode beaucoup. Le second et le troisième Nyert étoient gouverneurs de Limoges et des Tuileries.

Bontems.

Portail, grand-père du conseiller de grand'-chambre, et bisaïeul du premier président Portail, étoit premier chirurgien du roi Louis XIII ; il manqua ce prince en le saignant : on fit venir Bontems, chirurgien qui exerçoit son art dans Paris ; il saigna le roi, qui en fut si content, qu'il ne voulut plus être saigné par d'autres. Son fils fut premier valet-de-chambre : le fils de celui-ci eut la même charge, et fut grand-père de celui qu'on nommoit *Pâté*, et bisaïeul du petit étourdi d'aujourd'hui. Le troisième Bontems, brusque, grossier, parfaitement honnête homme, d'une fidélité et d'un secret à toute épreuve, fut une espèce de favori du roi Louis XIV. Ce fut lui qui servit la messe où le roi épousa la marquise de Maintenon ; ami de tous les honnêtes gens, il rendit mille services ignorés de la plupart de ceux qui les reçurent : si l'on avoit donné au roi, sur quelqu'un, une prévention défavorable, il s'informoit secrètement, et de son propre mouvement, de la vérité ; s'il trouvoit matière à justification, il l'entreprenoit courageusement auprès du roi, jusqu'à ce qu'il l'eût dissuadé. Lui, et son camarade Nyert, étoient si connus pour ce qu'ils étoient, que lorsqu'on les voyoit ensemble auprès de Louis XIV, on disoit que ce prince étoit entre son bon et son mauvais ange ; on en disoit autant de la marquise de Dangeau et de la comtesse d'Heudicourt, auprès de madame de Maintenon.

Blouin s'étant rompu le cou à la descente de la montagne de Saint-Germain, en tournant où l'on a mis depuis une barrière, Bontems exerça les deux charges, pour conserver celle de Blouin à son fils encore enfant; il lui conserva aussi l'intendance de Versailles. Après la mort du second Blouin, que j'ai connu vieux, le maréchal de Noailles, d'aujourd'hui, eut le gouvernement de Versailles, auquel il a joint d'autres dépouilles de valets, parceque l'argent ennoblit tout. Bontems eut trois enfants de sa première femme, nommée Bosc; il fit son beau-frère, Claude Bosc, procureur-général de la cour des aides, prevôt des marchands, et conseiller de la cour d'état. L'aîné de ses fils fut premier valet-de-chambre; celui d'aujourd'hui est son arrière-petit-fils, le sixième du nom et le cinquième dans cette charge. Le second fut premier valet-de-chambre de garderobe. La fille de Bontems, sœur des deux dont je viens de parler, épousa Lambert, président des requêtes du palais, dont la postérité subsiste. Cette fille, parfaitement belle, fit beaucoup parler d'elle avec le duc d'Elbœuf.

Bontems le favori, étant devenu veuf, épousa secrétement, à l'exemple de son maître, une demoiselle La Roche, qui étoit sa Maintenon, et dont il eut un fils, qui suivit Philippe V en Espagne. Il y fut premier valet-de-chambre de ce prince, et garde de l'estampille. C'étoit un homme généralement estimé à Madrid; sa mère ne l'étoit pas moins à Versailles. Je ne dois pas oublier qu'à la mort de Bontems, nombre de personnes, qui ne lui tenoient par aucun endroit que par la reconnoissance ou la simple estime, lui firent faire des services d'apparat, où quantité de peuple et de gens considérables assistèrent. En voilà beaucoup sur un domestique : en récompense je serai plus court, et je me tairai même sur des gens titrés, et c'est ce que je puis faire de mieux pour eux.

Bachelier, Binet, Marchais, La Borde, Le Bel.

Il y a eu deux Bachelier : le premier grand-père de Marchais, de très honnêtes gens. Marchais, un des plus estimables hommes que j'aie connus, a été major du régiment royal Corse. Le roi lui a toujours marqué beaucoup de considération. Il a quitté à regret le service, pour lequel il avoit des talents. Il a épousé une fille de La Borde, fermier-général ; c'est une femme de beaucoup d'esprit et de mérite ; sa maison est le rendez-vous de la meilleure compagnie de Versailles. La Borde, le fils, a la survivance de son beau-frère Marchais.

Bachelier a fait la fortune de Le Bel, aujourd'hui un des quatre premiers valets-de-chambre, précédemment garçon, puis premier valet-de-garde-robe. Bachelier l'introduisit auprès du roi, et se déchargea sur lui de ces petits services qui donnent plus de crédit que d'honneur.

Champcenets, Quentin, Champlost.

Leur nom est Quentin. Le premier, nommé La Vienne, étoit perruquier, et coiffoit tous les jeunes gens de la cour. Comme il passoit pour avoir des secrets propres à ranimer la vigueur, Louis XIV en essaya, et apparemment avec succès. Il le fit premier valet-de-chambre. C'étoit un très honnête homme, fort serviable, mais brusque, assez grossier, traitant assez familièrement avec les plus grands seigneurs, sans la moindre fatuité, car il parloit volontiers de son premier état. Son frère, nommé Quentin, avoit les quatre charges de barbier du roi. Sa femme étoit première femme-de-chambre de la duchesse de Bourgogne, et leur fils étoit premier valet de garde-robe. Le fils de La Vienne, mort en 1710, se nommoit Champcenets; il avoit toutes les bonnes qualités de son père, et de plus beaucoup de noblesse et de douceur dans les manières; je l'ai fort connu; il est mort en 176... Son fils, qui servoit avec lui en survivance, et qui lui ressemble en tout, a cédé sa place à Quentin de Champlost.

ORIGINE

Des noms de M. le Prince, M. le Duc, M. le Comte et Altesse, Monsieur, Monseigneur, Madame, Mademoiselle, etc.

Le prince de Condé, frère cadet d'Antoine de Bourbon, roi de Navarre, et oncle de Henri IV, étoit le chef du parti huguenot : comme il y étoit le seul prince du sang, on ne l'y nommoit que M. le Prince tout court. Il fut tué à Jarnac par Montesquiou, en 1569. Son fils, second Condé, fut nommé M. le Prince, parcequ'on nommoit prince de Béarn son cousin-germain, depuis Henri IV, qui ne prit le titre de roi de Navarre qu'après la mort de Jeanne d'Albret, sa mère, reine de Navarre de son chef. Les divers intervalles de paix ou de trêve entre les deux partis introduisirent parmi les catholiques, comme parmi les huguenots, l'habitude de nommer le prince de Condé M. le Prince. Étant mort à Saint-Jean-d'Angely, le 5 mars 1588, son fils posthume, né le 1er septembre, troisième prince de Condé, fut amené, en 1595, à Saint-Germain, pour être élevé auprès de Henri IV. On le nomma naturellement M. le Prince, comme premier prince du sang.

Le comte de Soissons, son oncle paternel, né du

second mariage du premier prince de Condé avec une Longueville, se fit, par émulation, nommer M. le Comte tout court; et cela s'étant établi, le titre passa à son fils, avec d'autant plus de facilité, qu'il n'y avoit point de prince du sang qui portât un titre de comte. Ce prince fut tué à la bataille de Sedan, en 1641; cela donna l'idée au quatrième Condé, dit le Grand, de donner à son fils, le duc d'Enghien, le titre de M. le Duc tout court. Celui-ci, s'étant fait appeler M. le Prince à la mort de son père, fit pareillement nommer son fils, sixième Condé, M. le Duc. Ce fut ce dernier qui épousa une fille naturelle de Louis XIV, et qui ne changea point de nom à la mort de son père, en 1709. Son fils, septième Condé, que nous avons vu premier ministre, s'appela toujours M. le Duc depuis la mort de son père jusqu'à la sienne, en 1740. Celui d'aujourd'hui, huitième Condé, né en 1736, n'a point porté d'autre nom que celui de prince de Condé.

Gaston, frère de Louis XIII, est le premier fils de France qui ait été *constamment* appelé Monsieur à la cour et dans le public. Je dis *constamment*, car les frères de Charles IX furent quelquefois appelés Monsieur ou M. le Duc tout court; mais cela ne sortit pas de l'intérieur de la cour, ou de quelques mémoires, les lieux et les circonstances faisant connoître de qui on parloit. A la mort de Gaston, en 1660, le duc d'Anjou, frère de Louis XIV, prit le titre de Monsieur, et le garda jusqu'à sa mort, en 1701.

Toutes les filles de France s'appellent Madame, l'aînée n'étant distinguée des cadettes qu'en ce que celles-ci joignent leur nom de baptême au titre de Madame.

La fille aînée du frère du roi, ne pouvant s'appeler Madame, s'appelle Mademoiselle tout court. La première qui ait porté ce nom, est la première fille de Gaston, pour laquelle Louis XIII forma un rang distinct de petite-fille de France; elle s'appela Mademoiselle jusqu'à sa mort, en 1693, quoique Monsieur, frère de Louis XIV, eût des filles dont l'aînée fut aussi appelée Mademoiselle. Pour ne les pas confondre, le public nommoit la fille de Gaston la grande Mademoiselle; l'opinion commune est que le nom de Mademoiselle est affecté à la première petite-fille de France. Cependant le duc de Bourbon-Condé, premier ministre, fit donner un brevet par lequel mademoiselle de Charolois, sa sœur, âgée de trente-deux ans, et seule princesse du sang fille, fut autorisée à se faire appeler Mademoiselle.

Les honneurs, une fois accordés, ne se perdant plus, le duc d'Anjou, frère de Louis XIV, ne se fit appeler Monsieur qu'après la mort de Gaston, sur qui cependant il eut toujours la préséance. Par la même raison, mademoiselle de Charolois conserva son titre en vertu de son brevet, lorsque le duc d'Orléans eut une fille qui, n'étant ni petite-fille, ni même arrière-petite-fille de France, n'avoit aucun droit au titre de Mademoiselle, quoique supérieure de rang à mademoiselle de Charolois. La fille du duc d'Orléans d'aujourd'hui, en 1762, se nomme simplement mademoiselle de Chartres.

Louis XIV auroit desiré que le comte de Toulouse, un de ses bâtards, eût été appelé M. le Comte tout court : on en fit la tentative dans l'intérieur de la cour. Le roi se servoit quelquefois de cette expression. Cela gagnoit insensiblement; mais cela n'eut pas le temps de se consolider, parceque la demoiselle de Bourbon, sœur du comte de Toulouse, eut deux enfants, dont l'un fut nommé le comte de Charolois, et l'autre le comte de Clermont. Le Comte tout court du comte de Toulouse ne pouvoit plus se soutenir.

Il arriva même que le duc de Bourbon, traversant la salle des gardes à Versailles, entendit le garde en faction annoncer M. le Comte, en parlant du comte de Toulouse : « Apprenez, dit-il au garde, « qu'il n'y a en France que le comte de Charolois, « mon fils, qui soit M. le Comte. »

Le dauphin, fils de Louis XIV, est le premier qu'on ait constamment nommé Monseigneur tout court; d'abord en écrivant, c'étoit monseigneur le Dauphin; en lui parlant, Monsieur; en parlant de lui, M. le Dauphin. Bientôt l'usage de ne dire que Monseigneur s'introduisit, et devint une espèce de nom propre, au point que le roi s'en servoit lui-même, quand il ne disoit pas : Mon fils. Le duc de Montausier, qui avoit été son gouverneur, et qui lui servit ensuite de premier gentilhomme de la chambre, le traita toujours de Monsieur; et quand il entendit dans les commencements dire Monseigneur, il demandoit si l'on prenoit M. le dauphin pour un évêque, parceque depuis peu les évêques avoient statué, dans une assemblée du clergé, de se monseigneuriser réciproquement, et il n'y a point de canon de concile qui ait été mieux observé. Le duc de Montausier fut enfin le seul à ne se pas départir du titre de Monsieur. A son exemple, le duc de Beauvilliers, gouverneur du second dauphin, le duc de Bourgogne, ne traita jamais son élève que de Monsieur; mais il étoit le seul avec les princes du sang et les légitimés.

Pendant la régence du duc d'Orléans, tous les gens titrés l'appelèrent Monseigneur, à l'exception des ducs de Saint-Simon et de Luynes, qui ne le traitèrent jamais que de Monsieur; mais ils lui écrivoient Monseigneur, et jamais à d'autres princes du sang.

Le ministère du duc de Bourbon lui procura le titre de Monseigneur à lui, à tous les princes du sang, et successivement aux princes légitimés, de la part de tous les gens titrés ; cependant, j'ai encore vu des femmes de qualité qui l'évitent avec les légitimés. Le duc de Vendôme se l'étoit fait donner à l'armée, pendant la guerre de la succession. Il n'y a point aujourd'hui de gentilhomme non titré, ni de magistrat, à l'exception du premier président de Paris, qui n'écrive Monseigneur à un maréchal de France comme juge de la noblesse.

On sait qu'autrefois le titre d'Altesse ne se donnoit qu'aux rois. Gaston fut le premier fils de France qui prit l'Altesse ; et, pour se relever au-dessus des petits souverains qui l'avoient prise, il ajouta royale. Monsieur, frère de Louis XIV, voyant de petits souverains prendre l'Altesse royale, ne voulut que le *vous*.

Les princes du sang, c'est-à-dire de la maison, et non de la famille, prenoient l'Altesse depuis que les rois étoient traités de Majesté, et y ajoutèrent sérénissime, en 1651, pour se distinguer des princes étrangers.

EXTRAITS

Des dépêches des cardinaux Dubois et de Rohan, et de l'abbé de Tencin (depuis cardinal), année 1721 et suivantes, et des lettres de ce dernier à sa sœur [1].

Les deux derniers écrivent de Rome. Le cardinal de Rohan y succéda à l'évêque de Sisteron (Laffiteau), et l'abbé de Tencin au cardinal de Rohan, en 1721. Ce dernier fut remplacé par le cardinal de Polignac, et celui-ci par le duc de Saint-Aignan, après lequel l'abbé de Tencin, devenu cardinal, fut encore chargé des affaires de France auprès du saint-siége, en 1739, 40, 41 et 42; il arriva à Rome le 1er juillet 1739, et en repartit le 1er juillet 1742.

Laffiteau, évêque de Sisteron.

« En suivant le chemin que l'évêque de Sisteron
« m'a marqué avoir fait faire à des montres et à des
« diamants, j'ai trouvé des détours bien obscurs,
« et d'autres trop clairs. »

(L'archevêque de Cambrai, Dubois, au cardinal de Rohan.)

« J'appris hier que l'évêque de Sisteron étoit
« parti d'ici avec la v.....; c'est apparemment pour
« se faire guérir qu'il va à la campagne. »

(L'abbé de Tencin à sa sœur, 22 juillet 1722.)

[1] Qui me les a communiquées. (*Note de Duclos.*)

« Il est certain que M. de Sisteron prétendoit se
« faire cardinal; je le sais du camerlingue, dé-
« cembre 1722. Ce cardinal m'a dit une chose qui
« vous surprendra beaucoup : il assure avoir vu,
« de ses yeux, une lettre de M. le cardinal Dubois
« à M. de Sisteron, dans laquelle il lui mandoit
« que, quand sa promotion seroit faite, il songeroit
« à le faire cardinal à son tour. »

(Le même à la même, janvier 1723.)

« L'amitié du père Tournemine pour M. de Sis-
« teron, ne fera pas honneur au premier; elle ne
« peut être fondée sur aucun motif qui l'excuse, ni
« devant les honnêtes gens, ni devant sa compa-
« gnie. Est-il possible que je trouverai dans mon
« chemin un aussi grand et un aussi indigne fripon,
« qui n'a ni religion, ni honneur, ni sentiments?
« J'ai des preuves évidentes et incontestables de
« tous ces points. »

(Le même à la même, octobre 1723.)

Benoit XIII (Ursini).

« Entre vous et moi, le pape qu'on a fait est un
« saint; mais c'est un fou ignorantissime, sans au-
« cune expérience, ni talent pour le gouvernement,
« et capable de donner dans les plus grands travers.
« Je prévois le pontificat le plus extraordinaire qui

« ait jamais été. En homme sage et sensé, indépen-
« damment de tant d'autres considérations, je dois
« desirer de me retirer, et c'est à quoi il faut son-
« ger... M. le cardinal de Rohan a fait tout ce qu'il
« a pu ; mais il a été traversé dans le conclave par
« tout ce qui étoit de François, lesquels y ont eu
« une conduite très préjudiciable au service du roi.
« Outre cela, l'envie et la jalousie contre moi, dans
« quelques uns; dans d'autres, l'étourderie et l'in-
« discrétion; dans plusieurs, l'espérance de servir
« le cardinal de Polignac, leur font tenir une con-
« duite et des discours qui ne tendent qu'à me dé-
« créditer, et à inspirer au pape, sur les affaires de
« l'église, des sentiments et des dispositions qu'il
« ne sera pas aisé de vaincre, parceque, comme je
« vous l'ai déja dit, c'est un sot, aussi incapable de
« gouverner que Fayet[1]. Ainsi, le mieux pour moi
« est de me retirer sur la bonne bouche. »

(Le même à la même, mai 1724.)

« J'eus hier ma première audience du pape: en
« vérité, je puis dire que j'ai le vol de ces mes-
« sieurs-là. Je fus reçu comme un ange, loué, ca-
« ressé, et m'étant déja fait jour à la confiance; il
« est vrai que j'ai un talent singulier pour leur dire
« des douceurs avec un air de candeur et de vérité,
« auquel je sens moi-même qu'il est très difficile de

[1] Laquais de madame de Tencin.

« résister. Il me veut sacrer lui-même ; ce qui est un
« honneur très distingué, que les seuls cardinaux
« ont coutume de recevoir, et qui fera mourir de
« jalousie mes envieux, qui se flattoient que je n'au-
« rois aucun crédit sous ce pontificat, et qui affec-
« tent d'exalter celui du cardinal de Polignac, pour
« qu'on le laisse ici chargé des affaires.

« Pour vous donner une idée du génie du pape,
« qu'il vous suffise de savoir qu'après trois jours
« de prières, le ciel ne lui a inspiré autre chose que
« de faire ôter les perruques à tous les écoliers des
« colléges. En conséquence de cela, les prélats et
« les cardinaux l'ôteront ; il y en a qui l'ont déjà
« fait : et, moi qui vous parle, j'en ferai autant. »

(Le même a la même, juin 1724.)

Le cardinal de Polignac.

« Il n'est pas possible, avec autant de talent,
« d'avoir aussi peu de fond ; il raisonne à faire pi-
« tié : il dit, par exemple, que pour faire un pape
« il suffit qu'il soit saint, parceque cette qualité ne
« peut être suppléée, et que toutes les autres peu-
« vent l'être. Raisonnement pernicieux pour la po-
« litique et même pour la religion. Les gens sages
« ont trouvé que la cour avoit mal fait de le faire ve-
« nir au conclave ; le cardinal Dubois l'en avoit tou-
« jours écarté ; il est sûr qu'il agira toujours contre

« les intentions de la cour, parcequ'il voudra faire
« quelque chose, et que, s'il étoit chargé des ordres
« du roi, il ne les exécuteroit en rien qui vaille.
« Son tic présentement est la dévotion. »

(Le même à la même, juin 1724.)

L'abbé de Tencin.

« Le roi d'Angleterre, après m'avoir fait mille
« amitiés, m'a parlé de façon à me faire voir qu'il
« me donneroit de tout son cœur sa nomination. Je
« suis persuadé, qu'à moins qu'on ne la veuille
« pour M. de Fréjus, qui que ce soit ne l'emporteroit
« sur moi, et même que la chose seroit bientôt faite
« quand je serai une fois évêque, si M. le cardinal
« Dubois le veut un peu. Mon chapeau seroit plus
« sûr que ne l'a été le sien, j'ose le dire, avant que
« je m'en sois mêlé. »

(Le même à la même, janvier 1723.)

« Je fais un château en Espagne; n'y auroit-il
« pas moyen de revenir sur le procès de Merlon [1]?
« Consultez si on peut faire reprendre l'instance par
« mon chapitre, et trouver le moyen qu'elle fût ju-
« gée par écrit et non pas à l'audience, où la grand'-
« chambre ne voudroit pas se démentir publique-
« ment. Ce diable de procès est celui des événe-
« ments de ma vie qui me fait le plus de peine. »

(Le même à la même, février 1723.)

[1] Affaire peu honorable à l'abbé de Tencin.

« Ce que vous me mandez, relativement au pre-
« mier ministre (M. le Duc), est très important :
« je me suis heureusement conduit à merveille ; je
« n'ai témoigné aucun empressement pour la pro-
« motion de l'évêque de Fréjus, parceque je n'en
« avois aucun, et que je la regardois comme une
« folie ; j'ai représenté qu'elle étoit impraticable. Je
« n'exilerois pas l'homme en question (toujours
« l'évêque de Fréjus), je le mépriserois, et lui don-
« nerois des dégoûts qui l'obligeroient, de lui-
« même, à prendre le parti de fuir, comme il le fit
« l'année passée. »

(Le même à la même, juillet 1723.)

« Je suis un sot, je l'avoue : l'ambition, loin de
« se réveiller en moi, s'éteint tous les jours davan-
« tage. Je ne desire *bien sincèrement*, et bien réelle-
« ment, que de me retirer et vivre tranquillement. »

(Le même à la même, janvier 1724.)

« Vous avez beau faire, vous ne me ferez pas
« croire que je vaille beaucoup : je n'ai absolument
« point de mémoire ; je suis abstrait, sérieux ; je me
« crois, le plus souvent, très ennuyant ; ce que je
« veux faire un peu bien, me coûte infiniment, et
« ce bien n'est jamais que médiocre ; si je réussis
« dans ma besogne, ce n'est que par une grande
« application, par une grande exactitude, et par

6.

« une conduite nette, et à l'abri de tout reproche. »

(Le même à la même, février 1724.)

Constitution.

« On a marqué, avec l'imprudence qui accom-
« pagne toujours les passions, l'animosité qu'on a
« contre M. l'évêque de Soissons (Languet), par les
« oppositions qu'on a voulu susciter à son élection
« à l'académie françoise. M. le duc de Richelieu,
« M. le maréchal d'Estrées, et l'évêque de Blois
« (Caumartin), ont été les cabalistes ; mais M. l'é-
« vêque de Fréjus, et quelques soins de ma part au-
« près de son altesse royale, ont épargné ce dégoût
« au prélat, et il a été élu. »

(L'archevêque de Cambrai, Dubois, au cardinal de Rohan, 1721.)

« Les outrés, pour et contre la constitution,
« nous font également la guerre. Les uns et les
« autres ne cherchent que le trouble, et s'accordent
« en ce point. Ne pourriez-vous pas faire quelques
« exemples sévères, dans l'un et l'autre parti, qui
« les contînt. Gaillande ne nous fait pas moins de
« mal que M. de Boulogne. Tous ces gens-là ont
« des commerces en ce pays-ci. Il faudroit tâcher
« de surprendre leurs lettres. »

(L'abbé de Tencin au cardinal Dubois, 13 janvier 1722.)

« Je joins trois lettres du cardinal Fabroni pour
« Gaillande, Legendre, je crois, chanoine de Notre-
« Dame, et Combes, docteur de Sorbonne. Nous
« n'avons pu ouvrir les lettres, parceque je n'ai pas
« le secret pour lever les cachets, qu'il seroit bon
« que vous eussiez la bonté de m'envoyer. Quand
« votre éminence en aura fait l'usage qu'elle jugera
« à propos, elle aura la bonté de les envoyer, sans
« perdre de temps, à madame de Tencin, à qui j'ai
« donné mes instructions pour les faire rendre à leur
« adresse.

« Clément XI avoit défendu que, dans les thèses
« à Rome, il fût jamais parlé de l'infaillibilité du
« pape, ni du temporel du roi. »

(Le même au même, 20 janvier 1722.)

Le cardinal Fabroni.

« Le cardinal Fabroni est véritablement honnête
« homme et homme de bien ; mais d'un zèle outré,
« dont la connoissance est bornée dans les limites
« de l'état ecclésiastique, et dont les maximes de
« Rome sont les premières lois du *credo*, pour les-
« quelles il seroit toujours prêt à sacrifier un
« royaume entier. »

(Le même, 10 février 1722.)

Lambertini (depuis Benoît XIV).

« Aujourd'hui M. Lambertini doit venir dîner
« chez moi. C'est un prélat du premier ordre et du
« premier mérite, qui a beaucoup d'esprit et de ca-
« pacité, et sur le tout, comique ; son seul ton de
« voix fait rire. »

(L'abbé de Tencin à sa sœur, janvier 1723.)

« J'ai eu ce soir une fort bonne compagnie chez
« moi, qui est M. Lambertini, qui, avec beaucoup
« de mérite, est le meilleur comique qui soit au
« monde. »

(Le même à la même, août 1723.)

Les cardinaux Dubois et de Rohan.

« Je vois croître les nuages entre le cardinal Du-
« bois et le cardinal de Rohan. La plus grande con-
« solation que j'ai dans mon absence, est de ne me
« pas trouver entre deux. Il faut trancher le mot :
« le cardinal de Rohan est incapable d'affaires. »

(Le même à la même, juillet 1721.)

« Le cardinal de Rohan a eu tort de prendre le
« titre d'altesse sérénissime ; il ne l'a jamais eu, et
« personne ne le lui donne. »

(Le même à la même, décembre 1721.)

« Est-il bien possible que le cardinal Dubois re-
« çût une pension d'Angleterre? Qui est l'honnête
« homme qui se mêloit de ces ordures? »

(Le même à la même, 1723.)

L'abbé de Vauréal (depuis évêque de Rennes).

« Que dites-vous de l'abbé de Vauréal, qui est
« allé offrir sa protection au roi d'Angleterre, au-
« près de M. de Morville? »

« L'abbé de Vauréal est le plus impertinent de
« tous les hommes, et le plus dangereux dans les
« affaires de l'église. »

(Le même à la même, juillet 1724.)

EXTRAIT

Des dépêches du cardinal de Fleuri au cardinal de Tencin, à
Rome et à Lyon, pendant les années 1739, 40, 41 et 42.

Le roi de Prusse (le grand Frédéric).

« Prince faux, vain au suprême degré, et qui se
« croit du moins égal aux plus grandes couronnes.
« Il m'a accablé des lettres les plus flatteuses et les
« plus remplies d'éloges. Je n'en ai pas été la dupe;

« car je sais que son système favori est que la France
« est trop puissante, et qu'il faut travailler à l'abais-
« ser. Il avoit voulu faire un voyage ici ; mais je
« trouvai le moyen de l'empêcher. Ce qui est le plus
« fâcheux, est que, par principe et par profession,
« il n'a aucune religion. »

(Décembre 1741.)

« Le roi de Prusse, qui craint beaucoup la puis-
« sance du roi, le recherche fort en apparence. Mais
« peut-on se fier à un roi qui fait tout le contraire
« de ce qu'il a publié dans son Anti-Machiavel, et
« qui va même plus loin que le pernicieux auteur
« qu'il fait semblant de réfuter? Ajoutez à toutes
« ces réflexions que, quoiqu'il affecte l'irréligion,
« il veut qu'on le croie protestant, et qu'il se fera
« honneur d'être à la tête de ceux qui professent
« cette secte. »

(*Ibid.*)

« Le roi de Prusse est indéfinissable, et son ca-
« ractère est encore une énigme ; il m'accable de
« marques d'amitiés et d'estime, et je ne m'y fie
« pas ; je le mettrai bientôt à l'épreuve. Entre nous,
« je n'ai lu de son Anti-Machiavel qu'une quaran-
« taine de pages, et j'en pense comme votre émi-
« nence. J'y trouve du faux en tout ; et, en voulant
« établir de grands principes, il s'en éloigne en les

« contredisant. Il est de lui, et non de Voltaire, quoi-
« qu'ils se ressemblent tous deux par leur irréli-
« gion. »

(Décembre 1741.)

« Si j'étois d'humeur à faire le parallèle des belles
« protestations que le roi de Prusse m'a faites dans
« ses lettres avec ses actions, j'aurois de quoi le
« couvrir de honte, supposé qu'il en soit suscep-
« tible.

« Il s'est fait connoître tel qu'il est, et peut-être
« ne le connoît-on pas encore parfaitement. S'il
« nous a trompés, ce n'est pas ma faute ; car j'ai
« toujours eu une extrême répugnance à nous lier
« avec lui, et plus il me marquoit d'estime et de
« bonté, plus les louanges qu'il me prodiguoit m'é-
« toient suspectes. »

(*Ibid.*)

L'abbé Franquini.

« L'abbé Franquini est un menteur, et c'est un
« nouveau titre à ajouter à son portrait. Il est *chau-*
« *velinistissime* (très dévoué à Chauvelin), aussi
« bien que son ami le commandeur de Solar. La
« lettre que M. Chauvelin a écrite au cardinal Lam-
« bertini, lui ressemble parfaitement par l'air de
« fausseté qui y est répandu. »

(Décembre 1740.)

« L'abbé Franquini est ce qui s'appelle un fri-
« ponneau, uniquement occupé de son intérêt ; je
« ne serai jamais surpris de ses mauvaises manœu-
« vres. »

Jésuites.

« Les jésuites commencent à se livrer au bel-es-
« prit, ils achèveront de se décréditer par là. »

(Novembre 1739.)

« Les jésuites se perdront en France par l'anar-
« chie qui y est, et par le bel-esprit qui a gagné la
« jeunesse, qui croit par là se faire un nom dans le
« monde ; le P. Berruyer est un de ceux que je crains
« qu'ils ne fassent du tort à la compagnie. »

(*Ibid.*)

« Il est fâcheux que les jésuites baissent de cré-
« dit, parcequ'il faut convenir qu'il n'y a presque
« qu'eux qui défendent l'église, et ils sont les seuls
« prédicateurs qui nous restent. Ils m'étoient très
« peu favorables sous le feu roi, et m'en avoient
« donné des preuves bien convaincantes. Mais je
« crois qu'il est du bien de la religion de les soute-
« nir, et je le fais efficacement, sans rancune ; les
« oppositions qu'ils trouvent à la cour de Rome mar-
« quent que les jansénistes y trouvent sous main
« beaucoup de protecteurs ; car il faut dire, à l'a-

« vantage des premiers, que les jansénistes croi-
« roient avoir tout gagné, s'ils les pouvoient terras-
« ser ; il n'est pas mauvais, d'ailleurs, que les jé-
« suites ne dominent pas jusqu'à un certain point ;
« ils en vaudront beaucoup mieux, quand ils ne se-
« ront pas les maîtres. »

(Février 1740.)

« Les jésuites ne justifient que trop tous les jours
« l'opinion que cette compagnie est radicalement
« dévouée à la maison d'Autriche ; il faut pourtant
« convenir qu'on ne peut point se plaindre des jé-
« suites de France, quoique je ne voulusse pas ré-
« pondre du fond de leurs cœurs ».

(Janvier 1741.)

« Votre éminence pense bien juste sur les sémi-
« naires donnés aux jésuites.

« Mais l'avare Achéron ne lâche point sa proie.

« Cette compagnie se perdra par les journaux de
« Trévoux, qui donnent aux jeunes gens qui ont
« de l'esprit, trop de connoissance des livres an-
« glois, et d'ailleurs ils sont *acéphales* en France. Il
« n'y a plus parmi eux de subordination. Ce sont
« eux seuls, pourtant, de tous les religieux, sur qui
« on puisse compter. »

(1741.)

« Le gouvernement despotique et la subordina-
« tion absolue, qui constituoient la société des jé-
« suites, sont entièrement perdus, et je vois qu'il
« en est quasi à Rome comme en France, où ils
« vivent dans une espèce d'anarchie; les provin-
« ciaux ont besoin d'adresse pour se faire obéir. »

Oratoriens.

« Rien n'est mieux que la réponse de votre émi-
« nence au P. de La Vallette; c'est une congréga-
« tion de qui on peut dire : *A plantâ pedis usque ad
« verticem non est sanitas*, et ce seroit un grand bien
« si on pouvoit la détruire. Les sujets même leur
« manquent, et ils se sont avisés de prendre de
« jeunes ecclésiastiques habillés comme eux, qu'ils
« font régents dans leurs classes, sans y être agré-
« gés que par l'habit et le collet. Depuis trois ans
« je n'ai pas voulu permettre au général de venir à
« Versailles saluer le roi, ainsi qu'ils avoient cou-
« tume de faire. »

(Janvier 1741.)

Carmes et cordeliers.

« Les carmes de France pensent assez bien sur
« la doctrine; mais ils continuent à conserver la ré-
« putation qu'ils ont acquise, et qui va presque de
« pair avec celle des cordeliers. »

(Décembre 1741.)

Benoît XIV.

« Le pape est gai, et dit souvent de bons mots,
« qu'il ne se refuse pas quand ils se présentent. Le
« cardinal Valenti en lâche aussi de son côté; ainsi
« cela fera un pontificat gaillard. »

(Avril 1740.)

« Nous pouvons dire du pape comme disoit Cicé-
« ron : *Lepidum habemus pontificem.*

« Le pape est mieux instruit qu'un autre du che-
« min qui conduit au paradis, et il ne se trompera
« pas sur ceux qui prétendent y être admis; je ne
« crois pas qu'il imite Clément XIII, qui avoit fait
« presque autant de saints que d'évêques *in par-*
« *tibus.* »

(*Ibid.*)

La reine de Hongrie et l'empereur.

« La reine de Hongrie est dans le cas d'une bou-
« tique à qui la mort du chef n'apporte aucun chan-
« gement quand les garçons gouvernent à sa place :
« elle a le même conseil, et il n'est pas étonnant
« qu'elle agisse comme faisoient ses ancêtres.

« La reine de Hongrie est jolie, et a de l'esprit,
« avec pourtant la hauteur de la maison d'Autriche :
« son mari la gâte, et lui fait beaucoup de tort. Il
« est faux, et nous hait souverainement. Croiriez-

« vous bien qu'il s'est servi de l'estampille du dernier
« empereur, pour décider beaucoup d'affaires après
« sa mort, et cela est prouvé? »

(1741.)

Albéroni.

« Le cardinal Albéroni est un homme sans suite,
« et sur lequel je crois qu'il seroit difficile de comp-
« ter ; il m'a écrit pendant deux ans assez régulière-
« ment, de sa main, de grands raisonnements sur
« les affaires, dont je n'ai pas été charmé. »

(Novembre 1739.)

« Il n'y a rien dont je ne le croie capable pour
« tâcher de faire une figure à quelque prix que ce
« soit.

« Il y a peu de fond à faire sur le cardinal Albé-
« roni, qui aime *a far romore*, et ne cherche qu'à
« jouer un personnage. »

(1740.)

Philippe V.

« La nouvelle qu'on avoit débitée sur le roi d'Es-
« pagne, qu'il avoit une maîtresse, est destituée de
« toute vraisemblance, et il est non seulement in-
« sensible, mais en vérité nul. »

(*Ibid.*)

Le cardinal d'Auvergne.

« Je n'ai rien à ajouter à ce que votre éminence
« me dit de M. le cardinal d'Auvergne, si ce n'est
« que je souhaiterois fort que la cérémonie d'ouvrir
« la bouche aux cardinaux fût réelle, parcequ'elle
« supposeroit qu'elle seroit fermée jusque-là. Je
« meurs de peur qu'il ne lui échappe bien des pau-
« vretés qui feroient tort à la nation. »

(*Ibid.*)

Le duc de Saint-Aignan.

« Je ne connois que trop le peu de considération
« que M. de Saint-Aignan s'est attiré à Rome; je ne
« pourrois que répéter ce que j'ai déja eu l'honneur
« de vous mander, que je voudrois bien trouver un
« prétexte honnête pour le faire revenir, et que jus-
« qu'ici il ne s'en est pas rencontré. »

(Janvier 1740.)

« Je conçois que le duc de Saint-Aignan vous cause
« bien des tracasseries; mais en lui confiant de temps
« en temps des choses qui ne seront point essen-
« tielles, et dont il ne pourra abuser, peut-être
« pourrez-vous venir à bout de parer bien des coups
« de sa part.

(Mars 1740.)

« M. le duc de Saint-Aignan promet à M. Amelot
« une entière soumission aux ordres qu'il a reçus

« du roi. Si vous me demandez que j'en sois cau-
« tion, je vous répondrai, sans hésiter, que non;
« car le caractère de dévot ne compatit pas toujours
« avec la sincérité. »

(Avril 1740.)

« Pour détruire les fausses intructions qu'a faites
« M. de Saint-Aignan, je ne sache plus d'autre re-
« méde que de faire écrire, sur la porte de son hô-
« tel, en gros caractères : *Ignorance plénière.* »

(*Ibid.*)

« Je ne suis point du tout surpris de la vision
« très visionnaire assurément, qu'avoit eue M. le
« duc de Saint-Aignan d'être cardinal. »

(Juin 1741.)

Le cardinal de Polignac.

« Si M. le cardinal de Polignac pense, comme il
« dit, il ne repassera pas les monts, et il assistera
« à toutes les académies, sans songer qu'il a un ar-
« chevêché depuis quinze ans, qu'il traite comme
« s'il étoit *in partibus.* »

(Janvier 1740.)

« Le fort du cardinal de Polignac étoit de bien
« écrire et de bien parler; mais on pouvoit dire de
« lui : *Utinam ingenio proprio scripsisset aliena!* j'a-
« jouterois volontiers *egisset.* »

(Novembre 1741.)

Le cardinal Passionei.

« Je crois Passionei très dangereux, parcequ'il
« joint l'hypocrisie à ses autres mauvaises qualités;
« et je n'ai pas oublié ce que feu M. le cardinal d'Es-
« trées m'avoit dit de son caractère. »

(Mars 1740.)

« Je vous ai assez entretenu du cardinal Passio-
« nei; et son caractère de duplicité, de vanité et
« d'hypocrisie, me le rend fort méprisable. Il est
« bien connu à Vienne; et, si j'en crois M. de Lich-
« tenstein (ambassadeur), il y est détesté. »

(Octobre 1740.)

« Passionei me paroît un homme bien dangereux,
« et je ne puis oublier qu'à Utrecht il professoit le
« théisme pour plaire au prince Eugène. »

(Avril 1741.)

La cour de Rome.

« La nouvelle Rome conserve encore beaucoup
« de maximes de l'ancienne, dans le temps de sa dé-
« cadence : elle regarde un grand courage, même
« dans les entreprises criminelles, comme une
« vertu. »

(Août 1740.)

La prélature.

« Je crois la réforme de la prélature très difficile,
« car tout le monde convient qu'elle est non seule-
« ment gâtée du côté des mœurs, mais même du
« côté de l'esprit, et que les livres anglois y ont
« communiqué leur venin. »

(Septembre 1740.)

Le chancelier d'Aguesseau.

« M. le chancelier est certainement très habile,
« et a de grandes lumières ; mais, à force d'en
« avoir, il trouve des difficultés à tout, et il est élevé
« dans la crainte de Dieu et des parlements. »

(Mars 1741.)

« M. le chancelier a, par lui-même, de très
« bonnes intentions, et est bon constitutionnaire ;
« mais il est foible, parlementaire et timide. Les
« curés de Paris, et les noirceurs des jansénistes,
« lui font peur ; et cela n'est pas sans raison, car le
« parti est capable de tout entreprendre. »

(Janvier 1741.)

« Il est un peu trop serviteur des parlements ; il
« s'y mêle même un peu de crainte de se brouiller
« avec eux ; il devroit pourtant être corrigé de ses
« ménagements, car celui de Paris manque souvent

« de considération pour lui ; il est absolument livré
« à M. le procureur général, qui est beaucoup plus
« fin que lui, et cherche à s'accréditer à ses dépens »

(Août 1742.)

L'Histoire Ecclésiastique de l'abbé Fleuri.

« Je vous dirai confidemment que j'ai toujours
« trouvé dans l'Histoire Ecclésiastique de l'abbé
« Fleuri, beaucoup de choses répréhensibles, prin-
« cipalement par rapport à l'acharnement avec le-
« quel il relève les moindres choses qui sont quel-
« quefois peu exactes dans les lettres des papes,
« mais encore plus sur l'affaire de saint Thomas de
« Cantorbéry, dont il taxe la conduite de témérité
« contre les lois et les maximes de la France, c'est-
« à-dire de celles que le clergé a toujours adoptées.
« Il y a aussi quelqu'infidélité dans les extraits qu'il
« a donnés des ouvrages de saint Augustin, sur les-
« quels il s'étoit trop confié à un bénédictin de St.-
« Maur qui en est le véritable auteur ; car l'abbé
« Fleury n'étoit pas théologien, et je lui avois fait
« des reproches, à lui-même, de ces trois sortes
« d'excès : il m'avoit prié de lui en donner des ob-
« servations par écrit, mais le temps me manqua,
« et il mourut. Cela n'empêche pas que je ne trou-
« vasse beaucoup d'inconvénients à le censurer,
« parceque cela causeroit un grand feu dans tout le

« royaume. Ce bon abbé avoit été avocat, et en avoit
« conservé toutes les maximes parlementaires ; il
« faudroit tâcher de borner le zèle de M. le cardi-
« nal Corsini à empêcher la traduction italienne,
« sans parler de l'original. »

(Septembre 1739.)

Le cardinal Corsini.

« Je crois le cardinal Corsini très honnête homme ;
« mais en même temps je connois trop le monde
« pour compter, avec sûreté, sur qui que ce soit,
« quand son intérêt exigera qu'il prenne d'autres
« liaisons. »

(*Ibid.*)

Abbés françois.

« Je prie votre éminence de vouloir bien me con-
« fier, en honneur et en conscience, la manière dont
« se sont conduits nos abbés françois à Rome, et
« surtout les abbés de Choiseul, d'Aydie, Dugues-
« clin et de la Galaizière. Le premier est bon enfant,
« mais, à ce que je crois, de peu de génie ; son
« frère, évêque de Châlons, est très tolérant, et ils
« ont eu un docteur très suspect. Le second est un
« homme tout mondain et de peu de piété ; le troi-
« sième a beaucoup d'ambition et de l'esprit, à ce
« que l'on dit ; le quatrième est tout Chauvelin. »

(Octobre 1740.)

Le cardinal de Fleuri.

« Je ne réponds pas à ce que votre éminence me
« fait l'honneur de m'écrire de sa main, sur le pro-
« jet qu'elle a de m'élever à la papauté, parcequ'en
« vérité je ne puis le croire sérieux, et qu'il faudroit
« être trop présomptueux ou ignorant des maximes
« de la cour de Rome, pour y trouver quelqu'appa-
« rence de vérité: je n'en crois pourtant pas moins
« dans vos sentiments; mais votre amitié, dans
« cette occasion, vous aveugle. »

(Janvier 1739.)

« Je sens, comme je le dois, les marques de
« bonté et d'amitié que vous vouliez me donner;
« mais de quelque couleur que vous vouliez revêtir
« votre projet de me faire pape, je ne l'ai jamais re-
« gardé sérieusement; et, outre que rien ne seroit
« plus contraire à ma manière de penser, je n'eusse
« pu envisager qu'un ridicule dont j'aurois un éloi-
« gnement infini. »

(Avril 1740.)

« Ma santé s'affoiblit tous les jours, et mon
« estomac ne fait quasi plus ses fonctions; il y a
« déja huit mois que ce mal a commencé, et le tra-
« vail où je suis assujéti, aussi bien que mon âge
« avancé, ne me permettent pas d'espérer qu'il

« puisse diminuer. Je songe donc sérieusement à
« me retirer ; je l'ai tenté inutilement plusieurs fois ;
« mais j'ai trop de confiance aux bontés du roi,
« pour qu'il me refuse cette grace, par la connois-
« sance du dépérissement entier de mes forces.

« Votre éminence connoît trop depuis long-temps
« le cas que je fais de ses talents et de ses lumières
« pour être surprise que je pense à l'avoir pour suc-
« cesseur ; mais je n'en parlerai pas que je n'aie au-
« paravant sa réponse sur ce qu'elle pense elle-même
« de cette proposition. Il ne faut pas que votre émi-
« nence soit effrayée du poids de cette place. Elle
« demande des soins et de l'application ; mais, avec
« un ordre suivi, tout devient facile.

« Ce qui me paroît le plus nécessaire dans le com-
« mencement, est d'avoir un homme de confiance
« et capable de la soulager ; j'ai jeté les yeux sur
« M. d'Argenson, le cadet, que le roi voudroit bien
« mettre dans son conseil, et sur lequel votre émi-
« nence pourroit se reposer d'une grande partie des
« détails. Il a beaucoup d'esprit, il est très bien in-
« tentionné par principes, et zélé pour les affaires
« de la religion. Il est doux, et d'un commerce très
« aimable ; il m'a paru, dans toutes les occasions où
« il a été question de votre éminence, qu'il l'hono-
« roit et en pensoit très favorablement.

« J'ai le cœur françois, j'aime ma patrie, et je
« suis tendrement attaché au roi ; je ne quitterai

« qu'avec regret, et forcé par mes infirmités et par
« mon âge. Ma retraite ne diminuera pas mes sen-
« timents, qui sont légitimes, et je donnerois ma
« vie pour son honneur et pour sa gloire ; mais je
« ne pourrois plus lui être utile autant qu'il le fau-
« droit, et il est prudent de prendre son parti, pour
« ne pas s'exposer à tomber dans un délabrement
« de santé, d'esprit et de corps, qui seroit aussi
« déshonorant pour moi que préjudiciable à l'état.

« Votre éminence est dans la maturité de l'âge,
« et elle a toute la vigueur de son esprit. On se doit
« tout entier à son maître et à sa patrie. Vos inten-
« tions sont droites ; il faut seulement travailler à
« les faire connoître au public. On va bien loin
« quand on a gagné ce point important [1]. »

(24 juillet 1742.)

[1] Le cardinal de Tencin refusa ; mais, bientôt après, lui et le comte d'Argenson furent faits ministres le même jour (25 août). Le cardinal voulut se faire un mérite, auprès du comte, d'avoir contribué à le faire nommer, et, pour cet effet, il lui communiqua, par copie, la lettre du cardinal de Fleuri, et la réponse à cette lettre ; mais il y ajouta un article qui n'étoit pas dans l'original, et qu'il n'auroit eu garde d'y mettre, pour ne pas rendre son refus suspect de dissimulation au cardinal de Fleuri, tout détail étant inutile quand on refuse sincèrement.

Article ajouté. « Au reste, si la vue de votre éminence avoit
« lieu, elle ne pourroit me proposer un secours plus conforme à
« mon inclination et à mon goût que M. d'Argenson. » (*Note de Duclos.*)

BONS MOTS,

ANECDOTES, SOUVENIRS, RÉFLEXIONS, etc.

Le comte de Grammont.

Le Grammont dont les Mémoires ont été écrits par Antoine Hamilton, son beau-frère, étoit un roué de la première classe, avec beaucoup d'esprit et très mordant ; il étoit redouté des ministres même, parcequ'il amusoit le roi. Il étoit frère de père du maréchal de Grammont. Sa mère étoit sœur de Bouteville, décapité pour duel, en 1628. Il mourut à quatre-vingt-six ans. Ce fut lui qui vendit quinze cents livres le manuscrit où il est si clairement traité de fripon. Fontenelle, censeur de l'ouvrage, refusoit de l'approuver, par égard pour le comte de Grammont. Celui-ci s'en plaignit au chancelier, à qui Fontenelle dit les raisons du refus d'approbation. Le comte de Grammont, moins délicat sur son honneur, et ne voulant pas perdre les quinze cents livres, força Fontenelle d'approuver pour l'impression ; je tiens le fait de Fontenelle même.

La comtesse de Grammont étoit une femme du plus grand air, de beaucoup d'esprit et de vertu, et fort considérée de Louis XIV.

Hervé, évêque de Gap.

Hervé, nommé évêque pour ses missions et la sainteté de sa vie, se livra à la plus scandaleuse à cinquante ans. Le cardinal Le Camus lui en faisant des reproches : « Vous finissez comme j'ai com-
« mencé, dit l'évêque, et moi je finis comme vous
« avez commencé, bien fâché de ne pas m'en être
« avisé plus tôt. » Il avoit été conseiller de grand'-chambre. Le scandale de son libertinage fut si public, que le roi l'exila dans un couvent; il ne vouloit pas se démettre de son évêché, et ce prince, pour éviter l'éclat d'un concile provincial, qui auroit sûrement déposé cet évêque, en obtint enfin sa démission, moyennant vingt mille livres de pension, avec lesquelles Hervé continua le même train de vie à Paris, jusqu'à ce que la vieillesse et l'impuissance de l'âge le remissent dans la dévotion.

Cadenat.

Le cardinal d'Estrées, mort en 1714, ayant cédé son évêché de Laon à son neveu, en 1681, prit un brevet de conservation des honneurs de la pairie[1],

---

[1] D'Aubigné ou d'Aubigny, parent réel ou adoptif de madame de Maintenon, ayant été transféré de l'évêché de Noyon à l'archevêché de Rouen, eut aussi un brevet de conservation des honneurs de la pairie. C'en est le premier exemple pour un pair ecclésiastique; car on ne doit pas compter le cardinal d'Estrées, à cause de sa dignité.

quoique son titre de cardinal les lui donnât et au-delà ; le jour de la réception de ce neveu au parlement, le cardinal donna un repas à trois princes du sang, et aux pairs qui s'étoient trouvés à la réception. L'évêque de Noyon, Clermont-Tonnerre, aperçut, en se mettant à table, trois cadenats que les princes avoient fait apporter, et les fit ôter en disant : « Il est plus aisé d'en ôter trois que de trou-
« ver sur-le-champ le nombre qu'il en faudroit pour
« tout ce que nous sommes ici de pairs. » Les princes prirent le parti d'en rire. J'ai vu aux états de Bretagne, en 1746, à des repas dont j'étois, le duc de Penthièvre avoir toujours son cadenat à table, en présence du duc de Rohan, président de la noblesse. Je connois tels ducs et pairs qui auroient plutôt fait faire un cadenat de bois, faute d'autre, que de souffrir ou de ne pas partager cette distinction.

L'abbesse de Maubuisson et l'abbesse de Poissy.

L'abbesse de Maubuisson, fille de Frédéric V, électeur palatin, et d'une fille de Jacques Ier, roi d'Angleterre, et dont la naissance étoit le moindre mérite, pria madame de Chaulnes, abbesse de Poissy, d'assister à une bénédiction d'abbesse qui devoit se faire à Maubuisson ; celle-ci fit dire qu'elle n'y pouvoit aller, à moins que madame de Maubuisson

ne s'engageât à lui donner la main. « Dites à ma-
« dame de Poissy, répondit madame de Maubuis-
« son, qu'elle n'ait point d'inquiétude : depuis que
« je suis religieuse, je ne distingue plus ma main
« droite de ma gauche, que pour faire le signe de
« la croix. »

Le duc de Lesdiguières.

Le dernier duc de Lesdiguières, commandant à
Lyon, y donnoit de son carrosse la bénédiction aux
passants; étant fort vieux, il se maria. Le cardinal
de Coislin, évêque d'Orléans, et oncle de celui de
Metz, demanda au vieux duc pourquoi il se marioit.
— « Pour avoir des enfants. — Mais, dit le cardi-
« nal, votre femme est bien vertueuse. »

Saumeri.

Le chevalier de Saumeri, passant à Rome, alla
aussitôt saluer le pape Innocent XII, puis de là à
Saint-Pierre, et dès la porte : *N'est-ce que cela ?* dit-
il; et partit sur-le-champ sans coucher à Rome. Le
pape ne pouvoit s'empêcher d'en parler souvent,
et avec raison. Saumeri auroit pu prendre pour sa
devise : *Nil admirari*.

Clermont.

Clermont-Tonnerre, neveu du glorieux évêque
de Noyon, étoit attaché à la maison d'Orléans, et

disoit qu'il ne savoit pourquoi il y restoit. « Ma-
« dame (mère du régent), ajoutoit-il, est le plus
« sot homme du monde, et Monsieur la plus sotte
« femme. »

Delphini.

Delphini, nonce en France, en 1705, avoit des
mœurs très peu régulières; Louis XIV lui fit dire
ce qu'il pensoit de sa conduite. Delphini fit répondre
qu'il étoit obligé au roi, mais qu'il n'avoit jamais
pensé à être cardinal par la protection de la France,
continua de vivre comme il faisoit, et reçut enfin la
barette de la main du roi.

L'empereur Léopold.

L'empereur, mort en 1705, aimoit passionnément la musique, et en composa d'agréable, telle
que la parodie. *Quel caprice*, etc. Étant près de mourir, après avoir fait ses dernières prières avec son
confesseur, il fit venir sa musique, et expira au milieu du concert.

La marquise de ***.

La marquise de *** étoit aimée à-la-fois par M. le
Prince, fils du grand Condé, et par le comte de
Rouci, et les trompa tous deux. Le prince s'étant
aperçu de l'infidélité, la traita comme elle le méritoit. Pour prouver son innocence et le calmer, elle

lui offrit de faire assassiner le comte de Rouci; le prince en eut horreur, et avertit Rouci, et tous deux l'abandonnèrent. C'étoit elle qui, ayant été arrêtée dans un bois par des voleurs, ne fut que violée, si l'on peut dire violée en parlant d'elle, et sur ce qu'on lui demanda ce qu'elle pouvoit dire à ces gens-là, dans le moment de leurs caresses, répondit qu'elle disoit : *Mon cher voleur.*

Charpin, évêque de Limoges.

Charpin écrivit une lettre si apostolique à Louis XIV, sur la misère des peuples, que ce prince en fut peiné au point d'en être malade. Madame de Maintenon fit écrire là-dessus à l'évêque, par un secrétaire d'état, à qui le prélat répondit si hautement que madame de Maintenon crut lui imposer en écrivant elle-même; mais elle en reçut une réponse qui ne l'engagea pas à répliquer.

Justice d'autrefois.

Dans le temps que nous commencions à nous policer, mais que nous n'étions pas encore polis, on voyoit faire en France des actes de justice dont nous avons perdu l'usage plutôt que les occasions.

Pierre de Brosse, Lorrain, d'abord chirurgien de saint Louis, pendant les croisades, et ministre sous Philippe-le-Hardi, fut pendu à Montfaucon, qu'il avoit fait rétablir. Les ducs de Bourgogne et de Lorraine, et Robert, comte d'Artois, honorèrent cette exécution de leur présence (1217). S'il s'en faisoit une pareille de nos jours, je crois que les places seroient chères.

Enguerrand de Marigni, autre réparateur de Montfaucon, fils d'un paysan, et ministre sous Louis Hutin, accusé d'avoir altéré les monnoies, d'avoir augmenté les impôts, détourné de grandes sommes, d'avoir dégradé les forêts du roi, et reçu de l'argent des ennemis, fut pendu, en 1315, audit Montfaucon, où le corps resta jusqu'au règne de Philippe-le-Bel, qui le rendit à l'archevêque de Sens, frère d'Enguerrand. Il resta quelque temps en dépôt aux Chartreux de Paris, d'où il fut transporté dans l'église du village d'Escouy, au Vexin Normand, qu'il avoit fait bâtir, et où l'on voit encore son tombeau. Le comte de Valois, principal accusateur d'Enguerrand, fit réhabiliter sa mémoire. Ses richesses ne furent pas sans doute les meilleures preuves de son innocence; et le comte de Valois pouvoit fort bien avoir des remords d'avoir sacrifié à sa haine particulière un homme qui pouvoit l'être simplement à la justice.

Gérard de La Guerre, Auvergnat de basse naissance, parvenu à être surintendant et grand trésorier sous Philippe-le-Long, et accusé, sous Charles-le-Bel, de concussions, de vol dans les monnoies, et d'aggravation d'impôts, expira dans les tortures de la question, en 1322; sept ans avoient suffi pour lui faire oublier le supplice d'Enguerrand. Les grandes places de finance valent à-la-fois le Pactole et le Léthé.

Alain de Montaigu, fils d'un bourgeois de Paris, et devenu surintendant et grand-maître de la maison du roi, Charles VI, avoit fait deux de ses frères, l'un archevêque de Sens, et l'autre évêque de Paris; marié son fils avec la fille du connétable d'Albret, et ses deux filles à deux des plus grands seigneurs, le comte de Braine et le sire de Craon. La tête tourna, comme de coutume, à Montaigu, et lui fit faire des actions injustes ou insolentes, et vraisemblablement de l'une et de l'autre espèce. Son procès fut instruit par des commissaires. Ces juges, toujours vils instruments de ceux qui les emploient, lui firent trancher la tête aux Halles, le mercredi 17 octobre 1409. Il avoit avoué à la question tout ce qu'on voulut.

Il ne faut pas oublier, pour l'honneur des célestins et l'instruction des princes, que François Ier, passant à Marcoussy, voulut railler les moines sur le genre de mort de leur fondateur : *Il ne fut pas jugé par la justice,* lui dit un moine. — *Et par qui donc?* — *Par des commissaires.*

François Ier, frappé de cette réponse, mit la main sur l'autel, et jura de ne faire jamais juger un accusé par des commissaires. Il ne stipuloit pas apparemment pour ses successeurs et leurs ministres.

Jean Doyac, élevé de la boue aux honneurs dûs au mérite, et que la bassesse, l'intrigue, et le crime usurpent; gouverneur d'Auvergne ; abhorré des peuples, envié par les grands, qui croient avoir le privilége exclusif des honneurs, et quelquefois des moyens que Doyac avoit employés ; reconnu complice de plusieurs faits et gestes d'Olivier le Dain, fut fouetté par les rues de Paris, y eut une oreille coupée, et porta l'autre à Montferrand, en Auvergne, lieu de sa naissance, où il avoit été si insolent, et où on lui coupa celle qui lui restoit, après la même fustigation qu'à Paris. On ne voit plus de ces choses-là dans notre siécle éclairé et poli : ce qui a fait dire au jésuite Daniel, en parlant de la surintendance ou du contrôle des finances : *Poste toujours si ambitionné, et* jusqu'alors *si dangereux.* Il a conservé de nos jours la première épithéte, il a perdu la seconde.

J'ai lu quelque part qu'il y a un pays où, dans les grandes calamités, on sacrifie un prêtre, et, malgré ce désagrément du sacerdoce, le clergé est toujours complet. Il faut que le métier soit bien bon d'ailleurs. J'en dirois autant de la surintendance d'autrefois.

Fouquet est le dernier exemple d'un administrateur des finances livré à la justice, à tort ou avec raison. Tous ses successeurs, honorés, enrichis, et laissant après eux des dignités dans leurs familles, doivent faire charitablement penser qu'ils ont été sans reproche.

Le comte d'Argenson.

Le comte d'Argenson, voyant qu'après le parricide du 5 janvier 1757, le confesseur n'avoit pu faire renvoyer madame de Pompadour, apporta un jour dans le cabinet de cette dame, où le roi alloit venir, des placards que lui d'Argenson produisoit comme affichés dans Paris, et qu'il avoit fait arracher. Ces placards pouvoient intimider le roi, et par contre-coup réfléchir sur madame de Pompadour. Le ministre feignoit d'être horriblement peiné d'être obligé de les montrer au roi; l'abbé de Bernis (car il n'étoit pas encore cardinal) lui dit plaisamment: « Ceux qui ont affiché ces placards savoient « bien qu'ils ne seroient pas pris. »

Voltaire et madame de Pompadour.

Voltaire, ayant donné à madame de Pompadour une copie de son histoire de la guerre terminée, en 1742, par la paix d'Aix-la-Chapelle, finissoit ainsi l'histoire :

« Il faut avouer que l'Europe peut dater sa féli-
« cité du jour de cette paix. On apprendra avec
« surprise qu'elle fut le fruit des conseils pressants
« d'une jeune dame du plus haut rang, célèbre par

« ses charmes, par des talents singuliers, par son
« esprit, et par une place enviée. Ce fut la destinée
« de l'Europe dans cette longue querelle, qu'une
« femme la commençât, et qu'une femme la finît;
« la seconde a fait autant de bien que la première
« avoit causé de mal, s'il est vrai que la guerre
« soit le plus grand des fléaux qui puissent af-
« fliger la terre, et que la paix soit le plus grand
« des biens qui puissent la consoler. »

C'est madame de Pompadour qui me montra cette histoire manuscrite avec une sorte de complaisance; elle ne doutoit pas que cet article ne fût un jour imprimé.

Deuils de cour.

Il falloit, sous Louis XIV, être de la cour, ou domestique, pour en porter les deuils; il n'étoit permis de draper qu'aux gens titrés, officiers de la couronne, ou grands officiers des maisons du roi, de la reine et des filles de France. On trouva ridicule, en 1711, à la mort du dauphin, que quelques magistrats du conseil eussent pris des pleureuses; et à la mort de la reine de Pologne, belle-mère du roi, en 1747, les fermiers généraux en prirent par délibération; les receveurs généraux n'en prirent point. On en voit aujourd'hui à des gens fort au-dessous de la bonne bourgeoisie : le premier président de Mesmes fut le premier, et alors le seul de son état, qui drapa à la mort du roi, en 1715.

Avant 1746, on ne connoissoit point de deuils de cour dans les provinces. La dauphine, infante d'Espagne, première femme du dauphin, étant morte cette année, son deuil duroit encore lorsque les états de Bretagne s'assemblèrent à Rennes. Ceux des gentilshommes qui habitent ordinairement Paris, ayant paru en deuil aux états, en trois jours tout fut en noir. Depuis cette époque, tous les deuils de cour sont devenus d'émulation. Les commandants des principales villes les ordonnent à ceux qui sont sous leurs ordres, et dans Paris on voit aujourd'hui jusqu'aux perruquiers en noir, quand ils suspendent leurs fonctions, et croient devoir être décemment vêtus.

Épitaphe du duc de Buckingham.

A propos de deuil, voici l'épitaphe que le duc de Buckingham avoit composée pour lui, et qu'il vouloit qu'on mît sur son tombeau :

Pro rege sæpè, pro republicá semper. Dubius, non improbus vixi. Incertus, non perturbatus morior. In Deo confido. Christum adveneror. Ens entium, miserere meî.

Atterbury, évêque de Rochester, lorsqu'il fut question de mettre cette épitaphe sur le tombeau de Buckingham, à Westminster, s'y opposa, et il y eut à ce sujet beaucoup de débats et d'écrits :

mais, à la fin, Atterbury obtint qu'on la changeât, et qu'on la mît telle qu'on la lit aujourd'hui :

Dubius, sed non improbus vixi. Incertus morior, non perturbatus. Humanum est nescire et errare. Deo confido omnipotenti et benevolentissimo. Ens entium, miserere meî.

La première est médiocrement chrétienne, la seconde n'est pas médiocrement plate.

Le comte de Tessin, gouverneur du prince royal de Suède, après avoir été comblé d'honneurs pendant le cours d'une longue vie, et avoir paru le plus heureux des hommes, a ordonné qu'on mît sur sa tombe : *Tandem felix.*

Autre épitaphe singulière.

Un homme de beaucoup d'esprit, apparemment, qui, toute sa vie, avoit eu une dévotion particulière pour la Sainte-Vierge, s'étoit fait enterrer sous le seuil d'une église qui lui étoit dédiée, avec cette épitaphe :

> Ni dedans, par respect,
> Ni dehors, par amour.

Courcillon.

Courcillon, fils du marquis de Dangeau, étoit fort pressé, par son père et sa mère, de se confesser avant qu'on lui coupât la cuisse, pour une blessure reçue à Malplaquet. Courcillon, pour s'en débar-

rasser, demanda le père de La Tour, général de
l'Oratoire, et cité comme grand janséniste. Le père
et la mère, trop courtisans pour produire un confesseur si suspect au roi, n'en parlèrent plus : la
mère étoit pourtant aussi vraiment dévote qu'on
peut l'être à la cour; mais le roi sur tout.

En parlant de confesseur, le maréchal de Duras,
mort en 1704, disoit au roi qu'il comprenoit bien
qu'un roi trouvât un confesseur, qui gagnoit assez
dans ce monde pour se damner dans l'autre; mais
qu'il ne comprenoit pas que ce confesseur en trouvât un pour lui.

L'abbé de Vateville.

L'abbé de Vateville, frère du baron, ambassadeur à Londres, grand-oncle de celui d'aujourd'hui,
beau-frère du comte de Maurepas, fut d'abord colonel du régiment de Bourgogne pour le roi d'Espagne, Philippe IV, et se distingua par plusieurs
actions d'éclat. Mécontent d'un passe-droit, il quitta
le service, et se fit chartreux. Après avoir fait ses
vœux, s'ennuyant de la solitude, il se procura quelqu'argent de sa famille; sans laisser soupçonner
son dessein, fit acheter, par un affidé, un habit de
cavalier, des pistolets, et une épée; il se travestit
une nuit dans sa cellule, et prit le chemin du jardin. Soit hasard, soit soupçon de la part du prieur,
ils se rencontrèrent; Vateville le poignarda sur-le-

champ, et tout de suite sauta la muraille de l'enclos. On lui tenoit un cheval prêt ; il s'éloigna promptement, et ne s'arrêta que lorsqu'il le fallut, pour faire rafraîchir son cheval. Ce fut dans un lieu écarté, où il y avoit pour toute habitation une auberge. Il fit mettre à la broche un gigot et un autre morceau de viande, ce qui étoit tout ce qui s'y trouvoit alors. A peine commençoit-il à manger, qu'un voyageur arrive, et, ne trouvant plus rien, ne doute pas que le premier arrivé ne veuille bien partager un dîner qui paroît suffisant pour deux. Vateville prétend qu'il n'en a pas de trop; la querelle devient vive, et le nouveau venu s'empare d'un des deux plats. Vateville, ne pouvant le lui arracher, tire un de ses pistolets, et lui casse la tête, met l'autre sur la table, et menace l'hôtesse et un valet, qui accourent au bruit, de les traiter de même s'ils ne se retirent. Quoiqu'ils fussent alors les deux seuls dans la maison, cela paroît assez difficile à croire; mais c'est ainsi que Vateville l'a conté plusieurs fois depuis. Il achève promptement son dîner, fait amener son cheval, et, le pistolet à la main, tient en respect le valet, jusqu'à ce qu'il ait conduit son cheval par la bride, assez loin pour monter en sûreté. Il s'éloigna au plus vite. Sans le suivre sur la route, il suffit de dire qu'il finit par se rendre dans les états du Grand-Seigneur, où il prit le turban, et obtint du service. Il s'y distingua assez pour y devenir bacha, et avoir le gouvernement de quelques places de la Morée, dans le temps que les Turcs et les Vénitiens y étoient en guerre. La circonstance fit concevoir à Vateville le projet de rentrer en sûreté dans sa patrie; il négocia avec les Vénitiens, qui obtinrent pour lui, à Rome, l'absolution de son apostasie, sa sécularisation, et un bénéfice considérable en Franche-Comté, au moyen de quoi il leur livra les places dont il étoit maître. Revenu dans sa province, dans le temps que Louis XIV y portoit la guerre, il servit assez utilement la France, pour en obtenir des graces marquées, et sur-tout un crédit et une autorité respectés à Besançon. L'archevêché étant devenu vacant, le roi l'y nomma; mais le pape, trouvant du scandale à nommer pour archevêque un apostat, renégat et meurtrier publiquement connu, refusa constamment les bulles, et Vateville fut obligé de se contenter en échange, de deux abbayes et du haut doyenné de Besançon. Il vivoit en grand seigneur, avec un équipage de chasse, une table somptueuse, craint et respecté, allant de temps en temps aux Chartreux, voir ceux de son temps qui vivoient encore. Il mourut en 1710, âgé de quatre-vingt-dix ans : tant la tranquillité d'ame et la bonne conscience contribuent à la santé.

Voici le portrait qu'en fait Pelisson dans son histoire manuscrite de la conquête de la Franche-

Comté, en 1668 : « Un tempérament froid et pai-
« sible en apparence, ardent et violent en effet ;
« beaucoup d'esprit, de vivacité et d'impétuosité
« au-dedans, beaucoup de dissimulation, de modé-
« ration et de retenue au-dehors ; des flammes
« couvertes de neige et de glace ; un grand silence
« ou un torrent de paroles propres à persuader ;
« renfermé en lui-même, mais comme pour en sor-
« tir au besoin avec plus de force : tout cela exercé
« par une vie pleine d'agitations et de tempêtes,
« propre à donner plus de fermeté et de souplesse
« à l'esprit. »

Potier de Novion.

Le premier président de Novion, nommé en 1677, falsifioit les arrêts à la signature : les juges lui firent l'affront et la justice de lui donner un témoin pour y assister. Quelquefois, après avoir recueilli les avis à voix basse, il énonçoit à son gré, chaque côté des juges s'étonnant que le côté opposé pût être absolument d'un avis contraire à celui qui avoit été unanime ou presque général dans l'autre partie. Un des juges interpella Novion, dans une affaire de marguillerie. Novion, qui avoit prononcé contre la très grande pluralité, se mit à rire, et dit qu'un premier président pouvoit bien peu, s'il ne pouvoit pas faire un marguillier. La plaisanterie ne réussit pas. Tout ce qui avoit précédé fut relevé avec éclat, et il auroit été hautement chassé, si le duc de Gesvres (Potier), son cousin, n'eût obtenu du roi que Novion donneroit simplement sa démission; on en avoit pendu de moins coupables, mais ce n'étoit pas de ceux qui font pendre. Harlai le remplaça en 1689. Le petit-fils de Novion fut premier président en 1723; celui-ci étoit un juge intégre, ne garda sa place qu'un an, et la quitta par dégoût des affaires; c'est lui qui est l'auteur du libelle contre plusieurs ducs et pairs, ouvrage plein de méchanceté et d'ignorance.

Le comte et abbé de Clermont.

Lorsque le comte de Clermont, prince et abbé, fit sa première campagne, il voulut bien recevoir du pape une permission de porter l'épée. L'abbé de La Rochefoucauld en avoit fait autant. Le prince Eugène s'en étoit passé, et cependant il se servit assez bien de son épée.

Le prince de Montbéliard.

Le prince de Montbéliard, n'ayant point d'enfants de sa femme, laissa ses états à un bâtard qu'il avoit eu de la baronne de Sponce, et le maria à une bâtarde qu'il avoit eue de la baronne de l'Espérance. Le duc de Wirtemberg les en chassa, et le conseil aulique les déclara bâtards. Ceux-ci, frère et sœur, voulurent en appeler au parlement de Paris. L'affaire fut entamée, mais elle fut arrêtée sur les plaintes de l'empereur. La princesse de Carignan s'intéressoit vivement pour ce couple incestueux, parcequ'ils s'étoient faits catholiques.

Fagon.

Fagon, premier médecin de Louis XIV, ayant obtenu l'expectative de la première place d'intendant des finances, celle de Poulletier vaqua en 1711. Fagon, à qui le roi l'offrit, déclara qu'il ne vouloit point en priver le fils, et qu'il aimoit mieux n'en jamais avoir.

Celle de Dubuisson ayant vaqué en 1714, elle fut donnée au fils de Fagon. Le frère de celui-ci fut d'abord évêque de Lombez, et succéda à dom Côme, feuillant, en 1711. Il passa depuis à Vannes, où il donnoit, tant qu'on vouloit, des dispenses pour mariage, et le parlement les a jugées bonnes.

D'Aligre.

Le premier d'Aligre connu étoit petit fils d'un apothicaire de Chartres; il fut tuteur onéraire (le Moréri, où l'on fait mettre ce que l'on veut, dit honoraire) du fils du comte de Soissons, puis conseiller au grand conseil, et enfin chancelier de France en 1624.

Pontchartrain.

Le chancelier de Pontchartrain a été un des hommes qui ont eu le plus d'esprit, de savoir, de vertu et de courage mêlé d'adresse ; nul magistrat ne distingua aussi bien que lui l'esprit, l'objet et le positif des lois, et ne sut si habilement faire fléchir, sous le juste et le vrai, les formes, sans paroître les trop heurter. Son petit-fils, le comte de Maurepas, tenoit beaucoup de son aïeul à cet égard, et à beaucoup d'autres. Ayant été obligé de faire quelques réglements pour nos colonies, et voyant que ce qui pouvoit être bon en France n'étoit pas exactement applicable aux habitants de nos îles, il communiqua le projet au chancelier d'Aguesseau ; celui-ci, quoique très grand magistrat, et peut-être par cela même, ne se seroit pas si volontiers affranchi des formes ; mais il ne put s'empêcher de reconnoître l'habileté avec laquelle le comte de Maurepas les avoit écartées, et signa ces réglements, en disant : « On ne peut être plus régulièrement irrégulier. »

Mais revenons à Pontchartrain. Un nuage de disgrace procura son élévation : fils d'un président de la chambre des comptes, il ne put obtenir l'agrément de la charge de son père, pour avoir été favorable au surintendant Fouquet, dont il avoit été un des commissaires. Sans ce refus d'agrément, enseveli dans la chambre des comptes, il étoit perdu pour l'état. La réputation qu'il se fit au parlement de Paris, effaça l'honnête tache qu'il s'étoit faite, et le fit nommer premier président de celui de Bretagne, où il fit aussi les fonctions d'intendant ; il y eut des démêlés assez vifs avec le duc de Chaulnes, gouverneur de cette province, et qui, à l'exemple de ses pareils, vouloit étendre le militaire sur le civil ; les Bretons ont depuis vu bien pis sous certain petit homme (le duc d'Aiguillon), qui tâche, à toute force, d'être grand. Pendant les disputes du gouverneur et du premier président, le contrôleur-général Pelletier, très honnête homme, et cherchant le bien, mais se trouvant surchargé de travail, demanda un aide au roi, et lui indiqua Pontchartrain, qu'on fit intendant des finances, et qui ne quitta la Bretagne qu'avec autant de regrets qu'il en laissa.

La guerre de 1688 et les difficultés de fournir aux dépenses effrayèrent Pelletier, qui demanda sa retraite, et fit nommer Pontchartrain à son insu ; celui-ci auroit refusé s'il eût osé, et ne dissimula pas son chagrin d'être dans une place si généralement enviée. A la mort de Seignelay, en 1690, le roi donna de plus à Pontchartrain la place de secrétaire d'état de la marine et de la maison du roi, et le fit ministre d'état, sans lui permettre de quitter les finances. Ce fut bien malgré ses représentations que la capitation, imaginée par Lamoignon de Baville, intendant de Languedoc, et dont Pontchartrain prévoyoit l'abus et l'inutilité, fut établie. Enfin le chancelier Boucherat étant mort en 1699, Pontchartrain, moins pour s'élever que pour se débarrasser des finances, demanda et obtint la place de chancelier avec les sceaux. Après la mort de sa femme, en 1714, il remit sa place, premier exemple d'une démission de chancelier en France, et se retira à l'institut de l'Oratoire, où il mourut en 1727.

Le cardinal de Fleuri.

Le cardinal de Fleuri n'étoit pas, par sa naissance, du nombre de ceux qui, sans avoir eu dans leur jeunesse, une conduite parfaitement régulière, peuvent la faire oublier bientôt en se conduisant mieux, et parviennent tous à peu près au même but dans l'état ecclésiastique, c'est-à-dire à l'épiscopat et aux abbayes. L'abbé de Fleuri, né dans la bourgeoisie, sentit qu'il n'avoit pas les priviléges des abbés de qualité, et que, pour parvenir, il étoit condamné au manége et à l'intrigue : cependant, avec de l'esprit et une figure agréable, il aimoit le plaisir, il vouloit le goûter, et le plaisir est quelquefois un moyen pour la fortune; mais il étoit obligé d'éviter l'éclat. Il tâcha de plaire aux femmes, et y réussit. Il fut aimé de plusieurs, et n'oublia rien pour en dérober la connoissance au public, et sur-tout au roi. Cette habitude de contrainte, de dissimulation et de cachotterie devint en partie son caractère; et il le porta dans les affaires du gouvernement. Quoique nos ministres, dans les cours étrangères, fussent, par état, chargés des négociations, cela n'empêcha pas le cardinal de Fleuri d'y avoir des agents secrets inconnus aux principaux ministres. Il envoya, par exemple, Jeannel, homme de mérite, à La Haye, depuis le mois d'octobre 1734 jusqu'en février 1735, négocier un plan de paix avec les puissances maritimes, à l'insu du marquis de Fénélon, notre ambassadeur en Hollande, où Horace Walpole s'étoit rendu pour le même objet. Il envoya, avec le même mystère, La Baume, à Vienne; et ces négociations servirent de base au traité de paix, conclu en 1736, et publié le 1er juin 1739.

Il est le premier ecclésiastique, non pair, qui ait monté dans le carrosse du roi; ce fut en 1717.

Saumeri, sous-gouverneur, y monta aussi. Le régent dit à Fleuri qu'il lui accordoit cet honneur personnellement, et non comme précepteur, ni comme prélat, ce qui étoit encore plus flatteur : jamais Fénélon, soutenu de sa naissance et de son mérite, n'eut cet honneur.

La princesse de Conti.

La princesse de Conti, mère du prince de Conti

d'aujourd'hui (en 1763), disoit à son mari : « Je puis
« faire des princes du sang sans vous, et vous n'en
« pouvez faire sans moi. » On dit qu'elle l'a prouvé.
C'est elle qui, subjuguée par le comte d'Agenois,
entreprit de ressusciter, en sa faveur, le duché d'Aiguillon. Le garde des sceaux, Chauvelin, dévoué à
cette princesse, favorisa de tout son pouvoir le procès à ce sujet contre les pairs, dont le plus grand
nombre s'opposoit à cette prétention du comte d'Agenois; et le parlement, flatté de faire un duc, puisque le roi l'en laissoit le maître, déclara, par arrêt,
le comte d'Agenois, duc et pair, en 1731 : le duc
d'Aiguillon d'aujourd'hui est le fils de ce duc de
création parlementaire. Sur ce qu'on représentoit
à la princesse de Conti qu'elle mettoit, dans l'affaire du comte d'Agenois, une vivacité qui pourroit
être mal interprétée : « Il y a long-temps, dit-elle,
« que le public est mon confident. » Ils vivoient en
effet ensemble d'une manière à édifier ce public,
s'ils avoient été mari et femme.

Les PP. Lallemant et Contencin, jésuites.

Lorsque les conférences se tenoient à l'abbaye
Saint-Germain-des-Prés, chez le cardinal d'Estrées,
le P. Lallemand, jésuite, s'avisa de dire que rien
n'étoit plus avantageux à un état que l'inquisition,
et qu'il faudroit l'établir en France. Le maréchal
d'Estrées, qui, ayant dîné à l'abbaye, se trouvoit à

ce prélude de la conversation qui précédoit la conférence, dit au jésuite, avec beaucoup de douceur, que, sans le respect pour la maison, il le feroit jeter par la fenêtre.

Le P. Contencin, agent de la société pour leurs affaires de la Chine, et qui y retourna en 1729, dit publiquement qu'avant peu on verroit l'inquisition en France, ou les jésuites chassés : ce n'est pas trop mal prévoir. Ce père Contencin, pour dire une galanterie à madame de Tencin, sœur du cardinal, et qui me le redit en riant, prétendoit que *Tencin*, en chinois, signifie vénérable ; dans ce cas, le père Contencin portoit un nom bien singulier pour un jésuite.

Discours de Louis XIV à monseigneur le Dauphin.

Ce discours manuscrit est certainement du roi, qui le dicta à Pelisson. Lorsque ce prince, sur la fin de sa vie, fit brûler beaucoup de papiers, le duc, depuis maréchal de Noailles, qui étoit avec le roi, lui demanda avec instance, et en obtint ce discours, qu'il déposa dans la suite à la bibliothèque du Roi, le 6 septembre 1758. Quelques jours après la mort de l'abbé d'Olivet, en 1768, il parut un recueil d'opuscules littéraires, dont le discours fait le premier article. J'ai eu la curiosité de confronter l'imprimé avec le manuscrit, qui contient trois cahiers ; il est assez conforme aux deux premiers ; mais on a supprimé, dans le troisième cahier, plusieurs choses qu'il falloit conserver, ne fût-ce que pour faire voir que Louis XIV n'approuvoit pas les violences contre les protestants. Par exemple, ceci :

« Il me semble, mon fils, que ceux qui vouloient
« employer des remèdes extrêmes et violents, ne
« connoissoient pas la nature du mal, causé en par-
« tie par la chaleur des esprits, qu'il faut laisser pas-
« ser et s'éteindre insensiblement, plutôt que de la
« rallumer de nouveau par une forte contradiction,
« sur-tout quand la corruption n'est pas bornée à
« un certain petit nombre connu, mais répandue
« dans toutes les parties de l'état. » Et ailleurs :
« Les réformateurs disoient vrai visiblement en plu-
« sieurs choses : le meilleur moyen pour réduire
« peu-à-peu les huguenots de mon royaume, étoit
« de ne les point presser du tout par aucune nou-
« velle rigueur contre eux. »

On devine par qui et à quel dessein cette suppression a été faite.

Fouquet de La Varenne.

Fouquet de La Varenne, qui d'abord étoit garçon de cuisine chez Catherine, duchesse de Bar, sœur de Henri IV, parut assez intelligent à ce prince, pour qu'il le chargeât du département de la galanterie, poste plus lucratif qu'honorable. Il fit en peu de temps une fortune si considérable, que la duchesse de Bar lui dit: *Tu as plus gagné à porter les poulets de mon frère qu'à piquer les miens*. Il avoit beaucoup d'esprit, et passa bientôt de l'intrigue à la négociation. Henri IV l'employa dans la politique, et le chargea d'affaires qui exigeoient autant de courage que d'habileté. Il ne cherchoit point à en imposer sur ses premiers emplois. Le chancelier, avec qui il eut une discussion, voulut l'humilier en lui rappelant ses fonctions de Mercure : « Point d'airs de mépris, lui dit La Varenne ; si le « roi avoit vingt ans de moins, je ne troquerois pas « ma place contre la vôtre. » Il fut le plus utile protecteur des jésuites, et la politique y entra pour quelque chose. Dès qu'il comprit que son maître les craignoit, il voulut s'en faire des amis, contribua plus que personne à leur rétablissement, et finit par s'y attacher de plus en plus par ses propres services. Il fut le fondateur de leur célèbre maison de La Flèche, et s'y retira à la mort de Henri IV. Il s'amusoit souvent, dans les environs, à tirer au vol ; un jour il aperçut sur un arbre une pie, qu'il voulut faire partir pour la tirer. La pie s'étant mise à crier : *Maquereau!* il crut que c'étoit le diable qui lui reprochoit ses vieux péchés, et tomba à l'instant en foiblesse. La fièvre le saisit, et il mourut au bout de trois jours, sans qu'on pût lui persuader que cette pie étoit un oiseau domestique échappé de chez quelque artisan, où elle avoit appris à si bien et si mal parler.

L'abbé de Longuerue.

L'abbé de Longuerue étant à son abbaye du Jard, ses religieux lui demandèrent un jour quel étoit son confesseur: «Quand vous m'aurez dit, « répondit l'abbé, quel étoit celui de saint Augus- « tin, je vous nommerai le mien. » En effet, ce qui paroît prouver que la confession n'étoit pas encore établie, c'est que saint Augustin, qui entre dans le plus grand détail des circonstances de la mort de sainte Monique, sa mère, ne dit pas un mot de confession.

L'impératrice-reine.

L'impératrice-reine est certainement une femme d'un grand sens et d'une grande vertu; mais sa dévotion, un peu minutieuse, la fait quelquefois descendre à des misères qui sont trop au-dessous d'elle. Elle voulut un jour faire une réprimande au prince de Kaunitz, sur ce qu'il avoit une maîtresse : « Votre « majesté, lui dit-il, trouve-t-elle que j'administre « mal ses affaires ? — Non, elles sont en très bonnes « mains. — Eh bien! madame, voilà tout ce qui « doit occuper votre majesté à mon égard ; le reste « est indigne de votre attention. »

Cette princesse disant un jour au feld-maréchal

Coningsec de ne point avancer les officiers libertins : « Madame, lui dit-il, si votre auguste père eût « pensé ainsi, je serois encore enseigne. »

Le père Neuville.

Le père Neuville, jésuite, avoit fait, sous les yeux du maréchal de Belle-Isle, un mémoire contre le duc de Choiseul. Après la mort du maréchal, ce mémoire tomba entre les mains du duc; mais il n'en connoissoit pas l'écriture. Le jésuite, pour plaire, suivant l'esprit de la société, au nouveau ministre, lui écrivit pour lui demander la permission de le nommer avec éloge dans l'oraison funèbre du maréchal. Le duc, par l'écriture du billet, connut celle du mémoire. J'étois à la cérémonie, qui se fit aux Invalides, et j'entendis le trait à la louange du duc. Sur le compliment qu'on lui en fit : « Le « père, dit-il, fait de beaux discours et de méchants « mémoires. »

La princesse de Robecq et mademoiselle Clairon.

La princesse de Robecq protégeoit la comédie des Philosophes ; mademoiselle Clairon, que la princesse accabloit de caresses et de lettres galantes, blâma la piéce, ce qui la priva tout-à-coup des bonnes graces de madame de Robecq; la Vision¹ sur la pièce et son auteur parut, et mademoiselle Clairon reçut ce billet :

« Madame la princesse de Robecq desire, on ne
« peut davantage, d'avoir la Vision. Comme on lui
« a dit que mademoiselle Clairon la vendoit, elle
« lui sera fort obligée de lui en faire avoir un exem-
« plaire. »

Nota que ce billet étoit écrit de la main de madame de Robecq, dont mademoiselle Clairon connoissoit parfaitement l'écriture.

Réponse de mademoiselle Clairon.

MADAME,

« Absente de Paris depuis douze jours, je ne reçois
« que dans le moment le billet que j'ai l'honneur de
« vous envoyer. Vos bontés, qui me seront toujours
« précieuses, ne me permettent pas de penser qu'il
« soit de vous, ni qu'on me l'ait écrit par votre
« ordre. Une bassesse est si fort éloignée de mon
« caractère et de toute ma façon d'être, que je croi-
« rois manquer à tout ce que je vous dois, si je vous
« croyois assez injuste pour m'en accuser avec tant
« de légèreté ; mais, madame, j'en suis sûre, ce
« billet n'est pas de vous : mon respect, et j'ose le
« dire, mon attachement vous sont connus. Il m'est

¹ Pamphlet ingénieux dans lequel madame de Robecq étoit fort maltraitée.

« adressé sans doute par quelqu'un d'aussi obscur
« que vil, qui, ne sachant ni ce qu'on doit à votre
« rang, ni ce qu'on doit aux ames honnêtes et ver-
« tueuses, dans quelque classe qu'elles soient, s'est
« osé servir de votre nom pour me faire un outrage.
« Je desire ardemment que l'écriture du billet vous
« serve à en reconnoître l'auteur ; et, si jamais vous
« le découvrez, je suis sûre que vous me vengerez
« d'une imputation qui m'affecte d'autant plus,
« qu'elle me paroît vous commettre, et vouloir je-
« ter des doutes sur le respect avec lequel, etc. »

Le surintendant Fouquet.

Louis XIV fit des préparatifs pour arrêter le sur-intendant, comme si c'eût été quelque puissance redoutable ; il se donna la peine de faire exprès un voyage en Bretagne, sous prétexte des *états*. Fouquet l'y accompagna comme un ministre des plus utiles : il n'étoit alors que surintendant des finances ; car on l'avoit habilement engagé à se défaire de sa charge de procureur-général, qu'il vendit à M. Fieubet, dans la crainte que le parlement ne s'opposât à la perte d'un de ses principaux membres. Dénué de cette protection, il fut arrêté sans opposition et sans bruit, à Nantes, le 5 septembre 1661, suivant les historiens, et à Angers, suivant Bussy, en septembre 1663. Il fut conduit comme un criminel d'état, à Paris, où on érigea un tribunal pour lui faire son procès, qui commença par les accusations de péculat et de crime d'état; on ne produisit point le troisième grief, qui tenoit sans doute plus au cœur du roi que les deux premiers, c'étoit d'avoir voulu débaucher La Vallière. Cette fille, fière de la conquête du roi et d'ailleurs désintéressée, se plaignit d'un sujet assez insolent pour avoir voulu chasser sur les terres de son maître; et le maître, jaloux, n'en put pardonner le desir. Colbert et Le Tellier servirent vivement sa passion : ils étoient enragés de la supériorité que l'esprit et la magnificence lui donnoient sur eux, et de ce qu'il s'étoit fait représenter avec un écureuil entre huit lézards et un serpent, et pour devise : *Quò me vertam nescio*, faisant allusion aux armes de chacun d'eux.

Ces deux ministres, en conséquence, n'épargnèrent rien pour faire des crimes de tout à Fouquet, comme d'avoir fortifié Belle-Isle, d'avoir fait du bien aux seigneurs indigents de la cour, d'avoir même régalé son maître, en sa terre de Vaux, avec trop de splendeur.

La chaleur et la précipitation qu'on mit dans cette affaire, sauvèrent celui qu'on vouloit perdre; car ayant furtivement fait enlever ses papiers de sa maison de Saint-Mandé, dans la crainte qu'on ne les détournât, cela donna lieu à la meilleure défense du prisonnier, qui soutint que, par ce vol, on lui avoit ôté les moyens de faire connoître son innocence et la fausseté des accusations.

Ce vol se découvrit, parceque, dans l'endroit où l'on avoit enlevé les papiers de Fouquet, Berrier, commis à l'enlèvement, avoit laissé tomber, par mégarde, une requête présentée à Colbert. L'accusé s'en prévalut très utilement.

Le fidéle et habile Pelisson composa les défenses de Fouquet, dont il étoit commis, et l'on fait grand cas de cet ouvrage.

Ces mêmes défenses persuadèrent sans doute une grande partie des juges qu'il étoit moins coupable qu'on ne l'avoit d'abord prétendu et répandu dans le monde; mais, comme il ne leur étoit pas permis de le déclarer innocent, il fut condamné au bannissement, par arrêt du 4 décembre 1664. De vingt-deux juges qui avoient été nommés pour faire son procès, neuf opinèrent pour la mort, et treize pour le bannissement.

Le roi, par un reste d'animosité, ne pouvant savoir libre un homme qu'il haïssoit, commua la peine en une prison perpétuelle. Il y vécut avec des mœurs si régulières, et des sentiments d'une résignation si parfaite aux volontés de Dieu et du roi, qu'il inspira une compassion générale.

Il faut pourtant avouer que Fouquet avoit poussé la vanité, le luxe et la dépense au-delà des bornes qu'un sage courtisan doit se prescrire. Suivant les

Mémoires de madame de Motteville, la cause de son jugement peu favorable, fut l'imprudence qu'il avoit eue de laisser derrière un miroir un mémoire instructif, adressé à tous ses amis, en cas qu'il fût arrêté. Cela fait présumer qu'il sentoit lui-même qu'il méritoit de l'être.

Il dut la vie à M. d'Ormesson, l'un de ses rapporteurs; et Roquesante, un de ses juges, conseiller au parlement d'Aix, parla si hardiment en faveur de Fouquet, qu'il fut exilé à Quimper.

Le père du surintendant avoit été conseiller d'état, avec la plus grande réputation de talent et de probité. Il refusa, par délicatesse de conscience, d'être surintendant. Il avoit épousé une Maupeou, dont il eut six fils et six filles, toutes religieuses. L'aîné des fils fut le surintendant des finances; le deuxième fut archevêque de Paris; le troisième fut chancelier de l'ordre après Servien, en 1656; le quatrième fut conseiller au parlement de Paris; le cinquième fut évêque d'Agde, et chancelier de l'ordre, sur la démission de son frère, en 1659; le sixième fut premier écuyer de la grande écurie. La mère du surintendant est célèbre par sa vertu et sa charité pour les pauvres; on connoît ses remédes pour les hôpitaux. Elle mourut à quatre-vingt-onze ans, un an après son fils.

Le surintendant eut deux femmes. De la première il n'eut qu'une fille, mariée au duc de Charost, gouverneur du roi, après le maréchal de Villeroi. De la seconde, petite-fille du président Jeannin, il eut trois fils et une fille. La fille épousa le marquis de Crussol, frère du troisième duc d'Uzès. L'aîné fut le comte de Vaux, qui épousa une fille de la célèbre dame Guyon ; le deuxième fut le père Fouquet de l'Oratoire ; le troisième fut le marquis de Belle-Isle, que j'ai fort connu, et avec qui j'ai passablement bu.

Le surintendant Bullion.

Le surintendant Bullion fit frapper les premiers louis d'or. Ayant donné un repas au premier maréchal de Grammont, au premier maréchal de Villeroi, au marquis de Souvré, et au comte de Hautefeuille, il fit servir au dessert trois bassins remplis de louis, dont il leur permit de prendre ce qu'ils en voudroient. Ils eurent la bassesse de le faire, et s'en retournèrent les poches si pleines, qu'ils avoient peine à marcher, ce qui faisoit beaucoup rire Bullion. Le roi, qui faisoit les frais de cette plaisanterie, ne devoit pas la trouver si bonne [1].

Helvétius.

Le desir de plaire à madame de Villette fit entreprendre à Helvétius le livre de l'Esprit ; il fit le

[1] Duclos a fait usage de ce trait dans les Considérations sur les mœurs, mais sans nommer les personnages.

premier chapitre pour lui expliquer un passage de Locke qu'elle n'entendoit pas.

Helvétius n'a couru la carrière des lettres que par émulation. Il vit un jour, étant fort jeune, Maupertuis au Palais-Royal, entouré de femmes qui le caressoient, et Helvétius étoit né avec un grand penchant pour le sexe. Il partit de là, et chercha, par les lettres, à se donner la même considération.

Tercier, le censeur du livre de l'Esprit, dit qu'il n'avoit pas vu la note sur Mallebranche dans le livre dont il s'agit, tandis qu'elle étoit paraphée de sa main; il vouloit plus, il vouloit nier qu'il eût vu le livre, et assurer qu'on lui en avoit fourni un autre qui n'étoit point celui qui parut. Ses amis l'empêchèrent de se déshonorer, sous prétexte de se tirer d'affaire.

Dans le temps des persécutions qu'on suscita à Helvétius pour son livre de l'Esprit, il reçut une lettre d'une m..., comme elles en écrivent tous les jours aux gens qu'elles savent un peu à leur aise. Elle lui proposoit une fille jeune et charmante.

Cette lettre avoit été écrite à la persuasion d'un jésuite, qui imaginoit qu'Helvétius se seroit rendu à l'invitation, afin de le représenter à la reine, qui le protégeoit, comme un libertin indigne de ses bontés. Helvétius eut la certitude de cette manœuvre par la m... même, qui, pour de l'argent, lui avoua tout.

Madame Maldak.

Charlotte-Louise-Christine-Sophie de Brunswick-Volfenbuttel, née le 9 août 1694, épousa, en 1711, le prince czarowitz, fils de Pierre-le-Grand. Elle étoit sœur de l'impératrice femme de Charles VI. Son mari, barbare au suprême degré, la traitoit avec une extrême dureté; il l'empoisonna plusieurs fois; il lui donna un jour un coup de pied furieux dans le ventre, lorsqu'elle étoit grosse de huit mois. Elle tomba évanouie et noyée dans son sang. Le prince part pour la campagne, espérant apprendre sa mort le lendemain. Le czar étoit alors dans ses tournées en Europe. Dans ces circonstances, la comtesse de Konigsmarck, mère du maréchal de Saxe, conseilla à la princesse de faire publier qu'elle étoit morte; on gagna les femmes; on envoya un courrier porter la nouvelle, et on enterra une bûche, dont l'Europe porta le deuil.

La princesse arriva à Paris, se cacha, et quelque temps après partit pour la Louisiane. En 1717, les gazettes de l'Europe annoncèrent la mort du czarowitz. La princesse, libre alors, ayant perdu ses domestiques de confiance, épousa, quelques uns disent un officier nommé d'Auban, d'autres le sieur Maldak, sergent d'infanterie: peut-être étoit-ce le même homme qui avoit deux noms. Elle devint enceinte, et accoucha d'une fille. Au bout de dix ans, son mari fut attaqué d'une fistule; on vendit l'habitation, et on revint en France. M. de Faveraut (dont il sera parlé ci-après) la vit arriver à Lorient, coiffée à l'allemande, avec le sieur Maldak, son mari.

Les fonds étant épuisés, le mari s'adressa à la compagnie des Indes pour obtenir un emploi. Pendant les négociations, la princesse, se promenant aux Tuileries, fut reconnue par le maréchal de Saxe, à qui elle confia son secret, avec permission de le dire au roi dans un temps fixe. La veille du jour où le roi devoit être instruit, le maréchal alla pour en prévenir la princesse : elle étoit partie pour l'île de Bourbon, dont son mari avoit obtenu la majorité. Le roi, ayant tout appris, fit écrire, par M. de Machault, au gouverneur de l'île de Bourbon, pour que M. Maldak y fût traité avec la plus grande considération, et, quoiqu'en guerre avec la reine de Hongrie, il lui écrivit de sa main. La reine de Hongrie adressa une lettre au roi pour sa tante, dans laquelle elle l'invitoit à venir auprès d'elle, mais en lui imposant la loi d'abandonner son mari et sa fille, dont le roi prendroit soin. La princesse se refusa à ces conditions, et elle est restée à l'île de Bourbon jusqu'à la fin de 1757, que son mari est mort. Elle avoit perdu sa fille quelque temps auparavant. Elle vint loger à Paris, à l'hôtel du Pérou, dans le dessein de se retirer dans un couvent. C'est ici que finit le récit qui m'a été fait ; ce qui suit est d'une toute autre certitude.

Madame Maldak, en 1758, acheta une petite maison à Vitry, village à deux lieues de Paris, où elle a vécu, n'ayant pour domestiques que son jardinier et une négresse. Des personnes respectables et dignes de foi, monsieur et madame de Souci[1], m'ont dit qu'on voyoit dans son air, dans sa personne, dans sa conversation, des traces et comme des souvenirs de sa grandeur passée. Ils étoient sa société la plus ordinaire. Je les ai trouvés persuadés qu'elle étoit effectivement la princesse de Volfenbuttel, femme du czarowitz, quoiqu'elle ne leur eût jamais fait aucune confidence sur cet objet : leur principale preuve est celle-ci :

On lui lut un jour un mémoire sur la Russie, où son histoire étoit racontée ; on y disoit qu'elle avoit eu un coup de couteau dans le côté gauche, elle reprit vivement : *Que c'avoit été dans le bras et non dans le côté. — Mais, madame, vous savez donc le fait !* A ce mot, elle se remit, et dit qu'elle l'avoit appris de quelqu'un qui connoissoit particulièrement la princesse. Cette anecdote resta dans la mémoire de M. de Souci. Aussitôt qu'elle eut les yeux fermés, il se transporta chez elle avec M. de Faveraut, che-

---

[1] M. de Souci, chevalier de Saint-Louis, ancien lieutenant aux gardes françoises.

valier de Saint-Louis, et ancien capitaine d'infanterie à la Louisiane, où il avoit connu madame Maldak, et ayant fait la reconnoissance du cadavre, ils trouvèrent la cicatrice du coup de couteau sur le bras gauche. C'est de M. de Souci et de M. de Faveraut que je tiens le fait.

Madame de Souci la traitoit toujours selon l'opinion qu'elle en avoit. Madame Maldak pressoit un jour cette dame de s'asseoir sur le même sopha à côté d'elle; madame de Souci lui dit qu'elle ne prendroit pas la liberté d'user de cette permission : *Je vous la donnerois encore*, lui dit madame Maldak, *dans toute autre situation*.

On parloit de madame la dauphine mourante; elle s'écria par distraction : *Ce que c'est que les grandeurs humaines! et me voilà!*

M. le marquis de Brancas lui offroit des services, et même des bienfaits : *Je n'ai besoin de rien que d'être ignorée, je voudrois m'ignorer moi-même*.

Elle se portoit, à soixante-dix-sept ans, comme les femmes se portent à vingt-cinq, et, à cette occasion, elle disoit : *Il faut bien que je sois extraordinaire en tout*.

Elle parloit politique en personne intéressée, s'étendoit volontiers sur la reine de Hongrie, et s'arrêtoit, comme par distraction, quand on parloit de la Russie; elle avoit horreur de l'impératrice Catherine, qu'elle n'appeloit jamais que *le Tambour*.

Jamais elle ne nomma son mari autrement que le défunt.

Elle étoit d'une défiance extrême, et fuyoit surtout les questionneurs.

Elle avoit été empoisonnée sept fois, deux fois en Russie, cinq aux îles. Madame de Souci observa que, les premières fois qu'elle lui offrit du tabac, elle n'en prit qu'après lui en avoir vu prendre.

J'ai vu sa maison assez pauvrement meublée. Elle avoit un lit pour elle à double rang de rideaux, dont le rang intérieur étoit de mousseline brodée. Sa négresse, que je questionnai, me dit qu'il lui prenoit de temps en temps, sur-tout dans les soirées d'hiver, des accès de tristesse et de désolation amère.

Elle touchoit quelquefois de l'argent de Brunswick, et chargea son jardinier de faire écrire en ce pays-là, dès qu'elle auroit les yeux fermés.

Elle mourut le 20 janvier 1771, et fut portée à l'église, à face découverte, parcequ'elle l'avoit ainsi demandé. Elle a été mise dans le registre mortuaire sous le nom de *Dorothée-Marie-Élisabeth-Daviel Sola, veuve Maldak*. Ce nom de *Sola* étoit celui d'une de ses femmes qu'elle avoit fait passer pour sa mère, lors de sa première arrivée aux îles.

L'abbé Imbert, qui vit encore à Saint-Germain-en-Laye, étoit à la Louisiane, dans sa chambre, quand elle accoucha de sa fille, et lorsqu'il s'agit de prendre les noms, elle dit le sien: *Volfenbuttel.* Anecdote à vérifier.

Elle étoit fort connue de madame de La Bourdonnaye.

Extrait d'une lettre du roi de Prusse à M. d'Alembert, du 5 décembre 1771 [1].

« Je puis vous répondre avec plus de précision
« au sujet de cette dame qui prétendoit passer pour
« l'épouse du czarowitz : son imposture a été décou-
« verte à Brunswick, où elle a passé peu après la
« mort de celle dont elle emprunta le nom; elle y
« reçut quelques charités, avec ordre de quitter le
« pays, et de ne jamais prendre un nom dont sa
« naissance l'écartoit si fort. Croyez qu'on sait
« comme il faut tuer son monde en Russie, et que
« lorsqu'on expédie quelqu'un, principalement à la
« cour, il ne ressuscite de sa vie. »

Autre extrait [2].

« L'histoire de madame de Maldak, soi-disant
« czarowizienne, n'est pas plus véridique. Cette
« personne a été, ce me semble, fille de garde-robe

[1] Duclos avoit prié d'Alembert d'écrire au roi de Prusse, au sujet de cette dame Maldak, et d'Alembert lui avoit donné les extraits des réponses qu'il avoit reçues de ce prince.

[2] D'Alembert ayant envoyé au roi de Prusse, pour réponse à la lettre précédente, l'histoire vraie ou fausse de madame Maldak, le roi lui écrivit cette seconde lettre, le 26 janvier 1772.

« de la princesse dont elle a pris le nom ; son his-
« toire est un tissu de faussetés ; jamais la comtesse
« de Kœnigsmarck n'a mis le pied en Russie ; le
« comte de Saxe n'avoit jamais vu la femme du
« czarowitz : donc il ne pouvoit pas la reconnoître
« dans madame de Maldak. Observez sur-tout que
« si une princesse, comme elle prétendoit l'être,
« s'étoit sauvée par miracle de la Russie, elle cher-
« cheroit un asile naturel dans le sein de sa famille,
« et ne feroit pas l'aventurière, comme la créature
« dont vous parlez. Elle peut avoir eu quelque res-
« semblance avec sa maîtresse : c'est sur quoi elle a
« fondé son imposture pour avoir quelque considé-
« ration ; mais elle s'est bien gardée de paroître à
« Brunswick, parceque la czarowizienne étoit trop
« connue de sa famille, pour qu'on pût abuser tous
« ses parents par une ressemblance vague, et par
« des propos qui auroient décelé la friponnerie. »

FIN DES MORCEAUX HISTORIQUES.

VOYAGE
EN ITALIE.

VOYAGE EN ITALIE,

OU

CONSIDÉRATIONS
SUR L'ITALIE.

Un desir assez général est celui de voir l'Italie, et sur-tout cette Rome, jadis capitale de l'univers, qui, dans un autre genre, l'est encore d'une grande partie de l'Europe, et peut continuer de l'être, au moins pour quelque temps, si son gouvernement se réforme.

Pour peu qu'on ait eu d'éducation, on n'a, dans la jeunesse, entendu parler que des Grecs et des Romains; et nous continuons d'être encore plus familiarisés avec ceux-ci qu'avec les autres, par les relations politiques et journalières avec la cour de Rome; au lieu que la Gréce moderne est actuellement ensevelie dans la barbarie, et nous est absolument étrangère.

La plupart des jeunes gens connoissent plus les noms d'Alexandre, de César, de Scipion, d'Annibal, etc., que ceux des rois ou des grands hommes de leur patrie; et le peuple sait mieux les noms des ministres subsistants, ou de leurs commis, que ceux des héros de l'antiquité. Il n'en est pas ainsi de Rome. Le plus bas peuple de la catholicité entend parler de Rome aussi souvent que les gens instruits. Rome et le saint père occupent une place considérable dans son imagination. Cette dévotion, qui s'allie si communément à la superstition, au libertinage et aux mœurs basses et crapuleuses, produit la foule de pélerins, de gueux et de coquins dont l'Italie est inondée, et dont la capitale est toujours le centre de réunion. D'un autre côté, l'amour de l'antiquité et des arts, le desir de voir les lieux qu'ont habités les maîtres de l'univers, dont tout rappelle le souvenir dans Rome, y attirent une quantité de savants de toutes nations, d'artistes et de curieux opulents, très utiles au pays par l'argent qu'ils y laissent. On y voit donc à la fois un concours perpétuel d'hommes de mérite, et de la plus vile canaille.

J'avois toujours eu le desir, commun aux gens de lettres, de faire ce voyage, et je m'étois souvent trouvé dans les circonstances les plus favorables à mon dessein, sur-tout pendant l'ambassade du duc de Nivernois à Rome, et celle de l'abbé, depuis cardinal de Bernis, à Venise. J'étois particulièrement lié avec l'un et l'autre, mes confrères à l'académie;

et je connoissois tous les autres ministres de France en Italie. Des contrariétés d'affaires m'avoient toujours empêché d'effectuer mon projet. J'étois convenu depuis, avec le cardinal de Bernis, de l'accompagner au premier conclave; mais Clément XIII vivant plus que nous ne l'avions cru, et moi avançant en âge, sans être guéri de ma curiosité, je pris brusquement mon parti. A soixante ans passés, mais avec une santé d'athléte, que j'ai mise dans mon voyage à toutes sortes d'épreuves, je résolus de voir cette Italie si vantée par les voyageurs. J'ai su, par moi-même, ce qu'il y avoit à rabattre des relations faites par des gens déterminés à l'admiration avant que d'avoir vu, et qui ne veulent, sur rien, avoir perdu les frais de leur voyage. Il y a tant de livres sur les monuments et le matériel de Rome et de l'Italie qu'on peut consulter, et auxquels je recourrai moi-même quand je voudrai me rappeler ce que j'ai vu, que je me bornerai à quelques réflexions que je ne trouverois pas ailleurs. Je les ferai suivant les objets qui me les fourniront; je ne les écris que pour moi et mes amis : peut-être ajouterai-je à mes notes mon jugement sur les différents voyages qui ont paru, et sur l'usage qu'on en peut faire.

Je partis donc de Paris le 16 novembre 1766, et pris la route de Lyon, n'ayant avec moi qu'un domestique fidéle, jeune et vigoureux, qui m'est attaché dès son enfance, et m'avoit déja suivi dans plusieurs voyages. La saison, pour celui-ci, étoit assez mal choisie; mais j'avois tant ouï parler de la douceur du climat d'Italie, que je croyois aller au-devant du printemps. Première erreur. Ce n'est pas absolument sur les degrés de la latitude qu'on doit juger ceux de froid et de chaud d'un pays. La nature du sol, la position des montagnes et plusieurs causes externes influent tellement sur la température, que le froid est souvent plus vif et plus long en Piémont, dans le Milanez et dans la partie septentrionale de l'Italie, qu'en France. Les Alpes, si long-temps couvertes de neiges, et dont le sommet en conserve toujours, anticipent l'hiver, et retardent le printemps. Il est vrai qu'après la fonte des neiges, les rayons du soleil, concentrés et réfléchis par les montagnes, produisent une chaleur excessive; ce qui, loin d'être un dédommagement, est encore un désavantage du pays.

Je trouvai, en arrivant à Châlons, le comte de Rochefort-Dailli, lieutenant des gardes du corps, et cousin de l'évêque, avec qui il comptoit passer quelques jours, et venir ensuite me rejoindre à Lyon ou à Marseille.

Je fis, à Châlons, une rencontre qui me fut très agréable, celle du chevalier de Beauvau et de la marquise de Boufflers, sa sœur, qui alloient joindre, en Languedoc, le prince de Beauvau, leur frère, nommé pour tenir les états de cette province. Au lieu de continuer la route en différentes voitures, et pour être plus long-temps ensemble, nous nous embarquâmes sur la Saône, dans la diligence. A mon départ de Châlons, le comte de Rochefort m'envoya un panier de bouteilles du plus excellent vin de l'évêque, à qui nous donnâmes, le chevalier de Beauvau et moi, notre bénédiction.

Comme j'avois fait part au chevalier et à madame de Boufflers de mon voyage en Italie, ils voulurent m'engager à le remettre au printemps de l'année suivante, et à les accompagner aux états de Languedoc, m'offrant de me mener ensuite en Italie, où ils se proposoient d'aller voir la princesse de Craon, leur mère, qui vouloit se retirer à Florence, où on lui avoit déja préparé un palais. La proposition étoit séduisante; mais entre la tenue des états et le voyage d'Italie, il auroit fallu retourner à Paris; et j'avois, indépendamment du desir de voyager, des raisons de m'éloigner. L'affaire contre M. de La Chalotais, aussi odieuse et aussi absurde que celle d'Urbain Grandier, étoit dans toute sa force. Je m'étois expliqué si souvent et si publiquement sur le brigandage des auteurs et des instruments de cette persécution, que j'avois fort déplu à quelques ministres, et sur-tout à un certain intrus dans l'administration, où il n'a porté que des talents de procureur, et un orgueil stupide, ne pouvant atteindre à la fierté. Sa sensibilité bourgeoise s'étoit trouvée blessée de quelques plaisanteries qu'il m'attribuoit, et dont il vouloit faire des crimes d'état. J'en eus des avis très sûrs. Sachant ce qu'un tel ouvrier savoit faire, et qu'il n'étoit permis de parler ni de penser honnêtement, je suivis le conseil de m'absenter. Ce n'est pas ici le lieu de m'étendre sur ce mystère d'iniquité, qui exige un ouvrage exprès.

Madame de Boufflers et son frère, instruits de mes raisons, ne me pressèrent plus de changer de projet. Je leur proposai, à mon tour, de venir voir Marseille et Toulon, et ils y consentirent. Mais, en arrivant à Lyon, nous trouvâmes le prince de Beauvau, qui, craignant que le voyage de Toulon n'arrêtât trop long-temps son frère et sa sœur, qui devoient faire les honneurs de sa maison à Montpellier, rompit notre partie. Le lendemain, il me mena dîner chez M. de La Verpilière, prevôt des marchands, et de là à la comédie, où nous avions demandé *la Partie de chasse de Henri IV*, que je desirois d'autant plus de voir représenter, que j'en aime le sujet et l'auteur, et que la représentation ne s'en fait point à Paris, sans doute par de bonnes raisons ; car on n'ose les dire. Je passai deux jours avec la sœur, les deux frères, et quelques évêques de Languedoc qui alloient aux états. Quand je vis que tous en prenoient la route, je pris celle d'Avignon par la diligence du Rhône. Arrivé le jeudi 27, dès neuf heures du matin, par un beau temps, quoique froid, je passai la journée à parcourir la ville et les dehors. Le jour suivant, je pris une voiture bien fermée, pour me rendre à Marseille, où j'arrivai le 30 au matin. Le comte de Rochefort m'y joignit le jour même. Nous jouissions, en décembre, de ce beau soleil de Provence, et de la température la plus douce; mais le sol de cette province n'est presque par-tout qu'un fonds pierreux ou de craie, et les tristes oliviers d'un vert noir, dont la campagne est couverte, n'offrent pas un paysage agréable. Nous nous promenions beaucoup, mon camarade de voyage et moi ; le soir, nous allions à la comédie, et revenions souper à notre auberge, en très nombreuse compagnie, comme nous y avions dîné, au milieu de gens dont nous ne connoissions aucun, ce qui nous amusoit assez. Nous fûmes bientôt connus, et nous l'étions trop du duc de Villars, gouverneur de Provence et alors à Marseille, pour pouvoir nous dispenser de le voir. Nous y allâmes donc, et en fûmes reçus très poliment. Dès qu'il nous aperçut, il sortit du cercle des officiers et des notables de la ville, pour venir au-devant de nous. Il nous invita à dîner ; mais ayant ajouté que son repas ordinaire étoit le souper, nous le priâmes de ne point déranger son régime, et de nous excuser si nous n'acceptions pas le souper, attendu que, fatigués de nos courses du jour, nous nous retirions de très bonne heure, et qu'il nous suffisoit de n'être pas venus dans son gouvernement sans lui rendre nos devoirs. Cela nous suffisoit si bien, que nous n'y retournâmes plus. Le tableau changeant de notre auberge nous faisoit mieux connoître les Marseillois que n'auroit fait l'hôtel du gouverneur, où nous n'aurions vu que des joueurs de lansquenet, compagnie aussi mauvaise qu'uniforme, et qu'on trouve dans tous les gouvernements de nos provinces. On met de la dignité à tenir ces repaires; je n'y vois que de l'argent pour les valets (si même cela se borne à eux) et de la honte pour les maîtres.

Nous n'acceptâmes, à Marseille, qu'un dîner chez M. Guys, négociant distingué, et qui le seroit dans les lettres, s'il ne se bornoit pas à en faire son délassement. En me promenant sur le port, je vis un bâtiment prêt à mettre à la voile pour Civita-Vecchia, et l'on me dit qu'il portoit les meubles et équipages du nonce Colonne, aujourd'hui cardinal Pamphile. En rentrant à mon auberge, je trouvai le secrétaire du cardinal, qui venoit m'offrir de passer en Italie sur ce même bâtiment, où je serois très commodément. Il savoit que j'étois fort connu du cardinal, avec qui je m'étois souvent trouvé, pendant sa nonciature à Paris, chez M. le duc de Nivernois, son parent. La proposition me tenta, et je lui dis que, voulant aller passer quelques jours à Toulon, je profiterois de ses offres à mon retour, s'il pouvoit jusque-là différer son départ. Il me le promit, et le comte de Rochefort et moi allâmes à Toulon voir l'intendant, M. Urson, qui ne voulut jamais nous laisser loger ailleurs que chez lui. Pendant notre séjour, M. de Bompar, commandant de la marine, nous invita à dîner, et, sur ce que je lui dis de mon projet d'embarquement, il me conseilla de n'en rien faire. « Si le roi, ajouta-t-il, m'ordonnoit dans cette « saison d'aller à Rome, je m'y rendrois par terre. « Le vent peut vous porter par-tout ailleurs qu'à Ci- « vita-Vecchia, peut-être en Sardaigne ou en Corse, « et vous y retenir long-temps. » Le conseil d'un homme aussi fait à la mer que M. de Bompar me décida, et, à mon retour à Marseille, je remerciai l'abbé Porta de ses offres, et pris la route d'Antibes. Je vis, en passant par Fréjus, où je m'arrêtai assez pour parcourir la ville, et faire des questions sur le local et la société, que le cardinal de Fleuri, qui en avoit été évêque, avoit grande raison de dire qu'aussitôt qu'il eut vu sa femme, il en fut dégoûté; aussi ne vécut-il guère avec elle. Il y a mille paroisses de village qui l'emportent sur la cathédrale de Fréjus, ce qui fait du moins une présomption sur la pauvreté du pays. L'abbé de Fleuri, accoutumé au séjour de la cour, où il fut long-temps aumônier du roi, regarda Fréjus comme un exil, quoiqu'il eût eu bien de la peine à l'obtenir. Mais ceci n'a rien de commun avec mon voyage, et j'en parle dans l'histoire du règne présent.

Je trouvai à Antibes, dans l'auberge où je descendis, le marquis de Barbantanne, qui alloit, en qualité de ministre de France, résider à Florence; ses équipages étoient déja embarqués dans une felouque, sur laquelle il se disposoit à passer à Gênes. Les felouques s'éloignant peu de la côte, on n'est pas exposé, en cas de mauvais temps, à rester à la mer plus long-temps qu'on ne le veut : on peut toujours aborder et coucher à terre, au lieu que, dans un bâtiment qui a pris le large, il faut obéir au vent. Mon dessein étant aussi de passer à Gênes, le marquis de Barbantanne m'auroit donné place dans sa felouque, s'il eût été possible de m'y arranger; mais elle étoit déja si embarrassée d'équipages, qu'à peine pouvoit-il s'y placer lui et ses gens; encore étoit-il obligé de s'y renfermer dans la caisse de sa chaise. Je fis donc marché avec le patron d'une autre felouque; et M. de Barbantanne et moi convînmes que, ne pouvant être dans la même, nous partirions du moins en même temps, pour nous retrouver le soir ensemble au lieu où nous aborderions. Un ouragan, qui dura deux jours, nous ayant retenus à Antibes, nous en partîmes le lundi matin, 15 décembre, par le plus beau temps; mais à peine avions-nous dépassé Nice, le vent devint si fort et si contraire, que tout ce que nous pûmes faire, fut, à force de rames, de gagner Monaco. La felouque de M. de Barbantanne, apparemment trop chargée, resta bientôt en arrière, et nous ne nous rejoignîmes qu'à Gênes, où j'arrivai plusieurs jours avant lui. Le ciel étoit si pur, et l'aspect de la ville de Monaco, placée sur le plateau d'un rocher, me parut si agréable, que j'y montai. Le commandant, chez qui je fus conduit, me reconnut d'abord pour m'avoir vu à Paris en différentes maisons. C'étoit un chevalier de Saint-Louis. Je ne me le rappelois pas ; mais je n'en témoignai rien, et répondis à ses politesses. Il voulut m'engager à passer la journée avec lui, m'offrant de me coucher au château. Sur ma réponse qu'il y avoit sur la felouque d'autres passagers qui ne seroient pas, non plus que le patron, disposés à s'arrêter, il m'offrit du moins de rester à dîner. Je m'en excusai encore, parceque le vent commençoit à tomber, et qu'on ne tarderoit pas à reprendre la mer.

Je me contentai de voir avec lui le château et la place, d'où l'on découvre la plus grande étendue de la mer et des côtes. Après avoir fait à ce commandant les remerciements que je lui devois, je redescendis au port, et nous partîmes. Le vent étant devenu favorable, nous voguâmes le reste du jour et toute la nuit. Nous arrêtâmes le matin à Noli, où nous déjeunâmes avec d'excellent poisson, et nous rembarquâmes tout de suite. Nous avions bien fait de profiter du vent de la nuit; car il changea, devint contraire, et si fort, que nous fûmes près de trois heures à doubler, à force de rames, la pointe du rocher, sans quoi nous aurions eu à dériver trop loin. Nous gagnâmes enfin Savone vers les deux heures après midi. Ne sachant si la mer seroit plus praticable le lendemain, et n'étant qu'à dix lieues de Gênes, j'arrêtai des mulets pour m'y rendre par la Corniche, laissant mon bagage dans la felouque, et n'emportant qu'un porte-manteau. Ce qu'on appelle la Corniche est un chemin raboteux, haut et bas, n'ayant de largeur que pour un mulet et sa charge, taillé sur le flanc de la montagne, de sorte qu'en y passant on a le rocher d'un côté et le précipice de l'autre, sans garde-fou. On n'y va qu'au pas de mulet, et on met environ six heures à faire les cinq lieues de Savone, par la montagne, au pied de laquelle est un lieu assez considérable, et agréablement situé au bord de la mer, à cinq lieues de Gênes, où je me rendis en deux heures dans une calèche, par un chemin aussi uni qu'une allée de jardin.

Voulant connoître la nature des chemins de l'Italie, et les différentes manières d'y voyager, je me sus bon gré d'avoir fait l'essai de la Corniche, sans quoi je ne m'en serois pas fait une idée complète. Le passage du Mont-Cénis, dont les voyageurs parlent tant, est un chemin royal en comparaison de celui-là. Il seroit facile de l'élargir ; il suffiroit de couper sur le flanc du rocher, et de déblayer du côté du précipice ; on pourroit même faire un parapet des pierres qu'on arracheroit de la montagne, comme on l'a fait en Savoie, au lieu nommé les Échelles, *Scalæ*. Des troupes auroient bientôt fait un tel ouvrage. Mais les Génois ne veulent pas rendre si aisés, par terre, les accès de leur capitale. Les difficultés de la Corniche n'ont pas empêché l'armée de don Philippe d'y passer.

Je n'avois pris, en partant, aucune lettre de recommandation, attendu que je connoissois les ministres que nous avions en Italie, et qu'ils étoient suffisans pour me présenter dans les principales maisons où j'aurois envie d'aller ; et plusieurs m'auroient même logé, si je n'avois toujours préféré, en voyage, la liberté de l'auberge ou de la chambre garnie.

Le lendemain de mon arrivée à Gênes, le 17 décembre, j'allai voir M. Boyer de Fons-Colombe, notre ministre auprès de la république. J'en fus reçu avec toutes sortes de marques d'amitié. J'y dînai, et il vouloit que je lui promisse de passer avec lui tout le temps de mon séjour à Gênes ; je le vis en effet assez assidûment, et, à l'exception de mes courses dans la ville pour voir ce qu'il y a de curieux, je partageois mon temps entre lui et le marquis de Lomellini, qui, heureusement, étoit sorti du dogat, sans quoi je n'aurois pu le voir qu'avec toutes les formes de l'étiquette. Nous avions beaucoup vécu ensemble à Paris, lorsqu'il y étoit envoyé de la république. Nous nous revîmes avec cette joie que ressentent deux compatriotes qui se retrouvent en pays étranger. Il n'y avoit pourtant alors que moi qui le fusse. C'est que Paris devient la patrie universelle de tous ceux, de quelque pays qu'ils soient, qui y vivent en bonne compagnie. Le souvenir qu'on en garde ailleurs nuit souvent au plaisir qu'on auroit de vivre chez soi, si l'on n'en étoit pas sorti. La campagne seule, quand on est assez heureux pour en prendre le goût, dédommage de notre grande capitale. Paris ou le village, pourroit être le vœu de bien des gens raisonnables.

Le marquis de Lomellini est un des hommes en qui j'ai trouvé le plus d'esprit, de belles-lettres, de science, de philosophie, de vivacité et d'agrément dans la conversation. Il n'y a point d'académie en Europe dont il ne fût un des membres les plus distingués. Il connoît parfaitement les vrais intérêts de sa république, et le grand art de se prêter aux circonstances. Si ses conseils eussent prévalu dans l'affaire de Corse, Gênes s'en seroit mieux trouvée, et nous aussi. Mais les hommes supérieurs ont souvent le malheur d'avoir pour confrères, dans quelques compagnies que ce soit, des sots et des jaloux, égaux de rang et de crédit, et opposés à toutes les vues qu'ils seroient incapables d'avoir.

Parmi les curiosités de Gênes, j'en remarque une assez plaisante ; c'est le mot de *Libertas* fastueusement écrit sur les édifices publics, et même sur la prison, et que le peuple lit avec complaisance. C'est à peu près tout ce qu'il connoît de la liberté, quoiqu'il l'ait seul rendue à ses maîtres.

J'avois fort connu à Paris madame Brignolli, mère de la princesse de Monaco. C'étoit alors une des plus belles femmes, de l'air le plus noble et d'un caractère si aimable, que plusieurs femmes lui pardonnoient sa beauté. Je voulois la voir avant de quitter Gênes; mais j'appris qu'elle étoit retirée dans une terre où elle ne recevoit que sa famille. Dès que sa beauté avoit commencé à se passer, les vapeurs l'avoient saisie, et la mélancolie y succédoit. C'est une de ces infortunées qui ne savent ni vieillir, ni remplacer la jeunesse, quoiqu'elle eût plus de moyens que d'autres d'avoir des amis qui valent bien des adorateurs.

En parlant de nos amis communs, M. de Lomellini me dit qu'il avoit écrit à M. d'Alembert sur son ouvrage au sujet de l'expulsion des jésuites de France : *Vous avez oublié la loi de Solon contre les impartiaux.* Le marquis de Lomellini n'est pas ami des jésuites; et quelqu'attention qu'on ait à cacher son éloignement pour eux, ils ne s'y trompent jamais : ce sont les rats qui sentent un chat de très loin, avec cette différence que les rats jésuites n'oublient rien pour étrangler le chat, et y réussissent souvent. M. de La Chalotais en est un cruel exemple. M. de Lomellini a donc le plus grand intérêt à la destruction des jésuites; ce qui ne peut arriver à Gênes que par leur extinction à Rome, attendu que les plus grandes maisons génoises ont des parents chez eux, et qu'ils sont dans une grande considération.

Si la société de M. de Lomellini m'eût fait prolonger mon séjour à Gênes, la douceur du climat n'y auroit pas contribué. Il y tomba un demi-pied de neige pendant que j'y étois. Je ne doute pas qu'on n'y soit brûlé en été par la réverbération des rochers qui entourent la ville. Comme j'aspirois à une température plus douce, je partis au bout de dix jours. M. de Lomellini me fit promettre de repasser dans la belle saison; mais les promesses des voyageurs dépendent si fort des circonstances, que je ne pus tenir la mienne.

La veille de mon départ, j'eus sujet de me louer de ne m'être pas embarqué sur le vaisseau du cardinal Pamphile. L'abbé Porta, après avoir battu la mer pendant plus de quinze jours, fut obligé de se faire mettre à terre à Gênes; et fit bien, car le bâtiment n'aborda à Civita-Vecchia que deux mois après mon arrivée à Rome. L'abbé vint me trouver, et me proposa de faire route avec moi. Je fus très content. d'avoir un compagnon de voyage qui connoissoit parfaitement l'Italie, où il avoit passé plusieurs années.

Le lendemain 26 décembre, je le menai chez M. Boyer, notre ministre, où j'étois invité à faire un déjeûné pendant qu'on placeroit nos malles et porte-manteaux dans le canot du courrier avec qui nous devions passer à Lerice pour y prendre la poste.

Nous partîmes vers midi, par le plus beau soleil, mais avec un vent froid si contraire, que nous n'arrivâmes qu'à la nuit à trois lieues de Gênes, où nous entrâmes dans une felouque, sur laquelle nous arrivâmes à Lerice à trois heures du matin. Le directeur de la poste de Gênes m'avoit prévenu qu'un violent orage avoit tellement dégradé le chemin de la première poste, en sortant de Lerice, que si je voulois l'éviter, le patron de la felouque avoit ordre de me conduire à Via-Reggio, au cas que je l'exigeasse. Il n'en fit pas la moindre difficulté; mais, comme il étoit fête, il voulut entendre une messe qui se dit vers quatre heures. J'avois inutilement représenté que le vent étant redevenu favorable, nous arriverions assez tôt à Via-Reggio pour y avoir une messe; le scrupuleux patron m'objecta le risque de la manquer; et, quoique je n'eusse pas la même crainte, ne voulant pas dans un tel pays montrer là dessus la moindre indifférence, je le suivis à l'église; et, messe entendue, nous rentrâmes dans la felouque, n'ayant pour couverture qu'un ciel très étoilé et très serein, et qui n'en étoit que plus froid. Les felouques sont ordinairement couvertes; mais le patron avoit besoin des étoiles par une telle nuit pour se guider. Je n'eus de ressource contre le froid que de me doubler de quelques coups de vin, de me rouler dans une couverture, et de me coucher à plat en attendant qu'il plût au soleil de se lever. Nous avions déja fait une lieue lorsque le patron, qui s'étoit si bien souvenu de la fête, s'aperçut qu'il avoit oublié à Lerice son certificat de santé, absolument nécessaire sur toute la côte de la Méditerranée, et qu'il faut, par-tout où l'on veut prendre terre, présenter au bout d'une perche au garde qui vient reconnoître la felouque, et voir si elle n'est pas sortie de quelque lieu suspect de contagion. Sans ce préalable, on nous eût plutôt écartés à coups de fusil, que de nous laisser aborder. Nous perdîmes donc l'avantage de deux lieues, tant à retourner chercher notre passe-port, qu'à revenir sur notre route.

Les premiers rayons du soleil, sans le moindre nuage, nous firent grand plaisir; mais une heure après son lever, le vent tomba, et on reprit les rames. Nous commençâmes, mon compagnon et moi, par déjeûner amplement pour nous réchauffer. Nous étions assez bien munis de vin, de pain et de viandes froides ; ainsi nous en fîmes part au patron et aux rameurs. Cela leur donna du zéle, et nous fit arriver avant midi à Via-Reggio, joli village de la république de Lucques.

Le temps étoit si beau, qu'après un second déjeûné à l'auberge où est la poste, nous nous promenâmes jusqu'au coucher du soleil. Je remarquai des maisons assez riantes, où des citoyens de Lucques viennent passer la belle saison, et en plusieurs endroits le mot de *liberté*, qui n'est pas là un mot vide de sens. Le gouvernement doit être bon, puisque les paysans s'en louent, et que cette première classe des hommes, la plus nombreuse et la plus utile, est le seul thermomètre d'une bonne ou d'une mauvaise administration. La preuve de la vraie liberté d'un peuple est son bien-être. Que les sujets d'un grand état en tirent vanité, à la bonne heure; c'est souvent un mulet qui, sous sa charge, se glorifie de son panache et de ses sonnettes. On ne voit dans la petite république de Lucques ni mendiants, ni fainéants, ni vagabonds; et sa population est, relativement à son étendue, la plus forte de l'Italie. On y recueille peu de blé; mais l'industrie procure aux Lucquois les moyens de suppléer à ce que la nature leur a refusé. *Discite, reges.*

La nuit nous ayant fait rentrer à l'auberge, nous y trouvâmes un bon souper et des lits propres. C'est le seul endroit de l'Italie, excepté dans les villes, et pas en toutes, dont je puisse parler ainsi.

Le lendemain matin, la poste nous conduisit à Pise, dans une chaise à deux. Les maîtres de poste en fournissent suivant un prix réglé ; mais, si l'on veut toujours se servir de la poste, il vaut mieux avoir sa voiture, pour éviter l'incommodité de passer les malles d'une chaise sur l'autre, sans compter la perte du temps. Nous fûmes très bien traités, bonne chère, bon vin et chambre propre, à une auberge près du Pont-de-Marbre : c'est le principal des trois qui sont sur l'Arno, et joignent deux quais assez semblables à ceux de Paris. J'allai après dîner voir monsignor Cérati, chef, quant au spirituel, de l'ordre de Saint-Étienne. Ce prélat, vénérable par son âge, l'est encore plus par son caractère, ses mœurs douces, l'étendue de ses connoissances en tout genre de sciences et de littérature. C'est un des plus aimables savants, et des plus communicatifs que j'aie rencontrés. Quoique nous ne nous connussions que de nom, il me fit les plus tendres reproches sur ce que je n'étois pas venu descendre à son palais, et dîner avec lui. Ce fut avec peine qu'il se rendit aux raisons que j'avois de partir de Pise dès le lendemain, parce que j'en avois pris l'engagement avec mon compagnon de voyage, que son devoir obligeoit de se rendre à Rome. Nous avions même déjà arrêté notre voiture pour partir le jour suivant, à dix heures du matin, suivant la règle d'Italie, qui oblige de séjourner vingt-quatre heures dans le lieu où l'on est arrivé par la poste, si l'on ne continue pas de s'en servir. L'embarras du déplacement des malles, n'ayant point de voiture à nous, nous fit arrêter celle d'un voiturin, et un cheval pour mon domestique. Il s'engageoit à nous rendre à Rome le sixième jour, et n'y arriva pourtant que le septième.

Je fis une observation, à Pise, sur des orangers en pleine terre, chargés de fleurs et de fruits, dans un jardin, à la vérité peu étendu et entouré de bâtimens; mais il faisoit assez froid pour qu'il y eût de la glace sur des flaques d'eau. J'avois aussi cueilli de très belles, bonnes et grosses oranges dans la montagne de Lesterelle, où il y a souvent neige et glace. Je suis persuadé qu'il y a bien des lieux en France où des orangers, exposés au midi et à l'abri du nord, viendroient en pleine terre, particulièrement près de la mer, où le froid n'est pas si vif que dans les provinces méditerranées.

Après avoir parcouru les quais et les plus beaux quartiers de la ville, jusqu'au coucher du soleil, nous allâmes à l'opéra, où j'eus quelques instants de plaisir, et beaucoup d'ennui. Sans entrer dans la dispute sur la préférence de la musique françoise ou italienne, qui a occasioné tant de bavardages et d'écrits bons ou mauvais, je dirai, pour mon goût, que les opéra-bouffons m'ont fait souvent plaisir ; que les grands opéra m'ont, à quelques morceaux près, excédé d'ennui ; et qu'à tout prendre, l'ensemble des nôtres est fort au-dessus de ceux d'Italie. Leurs autres spectacles ne méritent pas qu'on en parle.

Nous prîmes notre route par la Scala, Stagio, Sienne, Sanquirino, Radicofani, dernière place de la Toscane, Aquapendente, première de l'état du pape, Montefiascone, Viterbe, Ronciglione, Monterose, la Storta, et arrivâmes à Rome le 4 janvier 1767, vers trois heures après midi. Je conseille à tout voyageur de ne s'arrêter, sur-tout pour coucher, nulle part, hors dans les villes qui en méritent le nom. Tout est ailleurs d'une malpropreté dégoûtante. On ne pourroit, par exemple, se figurer un bouge tel que l'auberge de Stagio, qui voudroit pourtant avoir un air de ville : on prend là une idée des auberges de la route de Rome à Naples. On est encore plus frappé du contraste quand on a voyagé en Angleterre, où j'ai trouvé, dans des auberges de village, une propreté qu'on ne verroit pas toujours dans les hôtels garnis de Paris.

Le vin est bon dans toute la Toscane, et dans plusieurs endroits tient plus ou moins du muscat. Le *muscatello* de Montefiascone est célèbre ; et les aubergistes écrivent volontiers sur leur enseigne le triple mot : *est, est, est*, pour attester la bonté de leur vin, en rappelant la mémoire du prélat allemand, Jean de Fueris, qui en but tant qu'il en mourut. Tous les voyageurs en ont parlé.

Ce qui est plus intéressant que la mort de Jean de Fueris, c'est la culture de la Toscane, qui m'a paru bien cultivée par-tout où elle est cultivable : car, n'en déplaise aux enthousiastes, cette délicieuse Italie offre, dans une grande étendue de pays, l'image de la nature bouleversée par les tremblements de terre et les volcans. Ceux qui n'y ont pas voyagé concevront aisément que l'Apennin, qui la partage dans toute sa longueur, depuis les Alpes jusqu'aux extrémités du royaume de Naples, doit couvrir de roches entassées un espace prodigieux de pays nécessairement inculte. Cette chaîne de montagnes a aussi l'avantage de fournir une quantité de ruisseaux et de rivières qui fertilisent les plaines, et l'inconvénient des torrents qui en ravagent beaucoup. Les plateaux de Florence, Pise, Sienne, Colonne et autres sont de la plus forte végétation, et de la plus belle culture. Je parlerai de la Terra-Felice à l'article de Naples.

Avant de quitter la Toscane, je dois dire que j'y ai vu le paysan par-tout vêtu de drap, bien logé, et nulle part des sabots. C'est, je le répète, sur l'état du paysan que je juge d'un gouvernement que je n'ai ni le temps ni le moyen de connoître.

Nous eûmes le bonheur de n'être arrêtés dans notre chemin par aucun torrent; nous les trouvâmes tous à sec; mais nous éprouvâmes un froid très vif dans notre voiture italienne, espèce de cabriolet fermé par de simples rideaux sur le devant. Le ciel étant très net, nous mettions souvent pied à terre pour nous échauffer en marchant, sur-tout aux montagnes, où les chevaux ne pouvoient monter ni descendre plus vite que nous. Cette ressource nous manqua le quatrième jour. Le temps se couvrit, et il tomba une si grande quantité de neige, que nous ne cessâmes de la traverser depuis Aquapendente qu'en approchant de Monterose, pendant dix à douze lieues.

Jusque-là je ne m'étois pas aperçu de la moindre différence entre l'hiver de France et celui d'Italie; mais, passé Monterose, je commençai à la sentir, et ce n'étoit point par le relâchement du temps, ce qui arrive par-tout, à Stockholm comme à Paris. J'ai soigneusement observé la température de Rome et de Naples pendant l'hiver; et comme celle d'une seule année ne peut pas servir de règle, voici quelque chose de plus précis; ce sont les observations météorologiques faites par les pères Jacquier et Le Sueur, minimes françois, et les meilleurs physiciens qu'il y ait en Italie.

Observations de onze années consécutives, dont on a formé une année commune.

La quantité de pluie qui tombe à Rome est de trente pouces et demi. A Paris, il est rare qu'elle aille à vingt. Des onze années observées à Rome, il y en a eu deux à quarante-trois pouces, deux à vingt-six pouces. A Paris, il y en a eu, en soixante ans, une seule à vingt-cinq, qui fut en 1711, année de la plus grande inondation connue, et plusieurs depuis sept pouces jusqu'à neuf, dix, onze, douze, treize, quatorze et quinze. L'année 1723 fut de sept pouces huit lignes. (Voyez les *Mémoires de l'académie des sciences*.)

Il y a encore cette différence entre Paris et Rome, que les plus grandes pluies de Paris sont ordinairement de la mi-mai à la mi-août, et à Rome de la fin d'août au commencement de décembre. On peut observer aussi que, si les mois pluvieux ne sont pas les mêmes dans ces deux villes, il pleut dans l'une et dans l'autre autant ou plus dans les trois mois pluvieux que dans les neuf autres.

A l'égard des observations du thermomètre de Réaumur pendant les mêmes années, la liqueur monte pendant l'été, assez communément, à trente degrés et demi; s'y soutient huit à dix jours, et baisse ensuite pour y remonter bientôt. La liqueur, à Paris, n'a, depuis le siècle, monté qu'une seule fois, en 1753, à trente et un quart, ce qui ne dura que quelques heures. Dans les hivers de Rome, par un temps serein et la nuit, la liqueur a quelquefois baissé jusqu'à douze degrés, terme assez ordinaire des hivers de Paris, où celui de 1709 n'a été qu'à quinze degrés et demi. Mais nos jours de grand froid se soutiennent aussi long-temps que ceux du grand chaud à Rome; au lieu que dans les jours les plus froids de cette ville, il n'existe point de glace à midi, et qu'on y jouit alors d'une température de printemps. L'hiver est la belle saison de Rome.

Tous les voyageurs parlent de leur surprise et même de leur admiration en entrant dans Rome par la porte du Peuple. La place devroit être du moins ornée de bâtiments d'une architecture noble et uniforme, dans le goût de notre place Vendôme; au lieu qu'elle n'est entourée que de maisons basses, inégales, et dont la plupart sont des écuries ou des greniers à foin. Les trois rues en patte-d'oie qui viennent aboutir à la place, et dont l'obélisque du milieu fait le sommet des angles qu'elles forment, n'ont pas assez de largeur. Celle du milieu, qu'on nomme le Cours, devroit sur-tout en avoir davantage, relativement à sa longueur et à sa destination. C'est où l'on se promène en carrosse, où se font les courses de chevaux et les entrées publiques. Les palais dont elle est ornée par intervalle, ont leurs beautés intérieures; mais cette longue suite de fenêtres grillées y donne un air de prison. Le palais de France est celui dont la façade m'a paru la plus noble. On le nomme communément l'Académie, et le roi y entretient toujours douze ou quinze élèves, qui, pendant trois ans, étudient à Rome ce qu'elle renferme de plus beau en peinture, sculpture et architecture.

Aussitôt que nous entrâmes dans Rome, un commis ou un garde arrêta notre voiture, pour nous conduire à la douane et y faire visiter nos malles. Ne s'y trouvant rien de sujet aux droits, l'attention des visiteurs se porta sur mes livres, qu'ils retinrent pour les faire examiner le lendemain par celui qui est chargé de cette fonction. Ce n'étoient que des ouvrages relatifs à l'Italie, où je prenois d'avance les notions de ce que j'allois voir; aussi les envoyai-je réclamer le jour suivant, et ils me furent rendus. J'étois assez prévenu de cette visite, pour n'avoir pas mis, avec ces livres, le voyage de Misson, qu'on auroit confisqué, comme étant à l'*index*. Le cardinal Piccolomini, avec qui je vécus assez familièrement, m'ayant offert de me procurer une permission du pape d'avoir et de lire des livres prohibés, je lui dis qu'il me faudroit d'abord une absolution de ceux que j'avois lus, et que ce seroit trop de graces à-la-fois. Il se mit à rire, et il ne fut plus parlé de permission. Il savoit d'ailleurs que j'étois moi-même un auteur à l'*index*, pour un ouvrage où je n'ai pas trop ménagé la cour de Rome, ni son grand oncle Pie II, Æneas Silvius Piccolomini.

A propos des douanes, on passe sous tant de dominations différentes en parcourant l'Italie, que ces visites sont une des incommodités du voyage. On se les épargne quelquefois avec de l'argent ; mais, que les commis visitent ou non, il faut toujours les payer. Un autre embarras vient de la diversité des monnoies. Il est vrai que l'or en louis, guinées ou sequins, a cours par-tout avec plus ou moins de valeur. Le sequin romain, par exemple, qui vaut vingt paoles et demi à Rome, n'est reçu que pour dix-neuf et demi en Toscane. Le paole vaut un peu plus de dix sols en France, et le louis quarante-quatre ou quarante-cinq paoles.

On ne voit guère à Rome d'or ou d'argent dans le commerce ; tout se paie en papier monnoie ; de sorte que l'argent et le billon ne servent que pour des *appoints*. Les banquiers ne paient qu'en papiers les neuf dixièmes à peu près des lettres de change qu'on leur présente ; et, quelque confiance que le gouvernement puisse donner au papier, j'ai toujours vu les marchands préférer les espèces.

Les pays catholiques ayant communément des sommes à payer à Rome pour des bulles de dispenses, etc., le change est de 4, 5 et 6 pour cent à l'avantage de cette ville. Il n'en étoit pas ainsi en

1766. La France avoit fourni tant de blé à Rome dans des années de disette en Italie, que Rome devoit à la France, et je fus payé au pair. Je m'étois muni de trois mille livres en or en partant de France, et M. de La Borde, banquier de la cour, m'avoit donné pour douze mille livres de lettres de crédit sur Gênes, Rome, Naples et Venise.

A propos de l'argent que les états catholiques font passer à Rome, on croit communément que la France y porte des sommes immenses. Quelques modiques qu'elles fussent, ce seroit peut-être toujours trop. Mais, sans entrer dans cette question, j'ai voulu en connoître le vrai. Voici le relevé de cinq années, pris sur les registres de la daterie, de l'argent payé par la France pour les bulles et dispenses de toute espèce, en y comprenant jusqu'aux frais des banquiers expéditionnaires de Rome.

Années	Argent de France.
1764	457647 l. 3 s. 7 d.
1765	318431 l. 19 s. 9 d.
1766	426147 l. 16 s. 7 d.
1767	334740 l. 8 s. 9 d.
1768	342939 l. 9 s. 4 d.

Les propines du protecteur ont été, pour les deux années 1767 et 1768, en tout de trente-quatre mille vingt-neuf livres six sous neuf deniers.

Les sommes payées à la daterie seroient plus

fortes, si l'on payoit suivant la fixation du concordat; mais on y fait presque toujours une diminution d'environ un tiers.

Au sortir de la douane, je me fis conduire près de la place d'Espagne, où j'eus un logement assez honnête, à quatre sequins par mois. Le carrosse me coûtoit quatorze ou quinze paoles par jour, et cinq par repas quand je mangeois chez moi. Tout auroit été plus cher, si le carnaval eût eu lieu cette année à Rome, où il est plus brillant qu'en aucune ville d'Italie. Le pape, affligé de la disette, l'avoit défendu par une dévotion très contraire à la politique; car il priva Rome de plus de deux millions que les étrangers y auroient dépensés.

Dans quelque lieu qu'on aille, on sait que tout est cher pour les étrangers; mais la vie ne l'est pas à Rome pour quelqu'un d'établi. On y brûle peu de bois; beaucoup de chambres n'ont point de cheminée, plus par économie que faute de besoin. J'écrivis à ce sujet à un grand seigneur de France, que la plus forte preuve que j'avois trouvée de la douceur du climat, étoit de n'avoir guère de feu, et que je ne doutois point qu'on ne me prouvât la douceur des mœurs par l'impunité des crimes. Je parlerai ailleurs du prix des denrées et de la valeur des monnoies.

Le lendemain de mon arrivée à Rome, j'allai voir notre ambassadeur, M. d'Aubeterre, dont j'eus, dès ce moment et pendant tout mon séjour, les plus grands sujets de me louer. Il a rempli avec distinction les trois premières ambassades, Rome, Vienne et Madrid. Je vis le même jour l'abbé de Véri, notre auditeur de rote, homme d'esprit et de mœurs douces, et le bailli de Breteuil, ambassadeur de Malte, un des hommes les plus aimables. Ma liaison avec eux trois fut bientôt au point que je pouvois me regarder chez eux comme chez moi. Ce sont, sans contredit, les meilleures maisons, et à peu près les seules de Rome. Je ne sache, de tout le sacré collége, que le cardinal d'York qui ait une table de sept à huit couverts. Presque tous les cardinaux ou princes romains donnent pour la leur, où ils se trouvent seuls, une somme modique à un soi-disant maître d'hôtel. Leur dépense est en équipages et livrées, ou décoration de leurs palais. On sait qu'à Rome le seul repas est le dîné ; le soir, dans les assemblées, qu'on nomme *conversations*, on joue, on cause, on prend des glaces.

Je fus présenté dans les principales maisons, chez la duchesse de Bracciano, la princesse Altieri, etc. Je connus encore la plupart des personnes distinguées chez M. d'Aubeterre, et chez l'abbé Véri, qui, tous les mercredis, avoit un concours où l'assemblée étoit d'autant plus nombreuse, que le pape, non content d'avoir défendu les spectacles publics, avoit encore, par un édit très libellé, interdit tous les divertissements particuliers. Monsignor de Véri, quoique très décent dans toute sa conduite, et attaché par sa place à la cour de Rome, se regardoit cependant, en sa qualité d'auditeur pour la France, comme assez indépendant du pape pour ne se pas croire obligé d'obéir à l'interdit. On ne regarde, à Rome, que les cardinaux de supérieurs aux auditeurs de rote; aussi appelle-t-on quelquefois ceux-ci les éminences noires. Ils sont, sans contredit, à la tête de la prélature des *monsignori*. Notez que le *monsignor* ne répond point à notre *monseigneur* en françois; *signor mio* le rendroit mieux. Il en est ainsi des *lords* en Angleterre. Lorsque le roi leur adresse la parole au parlement, il n'entend certainement pas dire qu'ils soient ses supérieurs, mais ses premiers sujets. Si le nom de *pair* étoit le style pour cette dignité en France, comme celui de *lord* pour la dignité angloise, en concluroit-on que le roi, en disant *mes pairs*, diroit *mes égaux*; ou qu'un particulier obscur, en donnant ce titre à un pair, le traiteroit d'égal? Les mots n'ont que la valeur fixée par l'usage; *monsieur* n'est qu'une abréviation de *monseigneur*, et a cependant une acception très différente. Il y a plus de cent *monsignori* à Rome; mais tous ne sont pas de même étoffe. La plupart se trouveroient honorés de l'épiscopat, et quelques uns le dédaigneroient, parce qu'ils prétendent au chapeau, et que les cardinaux ne font à Rome aucune comparaison du violet au rouge. Les prélats ne sont extérieurement distingués des autres ecclésiastiques que par des bas violets. Nul évêque ne porte à Rome de croix; il n'y a que le pape seul qui en ait une.

L'abbé de Véri ne suspendit son concert que pendant la semaine sainte, et le concours y fut aussi fort dans le carême que dans le carnaval. On y présentoit des glaces et autres rafraîchissements à l'assemblée, composée d'hommes et de femmes, tous gens de marque ou très connus, tant Italiens qu'étrangers. Le sénateur de Rome, l'aîné des neveux du pape, y venoit souvent. J'y ai vu aussi le cardinal Pamphile. Je remarquai, parmi les étrangers, les petits-fils du célèbre général Munich, deux jeunes gens, l'un de dix-sept et l'autre de dix-huit ans, très polis et de la meilleure grace. Je causai avec eux, et fus d'abord étonné de trouver de jeunes Russes aussi instruits qu'ils l'étoient, parlant facilement l'italien et le françois, et montrant en tout beaucoup de justesse d'esprit. Mon étonnement cessa lorsque j'appris que, nés en Sibérie pendant l'exil de leur famille, ils y avoient été formés par un père et un aïeul instruits eux-mêmes par le malheur, si propre à réformer les grands. Le général Munich étoit un de ces hommes qui ont éprouvé dans leur vie les faveurs, les disgraces et tous les caprices de la fortune. Il a fini sa carrière au milieu des honneurs, dont il avoit si bien connu l'instabilité. Sur ce que j'ai vu des jeunes Munich, qui ont du bien ailleurs qu'en Russie, je doute qu'ils y fixent leur fortune. Les voyages, en faisant connoître d'autres gouvernements que le despotisme, ne lui sont pas favorables. On peut lui appliquer ce que Sancho dit de l'état de chevalier errant, qu'on y est toujours à la veille d'être empereur, ou roué de coups de bâton.

Ayant eu occasion d'être connu de plusieurs cardinaux dans les maisons où j'avois été présenté, je reçus un jour la visite d'un moine, chef d'ordre, qui me dit que ces éminences avoient envie de faire avec moi une connoissance plus particulière, et qu'il seroit flatté de m'y conduire. Je répondis, avec politesse pour le moine, et respect pour leurs éminences, que je me sentois très honoré de leurs bontés, mais que je n'en pourrois profiter qu'à mon retour de Naples, où j'étois près d'aller pour voir un carnaval d'Italie, puisqu'il n'y en avoit point cette année à Rome. Je prenois ainsi le temps de m'informer d'avance à M. d'Aubeterre de ceux qu'il me seroit le plus agréable de connoître. J'avois eu, dès le lendemain de mon arrivée, une autre visite, celle du P. Forestier, premier assistant du général des jésuites. Nous ne nous connoissions que de réputation, et notre réputation n'étoit pas la même. Il savoit que j'étois des amis de M. de La Chalotais; il étoit fort éloigné d'en être. Mais il est Breton ainsi que moi, et la *cara patria* fut le texte de notre premier entretien. Il étoit accompagné d'un jésuite italien, que je voulus faire approcher du feu, au-dessous de lui et au-dessus de moi. *Laissez, laissez*, me dit-il, *le père où il est; il est bien.* Notez que c'étoit dans un coin de la chambre. Je compris que ce n'étoit qu'un valet-de-chambre de robe-longue; je n'insistai pas, et je me conformai à l'étiquette de la société.

Le P. Forestier est le plus délié jésuite que j'aie connu. Sa physionomie est pleine d'esprit, et ne trompe point à cet égard. Il est à Rome le principal ressort de toutes les affaires de son ordre, et de plus est à la tête du collége romain. Après les assurances du plaisir de me connoître personnellement, il me confia tout ce qu'il ne doutoit point que je ne susse déjà, ou que je saurois bientôt. Il me dit qu'il arrivoit de Londres, où il étoit allé pour des arrangements relatifs aux dettes de la société. Elle auroit mieux fait de prévenir le procès, que de chercher des moyens tardifs de remédier au mal.

Pour moi, qui n'ai jamais eu à m'en louer ni à m'en plaindre, et qui n'en suis point élève, je ne voulus ni flatter un de ses représentants ni lui déplaire. Ainsi, laissant à l'écart la question sur l'expulsion des jésuites de France, que je trouve raisonnable, pourvu qu'on ne s'en tienne pas là, je convins avec lui, et je le pense, qu'on avoit traité les particuliers avec trop de dureté. Le bon père me prévint que, depuis la proscription de sa société en

France, il ne voyoit plus notre ambassadeur. Je n'en doutois point, et je lui répondis que cela ne m'empêcheroit point d'aller le voir. Nous nous vîmes en effet plusieurs fois chez moi et au collége romain. Il m'en détailla le plan d'études, aussi bon que dans tout autre collége, et qu'il faudroit réformer par-tout ; mais les mauvaises routines continuent de subsister long-temps après qu'on en a reconnu l'abus, et qu'on propose de les corriger : tant a de puissance la force d'inertie !

Pour finir ce qui concerne le P. Forestier, j'ajouterai qu'à mon retour de Naples, il vint me voir le matin du samedi de la Passion, et me dit qu'ayant appris que je partois après les fêtes de Pâques, et lui entrant en retraite ce jour même samedi, il avoit voulu me dire adieu. Nous passâmes une heure ensemble, et nous nous séparâmes fort contents l'un de l'autre.

Le lundi saint, 13 avril, le courrier d'Espagne apporta la nouvelle de ce qui venoit de s'y passer à l'égard des jésuites. Cet événement causa, je crois, beaucoup de distraction à ceux de Rome dans leur retraite, s'il ne fit pas même l'unique sujet de leurs méditations. Le pape assembla aussitôt son conseil ; et, sur ce qu'on dit que le roi d'Espagne avoit fait embarquer tous les proscrits, avec ordre de les transporter à Civita-Vecchia, il fut résolu de ne les pas laisser aborder, et, en cas de résistance de la part des Espagnols, d'écarter leurs vaisseaux à coups de canon. Cette résolution fut prise dans l'instant; car dès le mardi M. d'Aubeterre en fut instruit, et me le confia.

Les jésuites, très chers à la cour de Rome, sont pour le pape ce que les troupes de la maison du roi sont en France. Mais, dans cette occasion, l'inclination céda à la politique ; et le cardinal-ministre Torrégiani, tout protecteur déclaré qu'il est de la société, se vantoit du parti pris, et sur-tout des canons préparés contre la descente, comme d'un acte d'homme d'état et de guerre.

Il est vrai que le pape, déjà chargé de la subsistance de quinze cents jésuites portugais, n'auroit pu fournir à la colonie espagnole, trois fois plus nombreuse. On sait ce qui est arrivé depuis.

Les jésuites d'Italie n'ont point recueilli dans leurs couvents leurs frères portugais. Dispersés dans des maisons particulières que le pape a louées pour eux, ils n'ont point d'office commun. J'en voyois souvent dans les rues, par pelotons, hâves, tristes et désœuvrés. Quelques uns sont employés dans des hôpitaux ou des chapelles domestiques.

A mon retour en France, beaucoup de gens me demandèrent quel effet avoit produit, sur les habitants de Rome, la proscription des jésuites en Espagne. Je leur ai dit la vérité, en répondant : *Plus fort qu'à Paris.* Les jésuites ont en effet par-tout des amis fanatiques, des ennemis forcenés, et la classe des indifférents ne leur est pas favorable. Ces derniers, desirant l'anéantissement des ordres réguliers et peut-être plus, se flattent de la destruction du corps, en voyant tomber la tête. Il y a encore, à l'égard des jésuites, une différence bien sensible entre Rome et Paris. Établis à la cour de France, où ils ont régné long-temps, et où ils pouvoient reprendre leur ancien empire, ils n'avoient point de rivaux parmi les réguliers, et se voyoient des clients et des protégés dans des classes très élevées. Leur disgrace n'a donc pas dû avoir à Paris une approbation bien marquée.

Le parlement, auteur ou instrument de leur ruine, en a hautement triomphé. L'université, qui recueille leurs dépouilles, le corps des gens de lettres, quoique la plupart leurs élèves, mais que la société, ne pouvant les asservir, avoit décriés et cherchoit à rendre suspects sur la religion, ont applaudi. Tous les jansénistes de dogme ou de parti, ceux-ci très nombreux, et les autres assez rares, ont fait éclater leur joie, sans faire attention que, ne tirant leur existence que du combat contre leurs ennemis, ils vont tomber dans l'oubli. Le peuple, proprement dit, n'a pris aucun intérêt à cet événement.

D'autre part, presque tout le corps épiscopal a pris parti pour les jésuites, peut-être dans la crainte du retour; car il a souvent fléchi sous eux : peut-être aussi par humeur contre le gouvernement, qu'il soupçonne de vouloir aller plus loin.

Les ordres réguliers ont sans doute été charmés de l'expulsion des jésuites; mais ils ont eu la décence de renfermer leur joie, qui d'ailleurs est tempérée par la crainte qu'ils ont pour eux-mêmes. A l'égard des provinces, si les opérations du parlement n'avoient pas été confirmées par un édit presqu'arraché au roi, je doute fort que les autres parlements, excepté celui de Rouen, eussent suivi l'exemple de Paris. Je ne crains pas d'assurer (et j'ai vu les choses d'assez près) que les jésuites avoient, et ont encore, sans comparaison, plus de partisans que d'adversaires. La Chalotais et Monclar ont seuls donné l'impulsion à leurs compagnies. Il a fallu faire jouer bien des ressorts dans les autres. Généralement parlant, les provinces regrettent les jésuites, et ils y reparoîtroient avec acclamation par des raisons que je développe dans un ouvrage particulier.

Il n'en a pas été à Rome comme à Paris. De quelque considération qu'y jouissent les jésuites, elle est partagée; ils y ont de forts concurrents. Les dominicains, les franciscains, sous des formes variées, tant d'ordres différents forment un peuple dont on pourroit dire, comme saint Jean : *Magnam turbam quam numerare nemo poterat.* Toutes ces tribus monacales ont leurs amis et leurs dévots chez les grands et parmi le peuple. Je n'ai vu à Rome que le clergé séculier dans l'abjection : les paroisses désertes, et la foule dans les couvents. Tous les moines, sur-tout les dominicains et les franciscains, qui ont fourni plusieurs papes, ce qui n'est pas encore arrivé aux jésuites, quoiqu'ils aient eu des cardinaux, regardent la société comme une colonie étrangère qui est venue mettre la faux dans leur moisson. Ils sont jaloux de la faveur dont ces hommes nouveaux jouissent à la cour de Rome, et ne les craignent pas assez pour contraindre et dissimuler leurs sentiments. Aussi ont-ils fait éclater, à la nouvelle de la disgrace des jésuites en France et en Espagne, une joie qui alloit jusqu'au scandale. J'en ai été témoin, et je pris la liberté de dire à des moines qu'ils étoient bien aveugles, s'ils ne voyoient pas le nuage s'étendre et s'épaissir sur eux tous. Le premier coup de tonnerre est tombé sur la société, arbre dont la tige perçoit la nue; mais que de moines doivent penser que, si l'on coupe les chênes avec la coignée, on fauche l'herbe !

On peut s'étonner que les jésuites, ayant eu des cardinaux, n'aient jamais eu de papes. J'en crois voir deux raisons. La première vient du collége des cardinaux, qui aiment mieux être protecteurs de la société que de se hasarder à n'en devenir que les protégés, et de n'être plus recrutés que par des jésuites sous un pape qui l'auroit été et le seroit encore dans le cœur. On peut m'objecter que cette prévoyance des cardinaux ne suffiroit pas pour exclure du pontificat un cardinal jésuite, si la société étoit bien déterminée à l'y placer. Elle étoit, avant son expulsion d'Espagne et du Portugal, assez puissante en richesses pour acheter les voix des cardinaux qui ne sont pas encore assez en crédit pour prétendre à la thiare. Ma réponse à cette objection est ma seconde raison contre l'élévation d'un jésuite. Je suis persuadé que la société elle-même ne le voudroit pas. Personne ne connoît mieux qu'elle le secret de son régime; et ce secret n'est pas ignoré de tout le monde. Le pape n'est pas l'objet principal, le point central de l'affection des jésuites. Il n'est, comme les autres princes catholiques, auxquels ils paroissent le plus attachés, que l'instrument, le moyen de gouverner sous un voile l'église et les états, ou d'influer dans le gouvernement quand ils ne peuvent totalement s'en emparer. La société, en portant un jésuite sur le trône pontifical, ne serviroit que l'ambition d'un seul, et peut-être par là y sacrifieroit le corps. Il seroit à craindre que le pontife ne cessât d'être jésuite, ne voulût régner seul, et, pour n'être jamais contrarié ni gêné par ses anciens confrères, ne les détruisît. Si l'aga des janissaires, après avoir précipité un sultan du trône, parvenoit à s'y placer, il pourroit bien casser la milice qui l'auroit élevé.

Cromwell anéantit le parlement dont il s'étoit si utilement servi, et Pierre Ier abaissa le clergé à qui son aïeul devoit la couronne. Il pourra bien être question des jésuites sous le prochain pontificat, et ils sont dans une position critique. Il y a déja du temps qu'ils voient décroître une branche de leur crédit à Rome, par l'établissement des *écoles pies*, qui leur disputent avec avantage l'éducation de la jeunesse.

Dès mon arrivée à Rome, je suivis le plan que je m'étois fait, c'est-à-dire que je sortois le matin en frac, pour me promener dans les ruines. Les débris des monuments qui, dans cet état de destruction, sont encore les témoins de la grandeur romaine, jettent l'ame dans une sorte de mélancolie qui n'est pas la tristesse, font naître des réflexions sur le sort des empires, ramènent l'homme à lui-même et l'avertissent de jouir. A chaque pas Tite-Live, Salluste, Tacite, Horace, revenoient à ma mémoire. Je repassois mes auteurs sans livres. Tout me rappeloit les faits que j'avois lus. Les ruines immenses de palais d'empereurs, de monuments élevés sous des règnes assez courts, me prouvoient combien il doit se trouver de malheureux dans un grand état, pour fournir à la magnificence des princes et au luxe de leur capitale.

Deux ou trois courses avec un *cicerone* me firent connoître que ces indicateurs sont d'un foible secours pour un homme un peu instruit. La plupart ne sont guère supérieurs aux valets de nos hôtels garnis qui promènent à Paris les étrangers. Tout est à leurs yeux d'une égale importance ; et, pour quelques endroits dignes de curiosité qu'ils vous indiquent, ils vous fatiguent de cent autres qui ne méritent pas la moindre attention, ni chez vous, ni ailleurs. Je m'en rapportai bientôt à moi-même. Une visite que je fis à l'académie de France me fut assez utile. Après avoir commencé par le directeur, j'allai tout de suite voir dans leurs chambres tous les élèves qui sont logés dans le même palais. Sensibles à cette politesse, ces jeunes gens s'empressent de vous prévenir de ce qu'il y a de curieux et de vous y accompagner. J'usai quelquefois de leurs offres ; mais je n'en abusai pas ; et avec leurs intructions, mon cocher suffisoit pour m'y conduire. D'ailleurs, les étrangers connus, François, Anglois et autres, sont bientôt assez liés pour aller ensemble satisfaire leur curiosité. Ceux qui ont déja parcouru Rome et les environs, veulent revoir, et se font un plaisir d'instruire les nouveaux arrivés. J'ai rendu plusieurs fois à cet égard le même service que j'avois reçu d'abord.

Le temps fut très favorable à mes courses du matin pendant le mois de janvier ; le ciel fut presque toujours sans le moindre nuage. Les premières heures de la matinée étoient cependant assez froides pour qu'en sortant je visse de la glace ; mais vers midi il n'en existoit plus, et l'on éprouvoit au soleil une chaleur assez vive. C'est pourquoi, voulant monter dans la boule du dôme de Saint-Pierre, nous y allâmes au nombre de douze avant neuf heures. Comme elle est de bronze, je suis persuadé qu'étant échauffée par le soleil à midi, même en hiver, la place ne seroit pas tenable, et qu'on s'y trouveroit dans une tourtière. Des voyageurs prétendent y être entrés au nombre de vingt-deux : j'en doute, à moins qu'ils n'y fussent entassés comme dans un bûcher, ou que la moitié de la compagnie ne fût montée sur les barres de fer qui la traversent en croix. Au surplus, on peut aisément, et sans aller à Rome, estimer ce que peut contenir d'hommes qui veulent respirer, un globe de huit pieds de diamètre.

Puisque je suis dans Saint-Pierre, dont la description peut se lire dans beaucoup de voyageurs que je ne veux ni copier, ni répéter, je me contente d'y renvoyer; je me bornerai à une réflexion sur la différence du caractère des papes à celui des autres souverains. Chez nous, par exemple, un roi bâtit un palais; son successeur n'en est pas content, et en construit un autre qu'un troisième prince abandonne encore. Si le changement ne se faisoit que par le développement du génie d'un siécle et le perfectionnement des arts, à la bonne heure; mais c'est souvent par pure inconstance, et le peuple en paie toujours les frais. Nous avons vu dépenser en bâtiments autant et plus que Louis XIV, et qu'a-t-on fait? Il n'en a pas été ainsi à Rome. S'est-on proposé la construction d'un édifice? le plan en est médité, digéré, et arrêté. Les changements qui s'y peuvent faire ensuite, ne tendent qu'à le perfectionner, sans détruire. Un pape commence, et ses successeurs continuent. L'église de Saint-Pierre est l'ouvrage de trente papes. C'est aussi le plus grand et le plus beau monument qu'il y ait peut-être jamais eu; car je doute fort que l'antiquité ait rien produit d'égal. L'idée que m'en avoient donnée les relations ne fut point affoiblie par la réalité. Je ne suis guère admirateur sur parole; j'ai eu tant de fois à rabattre des exclamations des voyageurs, qu'elles me sont toujours suspectes.

A l'égard de Saint-Pierre, le premier sentiment que la place, la colonnade, l'obélisque, les deux gerbes d'eau et le temple excitent dans l'ame, est celui de l'admiration, que l'examen ne détruit point. Il n'y a rien encore, dans quelqu'état que ce soit, à opposer aux magnifiques fontaines qu'on voit à Rome dans les places et les carrefours, ni à l'abondance des eaux qui ne cessent jamais de couler, magnificence d'autant plus louable que l'utilité publique y est jointe. Ces ouvrages prouvent que les papes qui en sont les auteurs, ont eu d'aussi grandes idées dans un état borné, que les Romains dans la splendeur de leur empire. Les fontaines sont si multipliées dans Rome, qu'il n'y a point de particulier qui ne soit près de quelqu'une, et beaucoup en ont dans leurs maisons ; tandis que dans Paris, où chacun est consumé par le luxe, on est réduit à puiser l'eau dans une rivière qui est l'égout général de la ville, et qu'il y a des quartiers qui en sont à une demi-lieue. L'eau est communément mauvaise dans la plupart des autres lieux de l'Italie.

Les travaux pour la décoration de la ville et l'avantage des citoyens, entrepris par les papes, ont été suivis avec persévérance, et sans cette précipitation de la plupart des souverains qui, concentrant tout l'état en eux seuls, surchargent leurs sujets d'impôts pour satisfaire la fantaisie du moment.

En général, l'administration économique des papes est modérée ; mais le gouvernement est trop léthargique, et ne peut guère être autrement. Chaque pontificat n'est guère évalué qu'à sept ans, en formant une durée moyenne d'une suite de papes. Il n'est guère possible qu'un vieillard s'occupe des vices qui peuvent se trouver dans l'administration, se flatte d'avoir le temps de les corriger et d'affermir la réforme, ou même ait, à un âge avancé, le courage nécessaire pour une telle entreprise. Il songe à jouir. Il est communément gouverné par des neveux qui, sachant qu'ils ne lui succéderont pas, du moins immédiatement, n'ont garde de lui inspirer des idées de réforme. Elle ne feroient que leur aliéner les plus puissants de la cour, qui sont toujours ceux qui profitent des abus. Ils prennent donc le parti d'en profiter eux-mêmes.

Il est peu d'hommes qui, nés dans la poussière, comme Sixte V, soient pourtant nés pour régner; cela est même rare parmi ceux qui naissent sur le trône. Sixte V fut un de ces prodiges ; et il seroit à desirer pour l'état ecclésiastique d'avoir une suite de papes de ce caractère, et capables d'en réformer le gouvernement, qui est aujourd'hui un des plus mauvais de l'Europe. Je ne parle pas des vices qui naissent de la constitution même de cette monarchie singulière, et tiennent à des avantages dont ils sont inséparables. Par exemple, dans un état dont le souverain est un vieillard électif et absolu, mais qui ne peut choisir ni indiquer son successeur, il est impossible de réunir toutes les volontés en une seule, de confondre les intérêts particuliers dans l'intérêt commun, ou de les faire naître. L'esprit de la nouvelle Rome est diamétralement opposé à celui de l'ancienne. Dans celle-ci, chaque point de la circonférence tendoit au centre : le patriotisme étoit la passion dominante des citoyens. Dans la nouvelle, tout ce qui a le moindre intérêt de s'en éloigner s'en écarte. On se tient isolé, ou l'on ne s'unit que pour former des factions contraires, excepté dans les prétentions de la cour de

Rome sur les autres états catholiques. C'est dans ce seul point un même esprit qui l'anime. Il faudra pourtant bien qu'elle y renonce un jour, si elle veut conserver quelques droits.

Tels sont les inconvénients qui tiennent à la constitution fondamentale de la monarchie papale, et qu'on ne pourroit changer sans la détruire, parcequ'elle a aussi ses avantages.

Mais combien y a-t-il, dans l'administration économique et politique, d'abus et de vices particuliers qu'un pape éclairé et ferme pourroit réformer, et qui disparoîtroient, si le conclave lui donnoit quelques successeurs qui eussent les mêmes qualités? Que ne feroient-ils pas pour la culture des terres, effet et principe de la population, d'où renaîtroit la salubrité de l'air; pour la réformation de la justice civile et criminelle, pour la suppression de ces asiles, si scandaleux; pour celle même de tant de pratiques d'une superstition absurde, plus contraire à la religion que favorable à la cour de Rome, qui tireroit alors sa dignité de la pompe des cérémonies, si puissante sur l'esprit des peuples, et encore plus de l'ordre et des mœurs? Rome cesseroit par là d'être l'objet de la dérision des protestants et du scandale des catholiques raisonnables. Elle auroit grand besoin d'une régénération. Les lettres, les sciences et les arts, à l'exception de la musique, y dépérissent. S'il paroît en France, en

Angleterre, ou ailleurs, un ouvrage généralement estimé, il n'en passe pas quatre exemplaires à Rome. Quelques amateurs avoient engagé un libraire étranger à s'y transporter avec un assortiment de choix. Il a été obligé de s'en retirer, après y avoir perdu la moitié de ses fonds. L'académie des Arcades, avec son déluge de sonnets, n'est, par son titre, qu'une parodie des vraies sociétés savantes. Ce n'est que par complaisance que des étrangers consentent à s'y laisser inscrire. On ne voit sur les théâtres, excepté à l'opéra, que des farces de foires. Si les premiers rayons qui ont éclairé l'Europe sont partis de l'Italie, ils ont porté ailleurs plus de chaleur qu'il n'en reste aujourd'hui au centre, quoiqu'il s'y trouve toujours des hommes d'un mérite distingué, et qui le seroient par-tout.

Par un contraste assez singulier, les habitants de Rome (car je ne puis les appeler des Romains) ont, comme les anciens, l'ambition de transmettre leurs noms à la postérité. Celui qui récrépit un mur de couvent, reblanchit une chapelle, n'oublie pas de l'annoncer par une inscription aux races futures ; il brise en même temps les plus beaux monuments, pour en employer les matériaux aux plus vils usages ; il voit l'escalier des Récollets d'Ara-Cœli et l'église de Saint-Paul pavés d'inscriptions en marbre en levées des tombeaux des empereurs, et croit, au milieu de tout ce qui atteste l'oubli où tombent les plus grands hommes, perpétuer sa petite existence. Les Barberin et les Farneze ont arraché du Colisée les pierres de leur palais. On a sacrifié à un luxe privé la magnificence publique de Rome, dont l'utilité est pourtant très réelle ; car il ne faut pas que les habitants de cette ville s'imaginent que les étrangers y portassent tant d'argent, si l'église de Saint-Pierre n'existoit pas, et sur-tout si les restes de la magnificence romaine étoient absolument ensevelis sous l'herbe. Il est très important que ces débris subsistent, et soient, sinon rétablis, du moins conservés et entretenus. Le nom des papes qui ont détruit ou permis de détruire d'anciens monuments, tels que le Colisée et autres, devroit être proscrit dans Rome. Sixte V en connoissoit l'importance : il en rétablit plusieurs ; il en éleva lui-même, tels que le dôme de Saint-Pierre, l'obélisque, et les deux fontaines de la place, d'ou partent deux gerbes d'eau. On lui doit l'aqueduc qui porte dans Rome cet immense volume d'eau qu'on appelle de son nom l'*Aqua-Felice*. Toutes ces dépenses, en donnant de l'activité à l'industrie et aux arts, ne l'ont pas empêché de laisser un trésor prodigieux pour ces temps-là, et qui depuis a fait plus d'une fois le salut de Rome. Ce n'est pas que je loue cette opération ; j'en dirai ailleurs les raisons. On est étonné de ce que Sixte V a pu faire en cinq ans de pontificat, et toujours à l'avantage de Rome. Mais ce qui lui a fait le plus d'honneur, comme pape et comme prince, c'est d'avoir exterminé une race d'assassins et de brigands qui infestoient l'Italie, et formoient une espèce de profession qui avoit ses lois. On faisoit alors assassiner ou mutiler un ennemi, suivant les conventions, comme on tire une lettre de change. On rapporte qu'un homme à qui un de ces scélérats venoit de couper le visage, lui représentoit l'injustice de maltraiter quelqu'un dont il n'avoit jamais eu sujet de se plaindre. L'assassin allégua l'argent qu'il avoit reçu, et la parole d'honneur qu'il avoit donnée de s'acquitter de sa commission. Le balafré offrit à l'instant pareille somme à ce commissionnaire si exact, s'il vouloit en user ainsi à l'égard de son commettant. Le marché fut accepté; et l'exécuteur s'acquitta de la seconde commission avec autant de scrupule que de la première.

Sixte V purgea l'état ecclésiastique de cette branche de commerce, et n'épargna pas les exécutions. Les brigands qui échappèrent au supplice par la fuite, les vagabonds et gens sans aveu refluèrent chez les princes voisins. Ceux-ci s'en étant plaints, Sixte, pour toute excuse, leur fit dire qu'ils n'avoient qu'à l'imiter, ou lui céder leurs états.

Si je me suis un peu arrêté sur ce pape, c'est que l'état actuel de Rome m'en a souvent rappelé l'idée. On l'a mal à propos taxé de cruauté; je le trouve un prince très humain. Il assuroit la tranquillité de ses sujets en épouvantant le crime ; et je maintiens qu'il y a eu moins d'exécutions sous son règne, qu'il n'y avoit auparavant de meurtres dans un mois. J'aurai encore occasion d'en parler au sujet des lieux de monts.

Quoi qu'il en soit, Rome auroit aujourd'hui plus de besoin d'un prince tel que Sixte V, que d'un saint : or le pape actuel, Clément XIII, est un saint et non pas un prince ; et son ministre, le cardinal Torrégiani, n'est ni l'un ni l'autre.

Il me semble qu'on n'a pas généralement une idée assez exacte de ce pape ni de son ministre. Voici ce que j'en pense, d'après les conversations que j'ai eues avec les ministres, cardinaux et autres qui ont souvent conféré avec le pape et traité d'affaires avec Torrégiani. L'audience que le premier m'a donnée, et ce que j'ai vu du second, que j'ai rencontré dans quelques sociétés, tout m'a paru s'accorder avec ce qu'on m'en a dit.

Clément XIII, Rezzonico, est de la plus haute piété. Il a toujours eu des mœurs pures, beaucoup de candeur et de douceur dans le caractère, le cœur et l'esprit droit ; peut-être ne lui a-t-il manqué, pour avoir plus d'étendue dans l'esprit, que de l'avoir appliqué aux affaires, et d'avoir osé prévoir qu'il monteroit un jour sur le trône. Son élection fut un coup fourré, un tour de conclave, auquel il n'eut aucune part, et dont plusieurs cardinaux furent les dupes. Quoiqu'il eût le nombre de voix nécessaire pour son élection, il lui manqua celles d'une douzaine de cardinaux, qui lui auroient donné la leur, s'ils eussent soupçonné qu'il eût pu s'en passer sans en être moins élu. Pour entendre ceci, il faut savoir qu'après le jeu des batteries et contrebatteries que les différentes factions emploient les unes contre les autres, quand toutes les intrigues, les finesses italiennes sont épuisées et déconcertées, les partis assez forts pour combattre et trop foibles pour vaincre, font la paix de guerre lasse : l'ennui, les chaleurs et les punaises (car le Saint-Esprit se sert de tout) suffiroient pour chasser les cardinaux du conclave. Ils se réunissent alors sur un sujet dont le premier mérite, du moins à leurs yeux, est de leur être indifférent ; c'est assez qu'il ne soit point l'ouvrage d'une faction contraire. Ainsi se justifie le proverbe : *Qui entre pape au conclave en sort cardinal.* Comme on y prévoit l'élection dès la veille, les opposants, s'il s'en trouve, craignant de s'aliéner, par une résistance inutile, celui qui va devenir leur maître, s'empressent de lui donner leurs suffrages, et veulent paroître n'avoir desiré que lui. Il a donc ordinairement l'unanimité des voix.

Dans le conclave où fut élu Benoît XIV (Lambertini), et qui dura plus de cinq mois, les cardinaux, après avoir balloté quelques sujets, se partagèrent en deux factions ; celle qui portoit Aldovrandi, lui donna constamment trente-trois voix chaque jour, pendant deux mois, sans pouvoir lui en procurer une trente-quatrième, qui auroit assuré l'élection. Le cardinal Annibal Albani, chef de la faction contraire, feignit de se laisser gagner pour Aldovrandi, qui eut l'imprudence d'en marquer sa reconnoissance dans un billet dont Albani se prévalut pour accuser Aldovrandi d'user d'intrigue. Celui-ci, voyant quelques uns de ses partisans près de se détacher de lui, les tourna tous vers Lambertini, pour les enlever du moins à Albani, dont la faction, lasse du conclave, accéda à Lambertini, à qui personne n'avoit d'abord pensé, et qui eut l'unanimité. Je suis persuadé que la même chose arrivera communément.

Il n'en fut pas ainsi de l'élection de Rezzonico. Le cardinal Spinelli, qui avoit un parti très fort, ayant su qu'il auroit l'exclusion de la part de l'Espagne, et Cavalchini celle de la France, sans que celui-ci s'en doutât, résolut d'élever au pontificat quelqu'un qui, lui en ayant obligation, lui donnât part au gouvernement. En conséquence, il confia la moitié du secret à Cavalchini, c'est-à-dire le projet d'exclusion de l'Espagne, sans parler de la France, et lui offrit de le faire pape, en joignant un parti à l'autre. Cavalchini, déjà fort par lui-même, crut son élection sûre; mais la France l'ayant fait exclure, Spinelli joua l'affligé, et lui proposa de se réunir en faveur de Rezzonico, peu agréable à Sciarra Colonne, partisan de la France. Cavalchini, piqué, et croyant avoir reçu de Spinelli un service désintéressé, dont la France seule avoit empêché l'effet, accepta la proposition ; et Rezzonico fut élu. L'affaire fut si brusquement conclue, que plusieurs cardinaux n'eurent pas le temps d'être instruits de ce qui se passoit, et de se faire le mérite d'y concourir. Peut-être aussi le secret lui procura, ou lui conserva-t-il des voix qu'il n'auroit pas eues ; et il n'en eut que le nombre suffisant. Passionei, qui ne lui avoit pas donné la sienne, ne voulant pas être soupçonné de timidité, ni passer pour dupe, dit hautement qu'il l'avoit refusée à Rezzonico, parce qu'il le croyoit incapable de gouverner l'église. Il a souvent répété ce propos dans l'affaire de Portugal. Quand on lui objectoit la pureté d'ame de Clément XIII. *Jésus-Christ*, disoit Passionei, *rendoit le même témoignage à Nathanaël:* bonus Israelita, etc. ; *mais il n'en fit pas un apôtre.* Les cardinaux auroient dû suivre le conseil qu'un anonyme leur donnoit, en affichant à la porte du conclave : *Si doctus, doceat nos ; si sanctus, oret pro nobis ; si prudens, gubernet nos.*

Je ne parle des deux derniers conclaves que pour donner une idée de ce qui se passe dans tous les autres.

Clément XIII, n'ayant pas les qualités propres au gouvernement, ne s'est pas, comme tant d'autres, imaginé les avoir; et ce n'est pas un mérite commun que de savoir se juger. Uniquement occupé de son salut, il abandonna toutes les affaires à son ministre. Mais il n'a pas été heureux dans le choix qu'il a fait du cardinal Torrégiani. Ce ministre est honnête homme, grand travailleur, entendant bien les affaires quant au positif des lois, mais incapable d'en connoître l'esprit, d'y faire fléchir la lettre, ou de réformer ce qu'elles peuvent avoir de vicieux. Plus opiniâtre que ferme, la contradiction l'affermit dans un sentiment qu'on lui feroit abandonner en le flattant. C'est un grand défaut dans un homme d'état, que de manquer de flexibilité, et de ne pouvoir être ramené que par la voie de la séduction. Rustre et même grossier, il ignore que l'ancienne audace ecclésiastique n'est plus de saison. N'étant jamais sorti du Vatican ou du Quiniral, il croit fermement que le pouvoir des clefs est le même que du temps de l'empereur Henri IV; et, ne se reprochant rien, il ne suppose pas qu'on ait aucun reproche à lui faire. Quand il ne peut disconvenir des pertes que la cour de Rome fait journellement de son autorité dans l'Europe catholique, il les regarde comme des nuages passagers, et répond : *Nous avons la parole de Jésus-Christ; l'église est inébranlable.* Il ne soupçonne pas qu'il y ait de la différence entre l'église et la cour de Rome. Il a perdu les jésuites par son opiniâtreté. Les jansénistes et les parlements lui devroient un temple, avec l'inscription : *Deo ignaro.*

Le 16 janvier 1762, le duc de Praslin, alors ministre des affaires étrangères, écrivit de la part du roi au cardinal de Rochechouart, ambassadeur de France à Rome (j'ai lu la lettre), de mander chez lui le P. Ricci, général des jésuites, et de lui proposer de nommer en France un vicaire général françois, qui seroit changé tous les trois ans, ou ne pourroit être continué que pendant trois autres années au plus; au moyen de quoi les jésuites seroient conservés. Le roi fait marquer dans cette lettre, sur-tout dans trois endroits, son goût pour eux, et le desir de les garder. Le cardinal avoit ordre de parler suivant l'esprit de la lettre, sans la montrer, et d'exiger une réponse précise et prompte, laquelle devoit arriver avant le 9 février, jour fixé par le parlement pour terminer l'affaire. Il faut que le cardinal ait fait sèchement sa commission, sans quoi il seroit inconcevable que le P. Ricci eût refusé l'offre du roi. Je suis persuadé que, s'il eût vu la lettre, il auroit accepté avec reconnoissance. Il voulut, avant de se déterminer, consulter le ministre de Clément XIII, le cardinal Torrégiani, qui répondit, comme on sait : *Sint ut sunt, vel non sint.* Ce fut l'arrêt de mort des jésuites.

Torrégiani ne connoît pas l'état qu'il gouverne, puisqu'il ne connoît pas les états avec lesquels il est obligé de négocier. Quand les événements contrarient ses vues et ses mesures, il dit qu'il renonceroit au ministère, si la Providence, qui l'y a placé, ne lui déclaroit, par cela seul, qu'elle veut qu'il y reste. Il a cette folie-là de commune avec l'archevêque de Paris, Beaumont, supposé que leur folie soit bien purgée d'intérêt; j'en doute fort.

La cour de Rome est sur le point de perdre le Portugal : Carvalho, comte d'Oyras, vient de faire paroître un ouvrage terrible en faveur des évêques, contre le pape; et a fait, en conséquence, donner, pour des mariages entre parents, des dispenses qu'on alloit auparavant demander à Rome. Cependant on y craint encore plus les écrivains françois que la révolte ouverte du Portugal, et l'on n'a pas tort. L'affaire de Portugal tient uniquement au ministre; la superstition n'y a rien perdu de sa force sur l'esprit de la nation; au lieu que le François, avec ses incommodes libertés, sans se détacher de la communion romaine, est plus à craindre que des hérétiques déclarés. Le pouvoir spirituel de Rome tombe, depuis quarante ans, avec l'accélération des corps graves dans leur chûte : quelques prélats en sont convenus avec moi. Dans une conversation libre que nous eûmes, le cardinal Piccolomini et moi, j'allai jusqu'à lui dire que, si je n'avois que dix-huit ans, je verrois la révolution du gouvernement de Rome, et il ne me contredit pas.

Ce gouvernement pourroit encore se relever et s'affermir pour long-temps, s'il avoit la sagesse de renoncer à ses prétentions chimériques. Il conserveroit des droits ou prérogatives honorables, que les princes catholiques respecteroient. Sans quoi, ces princes s'affranchiront bientôt d'eux-mêmes, et la proscription des chimères entraînera les attributions utiles.

Ce n'est pas que je pensasse que la séparation de la France d'avec Rome fût avantageuse au roi. Un patriarche pourroit avoir de grands inconvénients; et s'il faut un centre d'unité, il vaut mieux l'avoir à trois cents lieues que chez soi. Le roi, dans bien des occasions où il ne veut pas user de son autorité, peut faire réprimer par le pape des évêques fanatiques ou brouillons. Quant à l'idée de se constituer chef de son église, cela ne seroit guère pratiquable à un prince catholique. Il y trouveroit de grands obstacles, par des raisons qui, pour être développées, exigeroient un traité en forme.

La cour de Rome ne sauroit aujourd'hui se conduire avec trop de prudence. Elle voit par-tout qu'on lui fait perdre, par degrés, ses usurpations. Les moines, sa plus chère milice, auxquels on n'auroit pas osé toucher autrefois sans encourir les censures, reçoivent par-tout des entraves, et finiront, si l'on en laisse subsister, par être soumis à l'ordinaire, comme ils l'étoient dans leur institution. Il se trouve des moines, même en Italie, hors des états du pape, qui préfèrent à ses ordres ceux de leur souverain.

En 1766, le grand-duc proposa aux minimes et aux augustins de lui prêter à intérêt, et jusqu'au remboursement, le superflu de leur argenterie, pour relever une maison de charité. Les moines l'ayant accepté, la cour de Rome trouva fort mauvais que cela fût fait sans son attache, exigea que les deux supérieurs en demandassent du moins l'absolution. Le minime voulut bien s'y soumettre, et la reçut. L'augustin la refusa, soutenant qu'il n'en avoit pas besoin pour avoir concouru avec son souverain à un arrangement raisonnable. La cour de Rome a été réduite à faire passer cette absolution par le général des augustins résidant à Rome, lequel l'a envoyée au moine, qui ne la reçut que par respect pour son supérieur.

Peu de temps auparavant, l'empereur avoit fait justice, en Toscane, de l'évêque de Pienza. Ce fanatique jetoit à tort et à travers les excommunications comme les bénédictions. L'empereur, après l'avoir fait plusieurs fois et inutilement avertir d'être sage, le fit enlever et conduire par des grenadiers à Aquapendente, première ville de l'état ecclésiastique du côté de la Toscane. Dès qu'il fut sur la montagne où les grenadiers prirent congé de lui, se retournant vers la Toscane, il excommunia tout le duché et nommément l'empereur et les grenadiers, qui en firent peu de cas. Arrivé à Rome, il fallut le dédommager du revenu de son évêché; et la chambre apostolique n'ayant pas beaucoup de fonds pour des dépenses extraordinaires et imprévues, on a eu recours à une économie assez singulière. Le général des troupes du pape venoit de mourir, et n'étoit pas encore remplacé. On a laissé la place vacante; et les appointements en ont été donnés à l'évêque, qui en jouissoit lorsque j'étois à Rome. Il est vrai que les papes ont fait plus de conquêtes avec des prêtres et des généraux de moines qu'avec des soldats; mais il ne paroît pas qu'ils puissent aujourd'hui en faire de façon ni d'autre.

La cour de Rome vient d'échouer dans une entreprise qu'elle vouloit faire sur Gênes. La république présente au pape trois sujets pour un évêché. Le pape se hasarda d'en nommer un non présenté, pour l'évêché de Vintimille; et, le prenant parmi les nobles, se flattoit par là de le faire accepter par le sénat. L'évêque nommé ayant accepté, le sénat le fit mettre en prison; et, quoiqu'il y fût bien traité, il y est mort au bout d'un an. Le pape en a nommé un second, qui, ne voulant ni mourir ni vivre en prison, a sagement refusé, et l'évêché est encore vacant.

On voit qu'indépendamment des pertes que fait

la cour de Rome par la révolution arrivée dans les esprits, elle s'attire encore des désagréments par ses imprudences; et, malgré toute sa politique, les besoins qu'elle éprouve lui font faire de mauvais marchés. Si celui que Benoît XIV fit en 1753 ne fut pas forcé, ce fut une faute très grande.

Par un concordat, le roi d'Espagne, moyennant un million cent trente-trois mille trois cent trente-trois écus romains, qui font cinq millions six cent soixante-six mille six cent soixante-six livres de France, une fois payés, nomme aux bénéfices de son royaume et expédie les bulles, sans que le pape puisse mettre des pensions sur aucun de ces bénéfices. Il ne s'en est réservé que cinquante-deux qu'il nomme comme autrefois, et dont il expédie les bulles; et le roi d'Espagne donne aux nonces apostoliques à sa cour, cinq mille écus romains par an, sur le produit de la bulle de la croisade, espèce d'indult par lequel le roi lève une certaine somme sur le clergé, pour les prétendus frais d'une guerre fictive contre les Turcs.

Rome a perdu, par cet arrangement, près de huit mille Espagnols, solliciteurs de graces, qui faisoient leur cour au pape, portoient de l'argent chez lui, et lui procuroient chez eux une très grande considération. Rien n'ajoute si fort à celle d'un prince chez les étrangers, que d'y en entendre souvent parler. Benoît XIV étoit savant, avoit l'esprit aimable, l'imagination vive et gaie, les propos libres, et des mœurs pures; affable, tolérant, populaire, l'homme enfin le plus fait pour la société; mais, s'il prétendit, comme les autres papes, à l'infaillibilité, ce ne devoit pas être en politique.

A propos d'infaillibilité, il est assez singulier qu'un pape annulle, par un décret, ce que son infaillible prédécesseur avoit statué. On peut se rappeler la lettre encyclique de Benoît XIV aux évêques de France, pour y établir la paix sur la constitution. A peine fut-il mort, que Giacomelli, le fanatique agent des fanatiques constitutionnaires, et secrétaire des brefs aux princes, c'est-à-dire, des brefs qui ne partent pas de la daterie, voulut engager Clément XIII à donner de cette lettre une interprétation qui l'auroit exactement anéantie, et auroit produit un schisme qui pouvoit aller jusqu'à la séparation de la France d'avec Rome. M. d'Aubeterre para le coup par le moyen du cardinal Galli, grand pénitencier, le plus vertueux, le plus instruit, le plus éclairé des cardinaux, et le contre-poison de Giacomelli. Sur ce qu'on représentoit à celui-ci qu'il se hasardoit à mettre le feu en France : « Je le vou-« drois, dit-il, aux quatre coins du royaume. » Et peut-être avons-nous en France des brûlots qui pensent comme lui. Je tiens de plusieurs prélats romains, et je sais que le pape pense comme eux, que si quelques évêques françois ne souffloient pas le feu à Rome, on y seroit fort tranquille sur la constitution.

Lorsque Clément XIII étoit prêt à faire sa promotion de 1766, Torrégiani et les cardinaux de son parti, amis des jésuites et ennemis des parlements, furent accablés de lettres des évêques françois qui pensent comme eux, pour engager le pape à comprendre dans sa promotion, et nommer *proprio motu* l'archevêque de Paris, Beaumont. Il sembloit que le sort de l'église et de la religion en dépendît. J'ai lu, entr'autres, une lettre de l'évêque de Sarlat (Montesquiou), qui avoit été interceptée. Cette lettre, de juin 1766, est un plaidoyer en forme, pour prouver au pape la nécessité de donner le chapeau à l'archevêque, et de le mettre par là à l'abri de toute poursuite du parlement. Il faut être bien impudent, ou bien ignorant de nos principes, pour en avancer de si faux. Le parlement l'auroit détrompé, pourvu que le roi l'eût laissé agir. Dans un temps où Rome étoit autrement respectée qu'aujourd'hui, le chapeau n'empêcha pas le cardinal Balue d'être enfermé dans une cage de fer.

Les modèles de la plupart de ces lettres étoient dressés à Rome, par Giacomelli et l'abbé de Caveirac. Les évêques ne faisoient que les transcrire. Cependant toutes ces batteries n'eurent aucun succès, et l'archevêque ne fut point cardinal. Ses partisans ont prétendu que le pape l'auroit nommé, s'il n'avoit craint de se compromettre en proposant au roi un sujet qui n'en auroit pas été agréé. J'ai au contraire tout lieu de penser que le pape, pour céder à la persécution des *zelanti* de l'archevêque, et s'en faire un mérite auprès d'eux, l'auroit proposé au roi, s'il eût été sûr du refus de sa majesté.

Les papes sont flattés sans doute de voir le sujet distingué d'un souverain devenir le leur, s'attacher trop souvent à son prince adoptif plus qu'à celui que sa naissance lui avoit donné. Mais il suffit à la cour de Rome d'avoir, dans chaque état puissant, un ou deux sujets décorés du chapeau, et d'en montrer de loin la perspective à tous les autres. Elle ne veut pas que, dans un conclave, la faction des couronnes puisse l'emporter sur l'italienne. Les papes ont d'ailleurs, dans leurs propres états, assez de maisons illustres à s'attacher, pour ne pas donner le chapeau à des étrangers, sans y être contraints par un intérêt sensible.

Je ne connois que deux chapeaux en France donnés *proprio motu*, depuis plus d'un siécle ; l'un au cardinal Mailly, et l'autre au cardinal de Bernis. Le premier fut la récompense du fanatisme de Mailly pour la constitution ; le second fut un acte de reconnoissance de Benoît XIV à l'égard de l'abbé de Bernis, qui avoit réconcilié la cour de Rome et la république de Venise. Je parle de ces deux faits dans mes mémoires sur le règne présent.

Quand le roi voulut procurer le chapeau au cardinal Fleuri, il fut obligé de consentir que son droit seroit regardé comme employé lors de la nomination des couronnes, qui se fit un an après, et à laquelle la France n'eut point de part. Il y avoit déjà eu des exemples de promotions anticipées, celle du cardinal de Bouillon, en 1669, et une autre plus récente, en 1715, du cardinal de Bissy, sous Louis XIV. C'est pourquoi, sous Louis XV, la France ne prétendit point participer à la promotion des couronnes, en 1719. Puisque je me suis arrêté sur les promotions des cardinaux, j'ajouterai quelques articles qu'on ne trouve dans aucun voyageur, et que je ne crois pas imprimés ailleurs.

On décida au concile de Constance que les cardinaux seroient choisis dans toutes les nations chrétiennes. Les papes nommèrent cependant plus d'Italiens que d'étrangers, et en ayant pris parmi ceux-ci qui ne convenoient pas à leurs souverains, il fut réglé, vers 1600, que les princes présenteroient eux-mêmes leurs sujets. Lors de ce réglement, l'Angleterre n'étant plus catholique, et le Portugal étant soumis à l'Espagne, le droit de nomination se bornoit presqu'à l'empereur, à la France et à l'Espagne. Les rois de Pologne voulurent cependant participer aux promotions. Le pape prétendoit que, n'étant qu'électifs, ils n'avoient pas les mêmes droits que des rois héréditaires. Une autre difficulté le touchoit encore plus : c'est que les évêques polonois ne veulent pas céder, comme ailleurs, aux cardinaux. Les rois de Pologne, pour établir un droit de nomination, présentèrent d'abord des nonces qui avoient résidé auprès d'eux. Ils en ont depuis nommé d'étrangers, autres que des nonces, et plusieurs François leur ont dû et leur doivent encore le chapeau. La cour de Rome vouloit du moins les borner à une seule nomination pendant leur règne; mais il faut désormais que les papes comptent avec les rois.

La république de Venise, ayant le traitement des têtes couronnées, de concert avec l'ambassadeur, comprend un Vénitien dans la promotion des couronnes.

Depuis que le Portugal a secoué le joug de l'Espagne, ses rois ont leur droit de nomination. Tous les rois de la communion romaine ont le même droit.

Pendant la guerre de la succession, Clément XI ayant été forcé de reconnoître l'empereur pour roi d'Espagne, ce prince le força encore, à ce titre, de comprendre, dans la promotion des couronnes, le jésuite espagnol Cinfuegos, indépendamment du cardinal qu'il avoit nommé comme empereur.

Le pape, ayant reconnu Jacques III comme roi d'Angleterre, lui accorda, dans la promotion de 1712, la nomination d'un chapeau, qui fut celui du cardinal de Polignac, dans le temps qu'il signoit le traité par lequel Jacques III étoit exclus à perpétuité du trône d'Angleterre. Depuis cette première nomination, Jacques, que nous ne nommions plus que le Prétendant, a joui de ce droit pendant toute sa vie, à chaque promotion des couronnes, et l'a toujours appliqué à des François, dont chacun lui a fait une gratification de cent mille écus, qui étoient censés être pour sa maison.

Le prince Édouard, son fils, ne jouit pas de ce droit, le pape ne l'ayant pas reconnu pour roi. On ne lui permettoit pas à Rome de prendre le pas sur son frère, le cardinal d'York; et l'on a exilé quelques supérieurs de moines qui, dans une visite, l'avoient traité de majesté. Je l'ai souvent rencontré dans les rues de Rome, marchant avec deux carrosses. J'avois eu avec lui, à Paris, quelques conversations, et il parut me reconnoître, en me faisant un signe de bonté; mais je n'allai point lui faire ma cour, ne voulant, dans les circonstances présentes, ni lui donner, ni lui refuser le titre de majesté.

On pense que les égards du pape pour l'Angleterre ont pour objet d'en procurer la protection aux catholiques du Canada. Les Anglois sont plus accueillis à Rome qu'aucune autre nation, par la dépense qu'ils y font; au lieu que cette ville est surchargée de pélerins gueux de tous les états catholiques.

Pour finir ce qui concerne les promotions de cardinaux, il faut observer que le pape ne peut donner le chapeau *proprio motu* à un sujet de l'empereur, du roi de France ou de celui d'Espagne, sans l'agrément réuni des trois. Ces puissances ont encore le droit de rejeter pour nonces tous ceux qui ne leur sont pas agréables : c'est par conséquent les nommer elles-mêmes ; et ces trois nonciatures assurent le chapeau à ceux qui les ont remplies.

J'ai dit que le pape avoit un pouvoir absolu ; j'ajouterai que les cardinaux l'usurpent sur les autres citoyens. Je ne connois point de pays où les grands soient plus en état d'abuser de leur crédit, et les Italiens nomment cet abus la *prepotenza*. Chaque cardinal a la franchise de son palais, aussi sacrée que celle d'une église ; et tout coquin qui a la protection d'une éminence, est à couvert des poursuites de la justice. Un seul exemple des excès où peut se porter un cardinal, en donnera une idée qu'on ne pourroit pas se former sur une assertion générale d'abus de puissance.

Le cardinal Aquaviva étoit protecteur de l'Espagne, titre insolent que prennent les cardinaux chargés des affaires ecclésiastiques d'un royaume, et qui l'est encore trop en les qualifiant de protecteurs des églises de, etc. ; mais il ne s'agit pas ici de discuter de vains titres, voyons-en l'effet.

Il faut encore savoir que Rome n'ayant point de

guerres pour son compte, tous ses habitants ne s'en intéressent pas moins à celles qui s'élèvent en Europe, que si elles les regardoient eux-mêmes. Chacun s'y passionne pour ou contre chaque nation belligérante. On voit le parti françois, autrichien, anglois, prussien, etc.

Lorsque l'empereur François Ier fut élu à Francfort, en 1745, le parti autrichien imagina une espèce de triomphe. On prit un enfant de douze à treize ans, fils d'un peintre, nommé Léandro, et d'une jolie figure; on l'habilla d'oripeau; un faquino le portant debout sur ses épaules, on le promena dans Rome, suivi d'une foule de canaille qui crioit : *Vive l'empereur!* Cette mascarade passa d'abord devant le palais du cardinal de La Rochefoucault, chargé des affaires de France, s'arrêta sous les fenêtres, et redoubla de cris de joie. Le cardinal sentit bien que ce n'étoit pas pour lui faire honneur; mais, prenant le parti qui convenoit avec une populace, il se montra sur le balcon, et fit jeter quelques poignées d'argent. Aussitôt la canaille se jeta dessus, en criant : *Vive l'empereur! vive la France!*

Cette troupe de gueux, échauffée par le succès de son insolence, continua sa marche, se rendit sur la place d'Espagne, devant le palais du cardinal Aquaviva, et voulut y jouer la même farce. Le cardinal, l'homme du caractère le plus violent, paroît à une fenêtre; au même instant, vingt coups de fusils partent du palais, couchent sur la place autant de tués ou de blessés, et le pauvre enfant fut du nombre des premiers. Tout le peuple de Rome, indigné d'une telle barbarie, dont la conduite du cardinal de La Rochefoucault montroit encore plus l'horreur, s'attroupe, veut incendier le palais et y brûler Aquaviva. Mais celui-ci, qui avoit prévu les suites de sa violence, s'étoit assuré de plus de mille braves, dont il couvrit la place; quatre pièces de canon chargées à cartouches sont mises en batterie devant le palais, imposent au peuple, qui s'écarte, se dissipe, n'exhalant sa fureur qu'en imprécations contre le cardinal. Il n'en fut depuis que plus respecté, et savoit se défaire, de façon ou d'autre, de tous ceux qui lui faisoient ombrage. Si le fait n'étoit pas si récent et n'avoit pas eu tant de témoins, il seroit incroyable qu'il fût arrivé, ou qu'il n'eût pas eu plus de suite. J'ai eu besoin, pour le croire, de me le faire répéter par des personnes de toutes classes. J'ai su d'un banquier très accrédité dans Rome, et qui en connoît bien l'intérieur, que le cardinal n'avoit pas été sans inquiétude pendant plusieurs jours.

Le peuple, forcé de renfermer sa fureur, avoit projeté de pénétrer par un égoût sous le palais, et de le faire sauter avec de la poudre. Le chef de la conjuration étoit un maçon, nommé Maestro Giacomo, homme de tête, hardi, et une espèce de coq du bas peuple. Le banquier de qui je le tiens, en eut connoissance et en instruisit le cardinal, qui manda secrétement Giacomo, le flatta beaucoup, et tout ce qu'il en put obtenir fut que maître Jacques, sans nier ni blâmer le projet, promit simplement de ne s'en plus mêler. Les conjurés, ayant perdu ce chef, si nécessaire par sa profession, n'en purent trouver un pareil; le temps refroidit les esprits, et les choses en restèrent là.

Il n'est pas moins étonnant que le pape, avec l'autorité absolue et un corps de troupes, n'ait pas fait du cardinal quelque justice au peuple.

Aquaviva eut, dans les derniers jours de sa vie, tant de remords de ses violences, qu'il vouloit en faire publiquement amende honorable; mais le sacré collége ne le permit pas, *ob reverentiam purpuræ*.

Le ministre d'Espagne entretient encore aujourd'hui quatre soldats et un bas officier, qui montent la garde sur la place, prêts à sabrer les sbires qui oseroient paroître sur sa franchise. Les autres ministres étrangers ont aussi chacun la leur, et toutes sont autant d'asiles pour le crime.

Il en est ainsi des autres villes de l'Italie. J'ai vu, à Florence, un coquin qui s'étoit fait une barraque sur le perron d'une église où il vivoit, depuis deux ans, de charités, s'y renfermant la nuit, et se promenant le jour sur le perron. Étant à Bologne, je voyois sous le portique des franciscains plusieurs de ces marauds y recevoir tranquillement autant d'aumônes que les mendiants qui couroient les rues.

Il y a un siècle que toutes les franchises auroient été supprimées, sans la hauteur, pour ne pas dire plus, de Louis XIV, qui, seul de tous les souverains, voulut conserver la franchise de son ambassadeur. Le pape Innocent XI avoit le consentement des autres princes, qui le retirèrent dès qu'ils virent qu'il n'étoit pas général. Comment le confesseur de Louis XIV, un jésuite, attaché au pape par état, n'a-t-il pas remontré à son pénitent de combien de crimes il se rendoit responsable, et dans une occasion où la raison, la justice et le bien de l'humanité étoient visiblement du côté du pape?

Ce prince avoit de grandes qualités; mais il n'a pas toujours placé le point d'honneur où il devoit être, et a quelquefois abusé de sa puissance. Il eut raison d'exiger une satisfaction éclatante de l'attentat des Corses contre son ambassadeur; mais il falloit en même temps châtier les domestiques qui avoient donné lieu à la violence de la soldatesque. Il faut, dans toutes les affaires, envisager à-la-fois le principe et l'effet. Tout Rome attestoit alors que les valets et les braves attachés au duc de Créqui ne cessoient journellement d'insulter les soldats de la garde corse : ce qui est assez croyable, vu l'esprit du temps, l'indiscrétion françoise et l'insolence de la valetaille.

Si l'on peut blâmer l'excès du crédit des cardinaux, on ne peut leur faire de reproches sur les mœurs. Il y en a sans doute quelques uns, comme parmi nos évêques, dont la conduite ne seroit pas hors d'atteinte; mais en général elle est régulière. Un prélat qui auroit donné un scandale, et ne seroit pas d'une naissance qui excuse tout, parviendroit difficilement au chapeau; et il est très rare qu'une longue habitude de régularité, ou même de contrainte, se démente dans un âge plus avancé. Piccolomini, qui avoit été gouverneur de Rome, place cardinalice, c'est-à-dire d'où l'on ne sort que pour être cardinal, eut beaucoup de peine à y parvenir à cause de quelques galanteries d'éclat.

Quoiqu'il n'y ait pas à Rome la même réserve qu'en France sur les spectacles, à l'égard des ecclésiastiques, les cardinaux n'y paroissent guère. Il y a bien la loge du gouverneur; mais il n'est que dans la prélature, et beaucoup de prélats s'en abstiennent.

A l'égard de la débauche qui règne, dit-on, publiquement à Rome, et des femmes prostituées sous la protection du gouvernement, cela est absolument faux, du moins à présent. Il n'y a pas plus à Rome qu'à Paris, à Londres et dans les grandes capitales, de lieux de débauche. On y est ce qu'on appelle *raccroché* en plein jour. Cela n'arrive-t-il pas à Paris? On ajoute, pour aggraver le reproche, que c'est souvent par des abbés; on ne dit pas que cet habit n'est pas restreint aux ecclésiastiques. C'est l'habit commun de tous ceux qui ne veulent pas être confondus avec le bas peuple, et ne sont pas en état de se vêtir comme les laïques aisés. Observons encore que tout se fait en Italie par des hommes. Aussitôt qu'on y est entré, on ne voit plus de servantes dans les auberges; ce ne sont que des valets, *camerieri*. Je ne connois que Venise où les femmes publiques forment une espèce de profession, et soient protégées par le gouvernement.

La société à Rome est divisée en plusieurs classes, comme dans tous les gouvernements où il y a des distinctions d'état très marquées. Les cardinaux, les princes romains, les femmes qualifiées, la prélature, forment la première classe. L'assemblée qu'on appelle *conversation* se tient à des jours marqués chez ceux ou celles qui se sont mis sur le pied de la recevoir. Les étrangers connus, et présentés par le ministre de leur nation, y sont admis, et peuvent continuer d'y aller. On y joue, ou l'on y prend des glaces. Le jeu n'y est pas fort; comme par-tout où l'opulence n'est pas grande. On n'y paie point les cartes; mais aussi sont-elles souvent bien sales, et ne les change-t-on que lorsqu'on ne peut absolument s'en servir. La propreté n'est, en aucun genre, une qualité des Italiens, ni même des Italiennes. Un insolent de Paris s'exposeroit à quel ques dégoûts, indépendamment d'autres accidents dont malheureusement l'Italie n'a pas le privilége exclusif.

Je fus d'abord un peu choqué de ne voir sur les tables de jeu que des jetons de cuivre ou d'ivoire. La raison qu'on m'en donna me parut bonne pour les maîtres de maison, et injurieuse pour les joueurs. On prétend que, si les jetons étoient d'argent, on en emporteroit souvent par mégarde, ou autrement. On m'ajouta que M. le duc de Nivernois en avoit perdu quatre ou cinq cents, pendant son ambassade.

Les gens de loi et les principaux de la bourgeoisie ont aussi leurs assemblées, et vivent entre eux; car un homme d'un ordre inférieur, quelque mérite qu'il eût, ne seroit pas admis dans les sociétés de la première classe. La naissance et les dignités y sont les seuls titres d'admission. Je ne connois point de pays où le mérite personnel soit moins considéré qu'à Rome, si l'on excepte l'Allemagne, où la naissance l'emporte sur tout. Un exemple suffira :

Barsquainstein, fils d'un professeur d'histoire à Strasbourg, s'étant fait connoître par son esprit et ses talents, l'empereur Charles VI se l'attacha, le fit ministre et comte de l'Empire. Il a occupé la même place sous l'impératrice-reine. Les plus grands lui faisoient la cour; mais il ne put jamais engager leurs femmes à voir la sienne. La comtesse de Kaunitz, que je voyois souvent à Naples où son mari est ambassadeur de l'empereur, m'a dit que le comte de Kaunitz, son beau-père, que nous avons vu ambassadeur en France, voulut, à son retour à Vienne, admettre dans sa société quelques femmes aimables et estimables qui en auroient fait l'agrément. Celles qui leur étoient supérieures par le rang refusèrent d'y souscrire, désertèrent; et le comte de Kaunitz fut obligé de se soumettre au noble ennui dont elles étoient en possession.

Sur l'éloge qu'on faisoit devant elles du général Laudon, qui venoit de remporter une victoire, en applaudissant à son mérite : *C'est dommage*, disoient-elles, *qu'il ne soit pas chevalier;* car avec seize quartiers, sans mérite, il leur auroit paru bien plus estimable.

Il n'en est pas ainsi à Paris; un homme de mérite n'est exclus d'aucune société. Il est vrai que le premier des mérites, pour y être reçu et accueilli, est celui d'être aimable, c'est-à-dire de porter dans la société de l'esprit d'agrément. Il suffit souvent d'être homme de plaisir pour être recherché. La probité, la naissance, pourvu qu'elle ne soit pas honteuse et sans fortune, sont les dernières choses dont on s'informe. Ce que je dis de la facilité des liaisons ne regarde que les hommes. Les femmes, qui sont par-tout les conservatrices de la vanité, admettroient un homme dont elles ne recevroient pas la femme. Il faut plus d'égalité d'état pour qu'elles se voient familièrement. Une seule chose établit l'équilibre avec la naissance, les titres, et le rang; c'est l'opulence. Les richesses donnent une grande considération, puisqu'elles décident des alliances les plus disproportionnées et quelquefois honteuses. Il est naturel qu'elles influent sur la société; et le besoin du plaisir y contribue encore. La plupart des femmes de qualité, et même titrées, n'ayant qu'une pension médiocre relativement à leurs fantaisies, ne pourroient pas tenir une maison assez opulente pour y recevoir habituellement une compagnie à leur choix; elles sont donc obligées de rechercher celles qui peuvent en faire les frais, et c'est communément dans la finance qu'on les trouve. L'orgueil compose avec le plaisir, et en subit la loi. Quiconque donne un bon souper, a une loge à l'opéra et aux autres spectacles, est en possession de se faire faire la cour, et d'avoir même des complaisances de tout état.

Le goût pour la table ne règne pas à Rome comme à Paris; ce qui n'empêche pas qu'on n'y puisse faire des liaisons agréables dans les sociétés de la première classe et de l'ordre mitoyen. Le séjour que j'y ai fait, et les habitudes que j'y ai eues, m'ont confirmé ce que le président de Montesquieu m'en avoit dit: que Rome eût été une des villes où il se seroit retiré le plus volontiers.

A l'égard du physique, les environs de Rome,

quatre à cinq lieues à la ronde, sont en friche et dévastés presque par-tout. Varron n'en loueroit pas aujourd'hui la culture. La campagne ne prévient donc pas favorablement pour la capitale. En effet, quant au peuple et à la petite bourgeoisie, tout décèle la pauvreté, comme tout à Londres annonce l'opulence nationale, et à Paris le luxe particulier.

La Rome moderne ne rappelle l'ancienne que par des ruines, et la population présente ne donneroit pas l'idée de celle dont parlent les historiens. Ce n'est pas que je croie qu'elle ait jamais été au point qu'ils prétendent : il seroit même aisé d'en prouver l'impossibilité. Sans vouloir faire ici une dissertation, il suffiroit de considérer que l'enceinte actuelle de Rome est la même que sous Aurélien, mort en 275, qui donna à cette ville la plu grande étendue qu'elle ait eue. Elle n'égale pas celle de Paris, dont le diamètre est de cinq mille deux cents toises de la barrière du Roule à celle du Trône (plus de deux lieues); et Paris est à-peu-près rond. Il n'est donc pas possible que Rome ait pu, dans les temps les plus brillants, renfermer plus de cinq à six cent mille ames, si l'on fait attention à l'espace que devoient occuper les places publiques, les temples, les portiques, les cirques, théâtres, amphithéâtres, les palais des empereurs, dont celui de Néron faisoit, disent les mêmes auteurs, un tiers de la ville. Denys d'Halicarnasse, liv. IV, dit que

Rome s'étoit tellement accrue, qu'on ne savoit où finissoit la ville et commençoit la campagne. On en peut dire autant de Paris, en partant des barrières, qui joignent presque les premiers villages. C'est pourquoi les auteurs varient si fort sur l'étendue de Rome : les uns lui donnant treize milles de circuit, et d'autres jusqu'à cinquante milles. Il n'est donc pas étonnant que ceux-ci y supposent des millions d'habitants ; ils y comprenoient sans doute le Latium en entier. On parleroit encore ainsi de Paris, si l'on faisoit entrer dans le dénombrement les villes, bourgs et villages de dix à douze lieues à la ronde.

Cependant, quelque supposition qu'on pût faire sur la population et le nombre des citoyens romains, il n'est guère possible de croire ce qu'on lisoit sur la pierre d'Ancyre : que, sous le sixième consulat d'Auguste, le dénombrement des citoyens romains montoit à quatre millions cent soixante-trois mille ; et que, sous l'empereur Claude, le nombre en fut encore augmenté, et porté jusqu'à six millions neuf cent soixante-quatre mille. Rapportons les termes mêmes de Juste Lipse, tom. III, pag. 387. Plantin. 1637. « Augustus de se in lapide Ancyrano hoc « dicit : in consulatu suo sexto lustrum condidisse, « quo lustro censita sunt civium romanorum capita « quadragies centum millia et sexaginta tria. Imma- « nis herclè numerus... at etiam crevit assiduè, et

« sub Claudio imperatore, Tacitus ac fidi auctores
« accensent sexagies novies centena sexaginta qua-
« tuor millia. »

La population de tout l'état ecclésiastique n'est aujourd'hui que de deux millions, suivant le tableau du gouvernement. Ceux qui portent le plus haut la population de Rome, ne lui donnent pas plus de cent soixante-dix mille ames; et nous avons en France quatre villes de province qui en ont autant ou qui les passent : Lyon, Nantes, Rouen, et Marseille. Je ne crois pas que Rome en ait plus de cent vingt mille, en y comprenant les juifs et le concours des voyageurs, pélerins, etc., hors le temps d'un grand jubilé, ou celui du couronnement d'un pape. Les circonstances font extrêmement varier la population d'une ville. Celle de Rome n'étoit guère que de trente mille, lorsque Grégoire XI y transporta, en 1377, le siége que les papes tenoient à Avignon, depuis soixante-douze ans. Léon X la porta à plus de quatre-vingt mille, et six ans après, sous Clément VII, après le sac de Rome, en 1527, on n'y comptoit pas trente-cinq mille habitants. Une grande partie de ceux d'aujourd'hui est composée de prêtres et sur-tout de moines et de religieuses. Je n'en sais pas absolument le nombre; mais il doit être fort considérable, si l'on en juge par ceux et celles de cette espèce qui sont dans la seule ville de Naples. Suivant le dénombrement qui en fut fait et imprimé en 1766, il s'y trouva trois mille huit cent quarante-neuf prêtres, quatre mille neuf cent cinquante-un moines, et six mille huit cent cinquante religieuses. Il est vrai que Naples est trois fois plus peuplé que Rome ; mais celle-ci, proportion gardée, abonde encore plus que Naples en pareilles colonies.

On n'en sera pas étonné, si l'on fait attention à l'espèce de gens qui les recrutent. Les ordres mendiants, les plus nombreux de tous, sont ordinairement composés de fils de paysans, d'artisans, etc. Il est naturel que des enfants destinés, par leur naissance, aux travaux et à la peine, cherchent à s'y soustraire, et préfèrent une vie oisive qui leur procure de la considération, et quelquefois du respect de la part de ceux à qui ils étoient originairement obligés d'en rendre. Le couvent des capucins en renferme trois cents, et l'on évalue à plus de mille le nombre des récollets, dont trois à quatre cents occupent le couvent d'Ara-Cœli, jadis le temple de Jupiter Capitolin. Quelle métamorphose ! Telle est la politique du pape. Il a d'ailleurs peu de ces troupes dont, malheureusement, les autres princes n'ont que trop. Quelques unes de ses places ont de foibles garnisons. A l'égard de l'état de sa maison militaire dans Rome, il est environ de quinze cents hommes ; une compagnie de cuirassiers et une de chevau-légers. L'infanterie consiste en un régiment de gardes italiennes, un de gardes avignonoises, et un de gardes suisses. Ces troupes sont bien entretenues, bien payées, et mal disciplinées. Les soldats ont douze sous par jour, et ne sont ni casernés ni en chambrée. La plupart sont mariés, ont des métiers, et font faire leur service par d'autres à qui ils donnent une partie de leur paie.

Il y a une classe du peuple de Rome qui se prétend fort supérieure aux autres ; ce sont les Transteverins, c'est-à-dire au-delà du Tibre, du côté du Janicule, presque tous jardiniers, vignerons ou gens de peine. Ils sont persuadés qu'ils descendent des anciens Romains. Cette prétention est assez chimérique, dans une ville si souvent saccagée et envahie par les barbares. Mais comme l'opinion, vraie ou fausse, d'un peuple forme ses sentiments, fait sa force, et qu'il peut quelquefois ce qu'il croit pouvoir, les Transteverins, plus courageux, plus forts par l'habitude du travail que le commun du peuple, ont souvent fait des séditions, et obligé le gouvernement de compter avec eux. Quoiqu'on ne puisse leur accorder l'antiquité qu'ils s'attribuent, on doit les regarder comme les plus anciens du peuple et de la bourgeoisie, où il y en a peu dont l'aïeul soit né dans Rome. Il en est à-peu-près ainsi des grandes capitales qui sont ordinairement les vampires d'un état, comme il est aisé de s'en convaincre à Paris, dans quelqu'assemblée que ce soit, en interrogeant ceux qui s'y trouvent sur le lieu de leur naissance.

S'il régne, comme je l'ai dit, tant de frugalité chez les plus grands de Rome, on peut juger que le peuple y vit assez misérablement. Les piéces de théâtre des différents peuples sont une image assez vraie de leurs mœurs. L'arlequin, valet et personnage principal des comédies italiennes, est toujours représenté avec un grand desir de manger, et qui part d'un besoin habituel. Nos valets de comédie sont communément ivrognes, ce qui peut supposer crapule, mais non pas misère. Sans vouloir rien conclure de cette observation, il est sûr que le peuple vit très mal à Rome. Ce n'est pas que les vivres y soient chers; en 1765, 66 et 67, années de cherté, et même de disette, le pain ne valoit que deux sous quatre deniers la livre de France, et vaut communément un tiers, et quelquefois moitié moins; puisque le blé, qui coûtoit alors vingt livres le setier, n'avoit souvent été que de dix, onze ou douze. Mais tout est cher pour un peuple pauvre. On trouve à Rome du vin pour l'artisan et le bourgeois, depuis deux, quatre et huit sous la pinte. Les droits sur le vin sont aussi très modérés. Le baril de soixante-deux pintes ne paie en tout que vingt-cinq sous, ce qui n'est que le huitième des droits à Paris. Le vin est assez généralement mauvais en Italie, excepté en Toscane et à Naples; on ne sait pas même le faire. Les plus passables de l'état ecclésiastique sont ceux de Genzano et d'Orviette. Le peuple de Rome ne fait pas grand usage de vin ; car pendant mon séjour je n'y ai pas vu un homme ivre. La viande y coûte un tiers de moins qu'à Paris, et les légumes sont bons et en abondance. Le bois est beaucoup moins cher qu'à Paris ; et, comme je l'ai dit, on en brûle peu. Le sel est à deux sous la livre.

Je ne suis entré dans ce détail que pour montrer que la vie n'est pas chère à Rome, pour quelqu'un de domicilié ; et, comme les poids ni les mesures n'y sont pas les mêmes qu'à Paris, j'ai réduit le tout à nos poids, mesures, et à la valeur numérique de nos monnoies.

L'écu romain pèse six gros et demi, trente grains, poids de France, et vaut cinq livres quatre sous, prix fixé au change des monnoies. Il vaut cinq livres six sous neuf deniers dans le commerce des matières d'or et d'argent. Il est au titre de l'écu de France, c'est-à-dire à onze deniers de fin, ou un douzième d'alliage ; à cette différence près, qu'à Rome le remède de loi est en dehors, au lieu qu'en France il est en dedans.

Le sequin romain est au titre de vingt-trois carats vingt trentièmes, et pèse un demi-gros vingt-huit grains du marc de France. Son prix est, au change de la monnoie, de dix livres huit sous onze deniers, et, dans le commerce, de dix livres quatorze sous cinq deniers.

Les essais de ces différentes monnoies ont été faits par M. Tillet, l'homme le plus exact et le plus instruit sur ces matières. A l'égard des poids, la livre romaine est de douze onces, l'once de vingt-quatre deniers, et le denier de vingt-quatre grains. Total, six mille neuf cent douze grains. La livre romaine est donc à celle de France dans le rapport, à-peu-près, de vingt-cinq à trente-six.

On sait la passion que les Romains avoient pour les spectacles, et que le peuple, sur-tout depuis la perte de sa liberté et de ses vertus, ne desiroit que *panem et circenses*, du pain et des spectacles. Les Italiens modernes diroient *circenses et panem*, des spectacles d'abord. Ils commencent à Rome le lendemain des Rois, jour de l'ouverture du carnaval et de huit théâtres, où l'affluence du peuple est toujours la même. Ils ne durent pas toute l'année; ils sont remplacés par des spectacles d'un autre genre, des processions, des *orotorio* dans les églises. Il n'y a point de jour où il n'y ait quelques fêtes qui attirent la foule des fainéants, première profession de cette ville. Je suis étonné que les Italiens, ayant autant cultivé la musique qu'ils l'ont fait, n'en aient pas imaginé une propre pour l'église; car celle-ci et la musique du théâtre sont du même caractère.

Il y a dans les théâtres d'Italie des places à un

prix assez bas pour que le peuple y puisse entrer. Cependant les entrepreneurs paient très cher les voix rares, soit de femmes, soit de castrats. La fameuse Gabrieli avoit, à Naples, deux mille sequins pour le carnaval. Il est vrai que les sujets ordinaires coûtent peu, et que, l'affluence des spectateurs ne cessant point, les entrepreneurs y gagnent suffisamment.

La passion pour la musique est telle que les gens assez aisés pour se satisfaire à cet égard, courent d'un bout de l'Italie à l'autre pour entendre un chanteur ou une cantatrice célèbre. Les ballets des opéra, les danseurs sont au-dessous du médiocre. La danse noble ne seroit pas goûtée en Italie, la grotesque est celle qui leur plaît.

Aucune femme à Rome ne monte sur le théâtre, et il en étoit ainsi chez les Romains. Les rôles de femmes sont joués par des hommes. J'ai vu des femmes par-tout ailleurs sur les théâtres de l'Italie. Mais ce qui m'a toujours choqué, c'étoit d'y voir des castrats jouer des héros tels qu'Alexandre, César, etc.

La promenade n'est pas un des plaisirs du peuple de Rome; il ne pourroit pas se le procurer comme à Paris, dans des jardins publics de la ville, et ce seroit un voyage que d'aller hors des murs.

L'enceinte de Rome est la même que du temps d'Aurélien, ce sont encore les murailles que releva

Bélisaire. La partie de la ville habitée est à peine aujourd'hui d'un tiers du total ; le reste est en vignes, en champs, en jardins fermés où l'on n'entre qu'en payant. Cela seroit ou impossible ou très onéreux au peuple, et c'est un avantage pour les étrangers qui peuvent satisfaire leur curiosité à prix d'argent, sans être obligés de voir ou faire solliciter les maîtres, dont la plupart ne donnent guère d'autres gages à leurs concierges. La *villa* Médicis appartenant à l'empereur, et occupée par son ministre, est la seule qui soit gratuitement ouverte au public ; et, faute d'habitude de la part des habitants, je n'y ai trouvé que des étrangers. On ne voit point dans les faubourgs ni hors des murs, ces guinguettes où nos artisans et le bas peuple vont oublier leurs travaux, et se livrer à une joie franche, sans souci pour le lendemain.

Les campagnes, les jardins de la partie méridionale de l'Italie n'ont ni ne peuvent avoir l'agrément des nôtres. L'ardeur du soleil grésilleroit bientôt les feuilles de nos arbres ordinaires, et leur feroit perdre ce vert tendre, frais, si agréable à la vue, et qui, de temps en temps, rafraîchi par des pluies, se soutient dans nos climats pendant plus de six mois avec plus ou moins d'éclat. On ne voit guère dans le midi de l'Italie que des chênes verts, des cyprès, des ifs, des oliviers d'un vert noir ou très foncé, qui n'offre point l'image de la jeunesse de l'année. Ainsi, quoi qu'en disent les admirateurs décidés de l'Italie, nos campagnes sont plus riantes que les leurs. Je n'en dirois pas autant de celles d'Angleterre, si le prime-vert ne s'y soutenoit pas aux dépens de plus de brouillard, et d'une humidité plus continue qu'en France. Voyageons un peu, nous ferons bien : revenons vivre chez nous avec un peu d'aisance, nous ferons encore mieux.

Un aspect assez désagréable dans la population de Rome, est cette multitude de mendiants qu'on y rencontre à chaque pas. Je n'imaginois pas qu'il fût possible d'en trouver ailleurs plus qu'à Paris, où, suivant le calcul le plus modéré, on en compte plus de vingt mille. Mais, en y faisant attention, je compris que cela étoit dans la règle. La mendicité doit principalement régner dans des pays catholiques, et sur-tout au centre de la catholicité. Dans quelqu'état que ce soit, la mendicité est un défaut de police ; mais elle ne peut être regardée comme un vice méprisable par-tout où il y a des ordres honorés qui sont mendiants par institution. Il est naturel qu'une canaille qui n'a pas voulu prendre dans ces ordres un brevet de mendiant qui impose d'autres devoirs gênants, ait cru pouvoir en exercer l'emploi comme volontaire dans cette armée.

Il n'y a pas à Rome un pauvre qui n'y vive aisément, même dans un temps de disette. Un gueux un peu alerte peut trouver, dans sa journée, trois ou quatre soupes aux portes des couvents et autres; participer à autant et plus de distributions de pagnottes; de sorte que plusieurs en revendent, et tous, l'un dans l'autre, en recueillent deux paoles par jour. Cette contribution se léve communément sur les moins aisés des citoyens. Le peuple est partout naturellement charitable, parceque la compassion, bien ou mal entendue, est principalement dans le cœur de ceux qui souffrent eux-mêmes. Les grands à Rome répandent aussi beaucoup d'aumônes, aliment de l'oisiveté et poison de l'industrie: quelques uns en font une partie de leur luxe. Ce seroit un grand bien, si l'application en étoit plus raisonnée; si ces aumônes n'étoient qu'une aide, un encouragement, une récompense du travail; s'ils savoient enfin combien la charité qu'on appelle aumône, diffère de la charité bien entendue.

Il y a très peu de classe moyenne à Rome; c'est-à-dire, de cette bourgeoisie d'une fortune honnête sans opulence, et qui, avec un patrimoine soutenu de commerce et d'industrie, vit sans faste et sans inquiétude, telle enfin qu'on en voit dans Paris et dans presque toutes nos villes.

On n'a pas à Rome la commodité des carrosses de place, qu'on trouve non seulement à Paris, mais dans plusieurs villes de France. Ils ne se soutiendroient pas à Rome, attendu qu'il n'y a pas assez de bourgeoisie aisée pour en faire un usage fréquent. Les carrosses de louage ou de remise n'y sont guère employés que par les étrangers.

Le bas peuple est également lâche et cruel. Les assassinats n'y sont pas rares. La plupart des querelles s'y terminent par des coups de couteau; et un homme, l'épée à la main, écarteroit une foule de cette canaille d'assassins. Ce n'est pas faute de lois. Elles sont à Rome, à certains égards, plus sévères qu'ailleurs, mais presque toujours sans exécution, ou mal appliquées. Par exemple, il est défendu, sous peine de mort, de porter des couteaux à gaîne, regardés comme poignards; et celui qui en a frappé ou tué quelqu'un en est quitte pour les galères: encore faut-il qu'il soit sans protection; car il y a des assassinats impunis. Quelquefois un vol léger est puni de l'estrapade, et plusieurs en demeurent estropiés pour la vie; de sorte qu'un voleur est souvent plus malheureux qu'un assassin. Cela vient peut-être du peu d'intérêt qu'on prend à Rome à un homme tué, au lieu que le volé y poursuit le voleur. Il n'y a point de pays où l'argent n'ait une grande faveur; mais il me paroît encore plus révéré chez un peuple qui en a peu, qui en desire beaucoup, et qui de jour en jour en voit diminuer la masse. De sorte que dans peu d'années on ne verra d'or et d'argent dans Rome, que ce que les voyageurs en portent dans la poche; car leurs fortes dépenses se paient en lettres de change.

Pour entendre ceci, il faut que j'expose de quelle manière les choses en sont venues au point où elles sont actuellement.

Sixte V, qui étoit monté en serpent sur le trône pontifical, voulut y régner en prince absolu. Quoique la séparation des protestants d'avec Rome dût rendre les papes plus circonspects qu'auparavant avec les états catholiques romains, ils y conservoient encore beaucoup d'influence. Mais il falloit, pour se soutenir ailleurs, commencer par être maître chez soi : et Sixte voulut détruire ou concilier les factions qui partageoient Rome.

Deux puissantes familles les Colonne et les Ursins, étoient ennemies l'une de l'autre, et cherchoient réciproquement à se détruire : toute la noblesse suivoit le parti de l'une ou de l'autre. Cette dissension causoit des troubles dans Rome. Sixte V entreprit de les calmer, de les prévenir pour la suite, et d'assurer de plus en plus son autorité, en réunissant et s'attachant les Ursins et les Colonne. Il avoit deux petites-nièces, petites-filles de sa sœur. Il maria l'une à l'aîné de la maison Colonne, et l'autre à l'aîné de la maison Ursins. Il déclara en même temps que les aînés de ces deux maisons seroient toujours princes *del soglio*, du trône ; c'est-à-dire que, les papes tenant chapelle, un de ces deux princes alternativement seroit assis sur un tabouret auprès du trône : ce qui subsiste encore aujourd'hui.

Par là, Sixte, en accordant à ces deux maisons une supériorité sur les autres, affoiblit réellement leur puissance. Les princes ou barons romains, qui jusque-là s'étoient regardés comme égaux de rang aux Ursins et aux Colonne, s'en détachèrent par jalousie. Sixte V ayant, suivant la maxime de Tibère, divisé pour régner, imagina, pour mettre toute la noblesse et les familles opulentes dans sa dépendance, de se rendre maître de l'or et de l'argent des citoyens par l'appât qu'il leur présenta. Pour cet effet, il créa les *lieux de mont*, qui répondent à nos rentes sur la ville. Ils étoient d'abord à cinq pour cent; et par les réductions qu'éprouvent ces sortes d'effets, ils sont aujourd'hui à moins de trois pour cent. Mais le coup décisif de Sixte V, pour garder l'argent, fut qu'au lieu de payer les intérêts en espèces, on ne les paya qu'en papier qui avoit et continua d'avoir cours comme monnoie, que l'état reçoit et donne en paiement.

L'or et l'argent furent renfermés au château St.-Ange, et c'est ce qu'on nomme le trésor de Sixte V. Il étoit originairement de cinq millions d'écus romains, faisant, de notre monnoie actuelle de France, en 1767, vingt-six millions cent quatre mille cent soixante-six livres treize sous quatre deniers, l'écu évalué à cinq livres quatre sous cinq deniers, titre et poids de France.

Je donnerai un état abrégé des revenus et des dépenses du pape, et de ce qui concerne ses finances.

On voit que le système économique de Sixte V a pu lui être personnellement avantageux, mais qu'il a été pernicieux à Rome, et par conséquent à ses successeurs. Des rentiers peuvent être une ressource passagère dans un état; mais, si l'on ne s'empresse d'éteindre leurs créances en les remboursant, ils deviennent un ver rongeur dans ce même état qui, tôt ou tard, périt ou les fait périr eux-mêmes par une banqueroute. Si l'argent, au lieu d'être un fonds mort au château St.-Ange, eût circulé, les terres des environs de Rome auroient été cultivées; au lieu que les richesses réelles se sont évanouies; l'argent y devient de jour en jour plus rare, et la cause en est évidente. Tout état qui a besoin de productions étrangères, ne peut se les procurer qu'en argent ou par l'échange du superflu des siennes: or, dans l'état ecclésiastique, l'exportation est fort inférieure à l'importation; la balance du commerce est donc contre Rome en faveur de plusieurs états qui lui fournissent plus qu'ils n'en tirent. Par exemple, la France ne doit pas à Rome un million en bulles, annates, dispenses, etc., en dépenses d'ambassadeurs, de l'auditeur de rote, en abbayes à quelques Italiens, et pour les productions que nous tirons: or, la France en fournit pour près de trois millions; l'excédant doit donc être soldé par Rome en argent, qu'elle tire d'autres états catholiques, tels que l'Allemagne ou la Pologne, qui ne lui portent que peu ou point de productions. Cette ressource n'est pas toujours suffisante, et il y a des calamités qui obligent les papes de recourir au trésor de Sixte V. Clément XIII y a déja puisé trois fois dans des années de disette, pour faire venir des blés, sans quoi une partie du peuple seroit morte de faim.

On remplace quelquefois une portion de ce qu'on a pris; mais jamais en total. Ainsi on estime que ce trésor, originairement de vingt-six à vingt-sept millions de notre monnoie, est à peine aujourd'hui de six à sept.

Benoît XIV n'y donna point d'atteinte; mais le marché, quoique mauvais en soi, qu'il fit avec l'Espagne, lui procura, pour le moment, des ressources que n'a pas eues son successeur. Quoi qu'il en soit, le gouvernement et l'administration économique de Rome ont tant de vices, que, si on ne les réforme, cet état ne subsistera pas encore long-temps, du moins tel qu'il est.

Le desir de l'argent n'y est pas, comme chez les riches avares, la soif de l'hydropique, mais celle de l'homme épuisé. Aussi n'y a-t-il rien qu'on n'y obtint à prix d'argent; et l'on pourroit encore dire de la Rome moderne ce que Jugurtha disoit de l'ancienne : *Urbem venalem et maturè perituram, si emptorem invenerit.*

Il passe pour constant que Rezzonico, riche banquier, procura le chapeau de cardinal à son second fils, aujourd'hui pape (Clément XIII), moyennant cent mille écus qu'il donna au cardinal Neri Corsini, neveu de Clément XII. Je suis persuadé qu'avec trois millions répandus avec intelligence, on feroit pape un janséniste, en achetant les voix de ceux des cardinaux qui ne pourroient pas prétendre à la thiare pour eux-mêmes.

Après m'être à-peu-près satisfait sur le matériel de Rome; après en avoir observé les mœurs et le régime, il ne falloit pas, comme le proverbe le dit de ceux qui négligent ce qu'il y a de plus curieux, aller à Rome sans voir le pape. Pour moi, qui ne le jugeois pas l'objet le plus important de mon voyage, j'avois déja passé un mois dans sa capitale, sans penser à lui aller baiser la mule. Je le rencontrois souvent avec son cortège, allant aux prières de quarante heures, qui se font tous les jours de l'année dans quelque église. Cependant, tous les François connus s'y étant fait présenter, je crus qu'il y auroit de la singularité à ne le pas faire, d'autant que je sus que quelques cardinaux lui avoient parlé de moi ; et j'étois curieux de voir comment il recevroit un auteur noté à l'*index*. Je fis part de mon dessein à M. d'Aubeterre, notre ambassadeur, qui, le jour même, envoya son maître de chambre demander pour moi une audience. Le pape la donna pour le lendemain.

Je m'y rendis ; et, après avoir, suivant l'étiquette, quitté mon chapeau et mon épée, je fus introduit par le prélat, monsignor Borghese. Je fis les trois génuflexions et baisai la mule du pontife, qui me fit relever aussitôt, et engagea la conversation. Il me fit d'abord des questions sur les motifs de mon voyage, me parla avec beaucoup d'estime du cardinal de Bernis, avec qui il savoit, me dit-il, que j'étois fort lié. Je répondis à tout ce qu'il me demandoit, et me mis avec sa sainteté aussi à l'aise qu'il est possible, sans sortir du respect qui lui est dû. Il me demanda, entre autres choses, si je ne comptois pas faire imprimer des morceaux du règne présent. *Vostra santita,* lui répondis-je, *non voglio m'avvilire ne perdere.* « Votre sainteté, ajoutai-je
« en françois, me conseilleroit-elle de faire lire par
« mes contemporains des vérités qui ne plairoient
« pas à tous ? » *È pericoloso,* dit le pape. J'observerai que je lui parlai d'abord en italien ; mais, l'entendant mieux que je ne le parle, je me servis du françois quand il m'étoit plus commode ; et, pour m'y autoriser, je dis au pape : « Je sais que votre sain-
« teté entend parfaitement le françois, et j'espère
« qu'elle trouvera bon que le secrétaire de l'académie
« françoise parle quelquefois sa langue. » *Oui,* dit-

il, *en me parlant lentement*. Je me servis donc indifféremment des deux langues. Il m'avoit déja donné une demi-heure d'audience, lorsque je lui dis : « Saint père, pour ne pas abuser des bontés de votre « sainteté, je vais en prendre congé ; mais je la supplie auparavant de me donner sa bénédiction paternelle. » *Aspetta*, me dit le pape ; et, sur un signe qu'il fit à un prélat, celui-ci entra dans un cabinet, d'où il revint le moment d'après, portant sur une soucoupe un chapelet d'une dixaine, d'où pendoit une médaille d'or qu'il présenta au saint père, qui le prit et me le donna. En le recevant de sa main, je pris la liberté de la lui baiser, ce qui le fit sourire, et je vis que les assistants sourioient aussi. Quand je fus sorti, je demandai le motif de cette petite gaieté au prélat qui me conduisoit. Il me dit, devant les officiers de l'antichambre, que je m'étois attribué un privilége réservé aux cardinaux, qui ont seuls celui de baiser la main du pape, et s'opposèrent au dessein que Benoît XIII (Ursini) avoit de l'accorder aux évêques. Comme mon entreprise cardinaliste devint le sujet de la plaisanterie, je leur dis que si une jolie femme m'avoit présenté quelque chose, je lui aurois baisé la main en le recevant, et qu'un vieux pontife ne devoit pas trouver mauvais qu'on le traitât comme une jolie femme. On en rit beaucoup, et je crois qu'on le redit au pape.

Deux jours après ma présentation, je partis, le

samedi 7 février, pour Naples, par le *procaccio*, et j'y arrivai le mercredi 11, vers quatre heures du soir. La distance de Rome à Naples est de cent cinquante milles, qui font au moins cinquante lieues de France ; et cette route très fréquentée est, à tous égards, pour les voitures, les cavaliers et les gens de pied, la moins praticable qu'il y ait en Europe, surtout quelques milles avant Piperno, et de là jusqu'à Capoue ; car de Capoue à Naples le chemin est assez beau. On m'a dit que, depuis mon retour d'Italie, le chemin avoit été refait pour le passage de la reine de Naples, et qu'il est aujourd'hui très beau. Mais comme cette princesse n'avoit rien de commun avec les auberges, elles sont restées dans le même état. Les vivres et la saleté des chambres, des lits, etc., l'emportent encore sur les autres de l'Italie ; c'est tout dire.

Le *procaccio* est un messager qui part tous les samedis de Rome pour Naples, et de Naples pour Rome ; de sorte que les deux messageries se croisent et se trouvent ensemble à la dînée de Terracine. Chaque journée est de trente milles ou dix-huit lieues, qui ne se font pas en moins de douze heures, en partant à quatre heures du matin ; ainsi, on arrive de grand jour à la couchée, en hiver même, attendu la latitude. Les voitures que fournit le *procaccio* sont des espèces de cabriolets à deux, ne fermant qu'avec des rideaux de cuir, et derrière lesquels on peut placer deux malles et un portemanteau, ou même un valet.

Le marché qu'on fait porte que le voyageur sera défrayé du souper et du coucher. On ne prend cette précaution que pour s'assurer du gîte, car le souper n'est pas tentant. A l'égard du dîner, c'est l'affaire du voyageur. J'étois heureusement muni de provisions et de vin, et je quittai volontiers le *procaccio* de sa bonne chère, dont je ne fis nul usage. Il faut aussi porter un couvert, car on ne trouve que des cuillers et des fourchettes de cuivre. On pourroit du moins, quand elles sont de fer, les nettoyer en les passant au feu.

L'usage en France est de donner des arrhes pour les places dans les voitures publiques ; en Italie, ce sont les voituriers qui sont obligés d'en donner à ceux qui les arrêtent. Mon dessein étoit d'abord de prendre une chaise de poste ; mais M. d'Aubeterre, notre ambassadeur, m'en détourna, en me prévenant que les routes n'étoient pas sûres, et que, s'il ne voyageoit pas avec un nombreux domestique, il se serviroit lui-même du *procaccio*. Nous trouvâmes en effet, en traversant un bois, entre Terracine et Fondi, un voyageur qui venoit d'être volé et blessé, qu'on transporta à Fondi. Nous n'avions pas à craindre pareille aventure ; nous marchions avec neuf ou dix chaises, et notre caravane étoit au moins de trente personnes, maîtres et valets. Cela n'empêchoit pas qu'à trois quarts de lieue en avant des gîtes, des sbires en guenilles, armés de fusils et de pistolets de ceinture, et prêts à fuir devant des brigands à nombre égal, ne vinssent nous offrir leur escorte, et nous suivoient à pied pour obtenir quelques paoles qu'on leur donne, et qu'ils ne méritent pas. Ce sont, la plupart, de plus grands marauds que ceux qu'ils sont chargés de poursuivre. J'ai eu la preuve de leur brigandage et de leur vexation avec des voyageurs à qui ils pouvoient inspirer de la crainte.

Arrivé à Naples, voici ce que j'ai recueilli, pendant mon séjour, de notions générales sur ce royaume. Sa longueur est de trois cent cinquante milles, sa largeur de cent milles, son circuit de quatorze cent vingt-cinq milles, et de quatre cents milles de côtes sur la Méditerranée et l'Adriatique. Les tables de la population, faites en 1766, la portent à trois millions neuf cent cinquante-trois mille quatre-vingts ames. La Sicile en renferme environ trois millions. On compte, dans le royaume de Naples, cent neuf mille cinq cent quatre-vingt-cinq prêtres, moines et religieuses,

Archevêques...	22	
Évêques.....	116	
Prêtres......	55942	} 109585.
Moines......	30677	
Religieuses....	22828	

Ces célibataires sont donc dans la proportion d'un sur trente-six à trente-sept, et l'on estime qu'en France elle est d'un sur cent huit ; ainsi cette espèce de célibataires du royaume de Naples seroit à celle de France comme trois à un. Si l'on ne considère que la seule ville de Naples, dont la population est, suivant les mêmes tables, de 337,095 habitants, les personnes vouées à l'église sont d'un à vingt-deux ; encore dit-on qu'il y a eu des omissions faites à dessein. Quoi qu'il en soit, les tables portent :

Prêtres.	3849	
Moines.	4951	15650.
Religieuses. . . .	6850	

Le royaume de Naples et celui de Sicile rapportent au roi quarante millions de livres de France, dont vingt à vingt-deux millions sont engagés ; de sorte qu'il n'en reste pas vingt pour les dépenses. Le roi entretient trente-six régiments d'infanterie et neuf de cavalerie ou dragons, faisant en tout environ vingt-sept mille hommes. Sa petite marine est de deux vaisseaux de guerre, quatre frégates et quatre galères.

Quand on considère la situation du royaume de Naples, la fécondité du sol, la force de la végétation, ce qu'on en peut tirer en blés, vins, huiles, soies, laines et fruits ; et quand, d'un autre côté, on y trouve si peu de manufactures et de commerce, on est obligé de supposer que l'administration ou la constitution de cet état est vicieuse. Il paroît que l'une et l'autre le sont. Les biens offerts par la nature ne peuvent être altérés que par des causes morales, et il y en a plusieurs qui s'opposent à la prospérité du royaume de Naples. La multitude des gens d'église détruit la population; l'énormité des impôts étouffe l'industrie et le commerce. Toutes les productions du pays sont chargées de droits de sortie, et les soies manufacturées paient jusqu'à vingt-cinq pour cent en passant à l'étranger, et même de province à province. La multitude des fêtes, des confréries, des processions, etc., entretient la paresse du peuple le plus vif et le plus ennemi du travail; il n'a qu'une activité purement machinale.

Presque tout le royaume n'est composé que de grands fiefs et de terres titrées. On y compte soixante principautés, cent duchés, autant de marquisats, soixante-dix comtés, et plus de mille barons ou baronnets. Cette distribution n'est nullement favorable à la culture. Les propriétaires ne doivent pas prendre un grand intérêt à l'amélioration de leurs fiefs, dont le roi hérite faute d'hoirs au-delà du troisième degré. Ils ne peuvent par conséquent les aliéner; il ne leur est pas même permis de sortir du royaume sans congé limité; ils sont donc en effet des espèces de serfs *addicti glebæ*. Lorsque les fiefs tombent sous la main du roi, ils n'en sont que plus mal administrés. On sait quel est ailleurs le sort des domaines du prince. Il n'en est pas en Sicile comme dans le royaume de Naples. Si les seigneurs napolitains ne doivent pas être fort attachés à des possessions précaires, les cultivateurs le sont encore moins, puisqu'ils ne peuvent disposer du fruit de leurs travaux. On voit ailleurs des réglemens absurdes sur le commerce des grains; mais à Naples le ministère est en effet le seul marchand de blé; et la plupart des impôts portent sur les consommations, par conséquent sur le peuple, occasion prochaine de révolte de la part des malheureux qui n'ont rien à perdre. Celle de Mazaniello vint, en 1647, d'un impôt sur les fruits et les herbages, nourriture commune de ce peuple. Voilà une partie des causes du peu de prospérité d'un état dont le sol seroit si fécond, et dont la position est si favorable au commerce. La marque la plus sûre d'un mauvais gouvernement est de voir les hommes, naturellement attachés au lieu de leur naissance, le déserter, pour se réfugier dans les villes, ou se rapprocher de la capitale. L'état napolitain en offre un exemple frappant.

Quelque prévenu que je fusse de la population de Naples, j'en fus frappé en y entrant. C'est la ville la plus peuplée de l'Europe, relativement à son étendue, et qui le paroît encore plus par la multitude de *lazaroni*, de gueux sans profession fixe, dont un grand nombre n'a d'autre habitation que les rues et les places. On voit par toute la ville le même mouvement que dans la rue Saint-Honoré à Paris ; et il étoit encore augmenté par l'affluence des étrangers que le carnaval attiroit dans une année où il n'y en avoit point à Rome. Les hôtels garnis et les auberges ne suffisant pas à la quantité d'étrangers qui affluoient à Naples, j'en ai vu d'assez distingués obligés de loger chez des artisans, dans des rues étroites et obscures, où les carrosses n'abordoient qu'avec peine. N'étant pas arrivé des premiers, j'aurois été fort embarrassé où loger, si je n'avois pas eu le bonheur de trouver mylady Orford, bru du célèbre Robert Walpole, qui, prévenue de mon arrivée, voulut absolument me donner un appartement chez elle. Je l'avois connue à Paris, douze ans auparavant, chez la comtesse de Graffigny, auteur des *Lettres péruviennes* et de *Cénie*. Elle passoit alors d'Italie en Angleterre pour y régler quelques affaires, et il y avoit déja plusieurs années qu'elle s'étoit retirée à Florence. A son retour d'Angleterre, elle retourna en Italie, dont la température l'avoit engagée à s'y fixer ; et lorsque j'allai à Naples, dont le climat est beaucoup plus chaud que celui de Florence, elle y étoit établie depuis cinq ou six ans. J'avois été assez heureux pour lui rendre à Paris un très léger service. Aussitôt qu'elle me sut à Rome, elle m'écrivit les lettres les plus pressantes, et chargea de plus le cardinal Piccolomini, son ami, de me chercher, et d'exiger ma parole de ne point loger ailleurs que chez elle à Naples.

Quelque répugnance que j'aie toujours eue à prendre en voyage d'autre logement que la chambre garnie, la difficulté d'en trouver alors, et les instances de mylady Orford me firent accepter ses offres. Son hôtel est à Pezzofalcone, le lieu de Naples le plus élevé. Elle m'y donna un appartement de la plus grande propreté angloise, avec toutes les commodités de recherche. L'usage des maîtres à Naples est d'occuper l'étage le plus haut, pour être moins incommodés du bruit et du service des écuries. On est encore par là à portée des terrasses qui forment tous les toits, et d'y aller respirer l'air frais une partie de la nuit, dans la saison des grandes chaleurs, qui doivent durer long-temps, si j'en juge par la température de ce climat en plein hiver. J'ai vu, dès le premier jour de mars, des enfants absolument nus courir sur le bord de la mer. Cette ville, bâtie en amphithéâtre autour du golfe, offre le plus bel aspect qu'il y ait dans l'univers. Je doute que Constantinople l'emporte à cet égard sur Naples. J'en découvrois de mes fenêtres toute l'étendue avec celle de la mer, et en perspective le Vésuve à l'orient, et le Pausilippe au couchant. Je voyois le volcan étinceler la nuit, et pousser continuellement, pendant le jour, une épaisse colonne de fumée.

Ce fut par événement un bonheur pour moi d'être logé chez mylady Orford. Au bout de dix ou douze jours, j'éprouvai ce que j'avois lu dans le voyage de Grosley ou *des Deux Suédois*, l'effet de l'air de Naples sur ceux qui n'y sont pas habitués. L'atmosphère est si imprégnée de soufre par le voisinage du Vésuve et de la Solfatare, qu'on le respire avec l'air ; je m'en trouvai si incommodé, que le docteur Thierry, médecin de l'impératrice-reine, qui faisoit en Italie des expériences sur des eaux minérales, et dont j'étois connu, vint me voir, et me força de me faire saigner. Sans être réduit à m'aliter, je ne jouis point, pendant le reste de mon séjour à Naples, de ma santé ordinaire. Le chagrin que me causa la mort de ma mère, que j'appris en même temps, aggrava encore mon indisposition. Quoiqu'elle fût dans sa cent deuxième année, je l'avois laissée en si bon état, que je me flattois de la conserver encore long-temps. On ne pouvoit en effet attribuer sa mort à son âge, puisqu'elle mourut d'une fièvre inflammatoire de vingt-trois jours avec des redoublements. Mes amis de Paris, connoissant ma tendresse pour elle, et ne voulant pas troubler le plaisir qu'ils me supposoient dans mon voyage, se concertèrent avec ma famille, et empêchèrent qu'on n'annonçât la mort de ma mère dans la Gazette de

France; mais je l'appris par celle d'Avignon et par d'autres papiers publics. J'en ressentis la douleur qu'on doit éprouver en perdant la seule personne dont on puisse être sûr d'être aimé. A mon chagrin se joignoit le dépit de n'avoir pu aller cette année en Bretagne jouir du plaisir d'y voir ma famille, et de passer auprès de ma mère des moments qui me devenoient de jour en jour plus précieux à mesure qu'elle avançoit en âge. J'avois, l'année précédente, été rappelé d'auprès d'elle par une lettre du ministre, attendu que j'étois accusé de ne pas applaudir à la tyrannie qui s'exerçoit dans la province. Il est vrai que je m'étois quelquefois expliqué en vrai patriote, en fidèle sujet, et c'étoit alors un grand crime.

Avant que je me trouvasse incommodé de l'air de Naples, j'en avois déja vu tout ce qu'il y a de curieux, ou donné pour tel. Le jour même que j'arrivai, j'allai à l'opéra au théâtre de St.-Charles, parceque le roi y étoit, et que lorsqu'il y vient, toutes les loges sont éclairées chacune de deux flambeaux de cire blanche, indépendamment des bougies qui sont toujours dans l'intérieur des loges. On vante beaucoup les salles de spectacle de l'Italie, et celle de St.-Charles est une des plus renommées; cependant les six rangs de loges, dont le devant contient à peine trois personnes de front, ressemblent, par leur multiplicité, à des boulins de colombier. Elles s'élargissent un peu vers la porte, où l'enceinte extérieure d'une forme circulaire a plus d'étendue que l'intérieure, et sont assez profondes pour contenir en tout huit ou dix personnes sur des chaises. On y prend des glaces, et l'on fait la conversation pendant l'opéra, qui dure quatre ou cinq heures, sans qu'on y fasse attention, excepté à trois ou quatre ariettes. Aussi quand les plus grands amateurs me demandèrent ce que je pensois de l'opéra, je répondis qu'il m'intéressoit autant qu'eux, puisque ni eux ni moi ne l'écoutions. Aussi fait-on des visites d'une loge à l'autre pendant le spectacle, et j'en usois ainsi. Je connoissois tous les ministres étrangers, soit pour en avoir vu plusieurs à Paris, soit pour m'être trouvé à dîner avec eux dès les premiers jours de mon arrivée à Naples. J'avois été invité aux bals de la noblesse, et présenté aux principales personnes de cet ordre. J'aurois donc été fort répandu, si c'eût été mon goût; mais je me bornois à vivre chez mylady Orford, le comte de Kaunitz, ministre de l'empereur, et M. Hamilton, ministre d'Angleterre. Je voyois circuler, dans ces trois maisons, tout ce qu'il y avoit dans Naples de gens qui méritoient le plus d'être connus; et, comme je les rencontrois à l'opéra, je leur faisois des visites dans leurs loges. Je n'aurois pu, sans cette distraction, supporter l'ennui de l'opéra. Je n'ai garde de prendre parti dans la dispute sur la préférence de la musique françoise ou italienne : j'ai vu cette querelle aussi vive que si elle eût été de religion. Pour moi, ami des chefs des deux sectes, et très sensible à la musique, je me suis borné au plaisir que l'une et l'autre m'ont fait, chacune dans son genre. Les opéra bouffons des Italiens m'ont plu; mais leurs grands opéra avec deux ou trois ariettes et quelques morceaux de récitatif mesuré, très clair-semés, ne peuvent racheter l'ennui d'un spectacle de plus de quatre heures. Les ballets sont pitoyables; le garçon perruquier dont je me servois, étoit un des figurants. La danse noble ne seroit pas du goût des Italiens; il leur faut des polichinels, des pierrots et d'autres grotesques, sans légèreté ni graces. Tous les airs de danse sont empruntés des musiciens françois, et je n'ai presque jamais trouvé, dans les sonates et les concerto, que de l'harmonie sans dessein. Au reste, il entre beaucoup d'habitude dans le plaisir que cause la musique, et les différents peuples peuvent fort bien différer de goût, sans avoir tort ni raison. Le récitatif des Italiens nous blesse, le nôtre leur déplaît; c'est que notre prosodie et la leur ne sont pas la même. Je conviendrai cependant que le leur est plus débité, et le nôtre trop languissant. A l'égard de nos chanteurs et chanteuses, ils donnent trop de voix, crient assez souvent, et l'on n'entend pas avec plaisir des sons forcés. Les Italiens péchent peut-être par l'excès contraire, et ne chantent qu'à demi-voix. Un avantage que notre musique, du moins à mon sens, a sur la leur, c'est que celle de nos instruments est toujours chantante, au lieu que leur vocale tient lieu de l'instrumentale : ce sont des tenues, des passages, des points d'orgue. Cependant, dans l'ordre de la nature, la voix est le premier instrument, et la musique instrumentale ne doit être qu'une imitation de la vocale. La célèbre Gabrieli me paroissoit moins chanter que jouer de la voix: Pour les castrats, qui n'ont aucune sensibilité dans le chant, ce sont de purs instruments. Le plaisir qui peut naître de leur exécution brillante, est troublé par la compassion et le mépris que leur état inspire ; c'est du moins ce que j'ai toujours éprouvé.

Les plaisirs du carnaval étoient, à Naples, ce qui me touchoit le moins. J'y préférois des courses au Vésuve, à Portici, Herculane, à Pompeïa, deux lieues au-delà de Portici, Pouzzol et Bayes, à la Solfatare. J'avois d'autant plus de facilité à me satisfaire, que mylady Orford avoit beaucoup d'équipages et deux maisons de campagne, l'une à Pouzzol et l'autre à St.-Jorio, au pied du Vésuve. Si j'avois été frappé des ravages du temps et des barbares au milieu des monuments de l'ancienne Rome, je l'étois encore plus en voyant des villes entières ensevelies sous les laves du Vésuve. Je parcourois tous ces lieux avec le meilleur guide, le *cicerone* le plus instruit que je pusse trouver dans Naples. C'étoit pourtant un étranger, M. Hamilton, ministre d'Angleterre. Lorsqu'il me conduisit au Vésuve, il alloit, pour la vingt-deuxième fois, en observer les phénomènes. Un étranger curieux, et qui a passé quelques années dans un pays, le connoît mieux que ceux qui y sont nés. La plupart de ceux-ci, se flattant toujours de voir ce qui est si fort à leur portée, vivent et meurent sans avoir rien vu. Observateur exact des antiquités, de la nature et des arts, M. Hamilton, en remplissant avec soin les devoirs de son ministère, trouvoit du temps pour tout. Il ne manque point à qui sait l'employer. Ce ministre faisoit travailler les artistes, et avoit formé un cabinet d'histoire naturelle dont il pouvoit être le démonstrateur. Il dînoit habituellement chez lui avec un petit nombre d'amis, parmi lesquels il vouloit bien m'admettre, et avoit de plus chaque semaine une assemblée où se trouvoit ce qu'il y avoit de plus distingué dans Naples. On y entendoit un concert excellent, où mademoiselle Hamilton touchoit le clavecin avec une supériorité reconnue dans une ville qui l'emporte, pour la musique, sur le reste de l'Italie. Monsieur et madame Hamilton sont le couple le plus heureux que j'aie connu. Tous deux encore jeunes, avec le cœur droit, l'esprit enrichi de connoissances, ayant les mêmes goûts, et s'aimant réciproquement, m'offrirent le tableau d'une vie patriarcale. La femme, née avec une fortune très honnête, jouit du plaisir d'avoir fait celle de son mari, qui n'avoit, pour tout

bien, qu'un nom illustre. Le mari, flatté de ce qu'il
doit à une femme chérie, se plaît à le dire, et le
sentiment de la reconnoissance augmente celui de
sa situation.

M. Hamilton, après m'avoir accompagné au Vésuve, eut encore la complaisance de me conduire à
Pouzzol, où nous prîmes un bateau pour faire le
tour du golfe. Ces lieux sont décrits dans un si grand
nombre d'ouvrages, que je n'en dirai rien, sinon
que je les parcourus avec beaucoup de plaisir par
le plus beau jour, et qu'en voyant l'Averne, les
Champs Élysées, la Grotte de la Sibylle, etc., j'admirai le parti que Virgile en avoit tiré dans le sixième
livre de l'Énéide, et combien l'imagination des poètes dénature les objets. C'étoit sur les bords de ce
golfe que les empereurs et les plus grands de Rome
avoient des maisons de plaisance. Tacite, Suétone,
Dion Cassius, les lettres de Cicéron, celles de Pline,
parlent des palais, des thermes, des jardins délicieux de Pompée, de César, de Marius, de Pison,
de Domitien, de Lucullus, de Mammée, mère d'Alexandre Sévère, et de beaucoup d'autres. Les ruines
des temples et des amphithéâtres attestent la grandeur que les Romains de ces temps-là déployoient
à Bayes, Cumes, Pouzzol, et dans tous les environs
du golfe. On sait que Scipion l'Africain, indigné de
l'ingratitude des Romains à son égard, se bannit
volontairement de Rome, et alla finir ses jours à

Linterne, près de Cumes. Il s'y fit inhumer, ne voulant pas même que ses cendres fussent portées à Rome, et ordonna qu'on mît sur son tombeau : *Ingrata patria, ne ossa quidem mea habes.* Lorsque les Vandales, dans le cinquième siècle, détruisirent Linterne, il ne restoit plus de l'épitaphe que le mot de *patria*, ce qui a fait donner à la tour qui fut bâtie depuis au même lieu, le nom de *Torre di Patria.* Sylla se retira aussi, après son abdication, dans un village près de Cumes, où il passa la dernière année de sa vie, et mourut dans une tranquillité dont il étoit bien indigne. Sannazar, dans une de ses élégies, déplore le sort de Cumes, jadis si célèbre, et dont il ne reste plus que des ruines qui en marquent la place. Elle est entre les lacs de Caluccio et Licola. On y fait, vers la mi-novembre, des chasses où l'on tue des millions de canards.

On voit encore sur la côte de Bayes les restes d'une maison que Cicéron appeloit son académie, et où il composa plusieurs ouvrages auxquels il donna le titre d'académiques. Les délices de Bayes étoient si renommées, qu'Horace disoit : *Nullus in orbe locus Baiis prælucet amœnis;* et que Sénéque et Properce accusent le séjour de Bayes de porter les Romains à la mollesse et même à la débauche, par les plaisirs que ce séjour leur offroit. Il falloit que dans ce temps-là l'air eût plus de salubrité qu'il n'en a aujourd'hui. Les fièvres régnent souvent dans ces cantons, et sur-tout vers Bayes. Toute la côte et les environs de Naples abondent en eaux thermales, à chacune desquelles on attribue la propriété de guérir de quelque maladie particulière. Les hommes seroient immortels, si les effets répondoient aux annonces des spécifiques. On trouve, à peu de distance du Pausilippe et du chemin de Pouzzol, les bains de *San-Germano*, où les Napolitains vont, sinon se guérir totalement, du moins se délivrer des principaux accidents du mal qu'ils nomment *francese*, que nous qualifions de *mal de Naples*, et que, pour n'offenser personne, il suffit d'appeler par son nom, tout simplement la vérole. Cependant, en rendant à chacun ce qui lui appartient, Naples en est certainement la métropole, qui a malheureusement des colonies par-tout; mais il n'y a point de pays où l'on en voie des effets si terribles.

On passe, en allant de Naples à Pouzzol, par un chemin d'un mille de longueur, creusé au travers de la montagne du Pausilippe. La longueur est de neuf cent soixante pas; la largeur est inégale, et de dix-huit à vingt pieds; la hauteur de quarante à soixante. Les ouvertures des deux extrémités, et une au milieu, ne suffisent pas, comme on peut se l'imaginer, pour éclairer une si grande étendue de chemin. On y marche donc dans l'obscurité; de sorte que les conducteurs des voitures qui viennent d'un côté, et ceux qui viennent de l'autre, se crient réciproquement, dès qu'ils s'entendent, de serrer à droite ou à gauche, pour ne se pas heurter en se rencontrant. J'ai traversé plusieurs fois le Pausilippe; et lorsque c'étoit avec mylady Orford, deux coureurs, avec des flambeaux, étoient toujours à la tête des chevaux, et nous tenions les glaces levées pour nous garantir d'une poussière fine et très incommode, comme je l'ai éprouvé en traversant le Pausilippe en cabriolet.

J'allois de temps en temps me promener au Vésuve, au pied duquel mylady avoit une maison de campagne très agréable. Cette montagne pousse toujours en l'air une colonne épaisse de fumée, mêlée d'étincelles, quand le volcan est le plus tranquille : ce qui n'empêche pas qu'elle ne soit parfaitement cultivée jusqu'au milieu de sa hauteur, sur-tout en vignes qui donnent l'excellent vin de *lacryma Christi*. Dans les éruptions, la lave, en torrent de feu liquide, entraîne les vignes, les arbres et les maisons. Lorsque, par la suite des temps, la lave refroidie a été couverte d'une croûte de cendres, et des terres portées par les vents et liées par la pluie, on sème, on plante et l'on construit de nouveau. On trouveroit, en creusant dans plusieurs endroits, des couches de lave couvertes les unes par les autres, entrecoupées de lits de terres qui ont été cultivées.

Après être descendu dans Herculane, j'examinai les différentes fouilles qui s'y font; et ce qu'on en retire prouve que c'étoit une ville assez considérable pour que le luxe y régnât. Ce qu'on y a trouvé de plus curieux, a été transporté et rangé dans plusieurs pièces du palais de Portici, bâti sur les ruines d'Herculane. On est étonné que les Romains, qui avoient des bouteilles de verre, n'aient pas imaginé de le planer, pour en faire des vitres au lieu de leurs pierres émincées, qui ne pouvoient transmettre qu'une foible lumière, sans laisser voir les objets. Mais on doit considérer que les hommes, devant presque toujours au hasard les plus singulières découvertes, n'y ajoutent que peu de chose par leurs seules lumières, et que la propriété d'un corps la plus voisine de celle qu'ils connoissent déja, est long-temps à se manifester. Témoin, sans sortir du sujet, les vitres, qui sont au plus du quatrième siècle, quoique le verre fût connu et employé à divers usages avant la fin de la république; témoin encore les lunettes, postérieures de tant de siècles à l'emploi du verre; sans parler des différentes propriétés de l'aimant, qui n'ont été successivement observées qu'à des siècles de distance. Je ne doute pas que nos descendants ne tirent de l'électricité, phénomène de nos jours, un parti qu'ils s'étonneront que nous n'ayons pas aperçu.

Le roi d'Espagne, Charles III, étant encore sur le trône de Naples, a fait graver les principales antiquités tirées des fouilles d'Herculane ; et son fils, qui lui a succédé à Naples, fait continuer cet ouvrage, dont il y a déja cinq volumes. On a beaucoup écrit sur Herculane; mais personne n'a rien donné de si savant et de si instructif que l'abbé Winkelman, le plus habile antiquaire que j'aie connu. Il étoit, en cette qualité, attaché au pape, et fort communicatif; je prenois à Rome grand plaisir à converser avec lui. Il avoit consenti à une correspondance avec moi, et j'ai appris avec la plus vive douleur le crime qui nous l'a enlevé. L'impératrice-reine l'avoit appelé à Vienne pour y mettre en ordre un cabinet d'antiquités. Elle lui donna, à son départ pour retourner à Rome, des marques de sa générosité. Un scélérat, frère d'un évêque d'Italie, proposa à Winkelman de l'accompagner, et l'assassina dans une auberge à Trieste. Le malheureux fut arrêté et roué; mais cette justice ne console pas de la perte d'un homme généralement estimé.

On attribue communément au tremblement de terre et à l'éruption de 79, sous Titus, le bouleversement d'Herculane, et l'on s'appuie de la seizième lettre du sixième livre de Pline. Mais il me reste une difficulté que j'ai proposée dans une de nos assemblées de l'académie des belles-lettres, et à laquelle on n'a pas satisfait. Conçoit-on que Pline, qui, dans cette lettre, parle de Misène et de Retine, qui ne sont là que des circonstances locales, ne nomme pas même Herculane, l'objet principal de cet événement?

Deux lieues plus loin étoit Pompeïa, qui a eu le même sort qu'Herculane, et qu'on a découverte depuis quelques années en travaillant à la terre. Le hasard a fait que la fouille s'est faite précisément à l'entrée de la ville; de sorte qu'en suivant la rue, on pourroit la découvrir entièrement, et passer de celle-là aux autres avec d'autant plus de facilité, que ce ne sont que des champs et des vignes, et qu'on n'auroit point à respecter des bâtiments comme à Herculane, sur les ruines de laquelle est le palais de Portici.

Les éruptions s'annoncent avec tant d'éclat, que les habitants des lieux qui sont menacés du cours de la lave ont le temps de fuir et d'emporter leurs plus précieux effets. Aussi n'a-t-on trouvé dans Herculane que très peu d'or ou d'argent. J'ai vu des bouts de galons d'or formés de petites lames plates, tressées comme de la toile de treillis, sans avoir été roulées sur un fil ou une soie. Il s'y est trouvé, dit-on, quelques pierres précieuses, et pas un diamant. Ce qui prouve que les habitants ont toujours le temps d'éviter d'être ensevelis sous les ruines, c'est le peu d'ossements qui se sont trouvés à Herculane. Dans la consternation, où chacun ne pense qu'à soi, on a pu abandonner des malades.

La même chose se remarque encore à Pompeïa, où l'on n'a trouvé jusqu'aujourd'hui des crânes et des os que dans un seul endroit ; et mes observations sur le lieu m'ont persuadé que c'étoient ceux des prisonniers aux fers et abandonnés. J'y ai vu des restes de chaînes et de trophées d'armes peints sur les murs, qui annoncent une prison militaire.

Un autre objet de curiosité est l'île de Caprée, à huit lieues sud, et en face de Naples. Ce lieu est célèbre par la vie débordée qu'y menoit Tibère, si tout ce qu'en dit Suétone est vrai. Caprée en est la capitale, ou plutôt la seule ville, car on ne peut en donner le nom à quelques villages. Il en faut excepter Anacapri, situé sur une montagne. Un Anglois, nommé le chevalier Torol, très asthmatique, après avoir essayé de tous les cantons d'Italie dont l'air conviendroit le mieux à son état, ne se trouvant soulagé nulle part, passa dans l'île de Caprée. A peine eut-il passé quelques jours à Anacapri, que sa respiration devint plus libre. Résolu de s'y fixer, il fit bâtir sur la hauteur une maison agréable, où il a vécu trente ans, occupé de l'agriculture et délassé par l'étude. Le premier meuble dont il se fournit pour adoucir sa solitude fut une jeune et belle fille, dont il eut trois garçons qu'il envoya à Londres dès qu'ils furent en âge de s'instruire dans le commerce, chacun avec mille guinées. Il est mort en 1766, laissant à sa compagne sa maison avec deux mille livres de rente, et le reste de son bien à ses enfants. Son habitation étoit une espèce de petit fort, où l'on arrivoit par un escalier taillé dans le roc, défendu par deux petites pièces de canon, et pour garnison des domestiques dont le bien-être dépendoit du sien et de la durée de sa vie, sans aucun espoir de legs particulier. Il leur a cependant laissé des récompenses sur lesquelles ils ne comptoient pas. Il étoit d'ailleurs aimé et estimé dans l'île. Si ce n'est pas là un sage, qu'on le cherche ailleurs.

Si la fécondité du sol d'un pays étoit ce qui excite l'ambition des conquérants, je ne serois pas étonné que le royaume de Naples eût été exposé à de fréquentes invasions. Ce ne seroit pas, comme en certains cantons de l'Amérique, se battre pour des arpents de neige. Je ne connois point de territoire si fertile, et où la végétation soit si forte que dans toute l'étendue de l'état napolitain. Mais, sans attribuer aux princes le desir de régner pour concourir avec la nature à rendre un peuple heureux, je ne vois point dans l'histoire de royaume qui ait passé sous tant de maîtres différents. Il y en a eu très peu qui y soient nés. On ne seroit donc pas surpris que les Napolitains n'eussent pas pour leur prince un attachement bien vif. Ils se piquent cependant d'une grande fidélité ; et l'on n'en doit pas douter, si l'on s'en rapporte à un auteur qui a donné à son ouvrage le titre de dix-huitième révolution de la très fidèle ville de Naples.

Malgré la fertilité des terres, la disette des grains s'est fait assez souvent sentir, par la mauvaise administration, qui est à cet égard à Naples comme à Rome, où le gouvernement s'établit marchand de blé. La circulation est tellement gênée, même dans l'intérieur du royaume, par des lois gothiques et absurdes, qu'une province est dans la disette dans le temps qu'une autre est surchargée de grains. On a vu les Hollandois en fournir à la terre de Labour, la plus fertile de l'Europe, et qui auroit pu être approvisionnée par d'autres provinces, si le gouvernement avoit plus d'intelligence. La nature donne les vivres, et les hommes font la famine. Il n'y en a peut-être jamais eu qui n'ait été factice, et, pour les trois quarts, l'ouvrage du gouvernement. Il en sera toujours ainsi dans un état où le ministère ne comprendra pas que la meilleure et la seule administration du commerce des grains, comme de tout autre, est de ne s'en point mêler.

Le marquis Tanucci, principal ministre de Naples, est bien loin de soupçonner les vrais principes de l'administration. Né d'une famille honnête dans la bourgeoisie, il étoit professeur de droit à Pise, dans le temps que don Carlos, aujourd'hui roi d'Espagne, étoit en Toscane. Un criminel s'étant réfugié dans un couvent, on n'osa violer l'asile; mais on le fit bloquer de manière que les moines, ne pouvant recevoir aucune provision, furent obligés de livrer le prisonnier. Ils crièrent au scandale, et tous leurs pareils faisant chorus, on voulut faire examiner la nature du droit d'asile, et l'on chargea de cette commission le professeur Tanucci. Il y a des droits que l'examen seul devroit anéantir, et M. Tanucci n'eut pas de peine à prouver l'abus de celui des moines. Don Carlos fut si content de l'ouvrage sur les asiles, que, passant sur le trône de Naples, il emmena l'auteur avec lui, et en fit son ministre. Étant depuis monté sur le trône d'Espagne, en 1759, en cédant à son fils celui de Naples, il y a laissé M. Tanucci chargé de toute l'administration ; de sorte que jusqu'ici, en 1767, rien ne se fait à Naples que par les ordres de l'Espagne, sur les conseils du même ministre. Je le crois un honnête homme, avec les meilleures intentions ; mais je doute fort qu'il ait les talents du ministère. Il pourroit bien n'être qu'un légiste ; et l'expérience prouve que ceux qui n'ont chargé leur mémoire et occupé leur esprit que du positif des lois, sont de tous les hommes les moins propres au gouvernement.

On peut lui reprocher la mauvaise éducation qu'il fait donner au jeune roi. Son gouverneur, le prince de Saint-Nicandre, l'homme le plus borné de la cour, le fait élever dans la plus grossière ignorance. Il semble même que ce soit le plan qu'on s'est fait. On lui ôta un jour des mains, comme un livre dangereux, les Mémoires de Sully, qu'un honnête imprudent lui avoit procurés; et cet homme en fut réprimandé. C'étoit un jésuite allemand qui lui enseignoit le françois; ainsi du reste. Ce jeune prince ne parle encore que l'italien du peuple, par l'habitude d'entendre plus souvent que d'autres les valets qui le servent. Or, le napolitain est mélangé de quantité d'expressions des différents peuples qui ont occupé cet état.

Quand je fus présenté au roi, je ne lui trouvai qu'un air de bonté, avec l'embarras d'un enfant; car il ne me dit pas un mot. J'avois reçu un autre accueil du roi et de la reine d'Angleterre, qui, chaque fois que je leur faisois ma cour, me faisoient l'honneur de m'adresser la parole sur ce qui m'étoit personnel. Il est vrai qu'ils n'avoient pas été élevés par le prince de Saint-Nicandre.

Le roi de Naples a montré, par plusieurs traits, qu'il étoit susceptible d'une autre éducation que celle qu'il a reçue. Dans la dernière disette qu'il y eut, ayant ouï parler de la misère du peuple, il proposa à son gouverneur de vendre ses tableaux et ses bijoux, pour en donner le prix aux pauvres. Le prudent gouverneur remontra, avec beaucoup de dignité, à son éléve qu'il ne devoit pas disposer ainsi de ce qui appartenoit à la couronne, et ce fut tout ce qu'il crut devoir lui dire dans cette occasion. Le jeune prince a déja senti et fait connoître ce qu'il pense du peu de soin qu'on a eu de l'instruire. L'empereur et le grand-duc étant à Naples avec la reine, leur sœur, et la conversation ayant tourné sur l'histoire et d'autres matières, le roi, étonné d'entendre sa femme et ses beaux-frères traiter des sujets qu'il ne comprenoit pas plus que s'ils eussent parlé une langue étrangère, se tourna vers le prince de Saint-Nicandre. « Il faut, lui dit-il, que vous « m'ayez bien mal élevé, pour que je ne sois pas en « état de converser avec des princes et même une « princesse de mon âge. » Les pensions ont été conservées au gouverneur en le renvoyant, et c'est avec raison : il y a des gens dont il faut plutôt payer l'inaction que les services.

Ma présentation au roi donna lieu à une tracasserie. Nous n'avions alors à Naples ni ambassadeur, ni secrétaire d'ambassade. Le consul de France, M. Astier, homme de mérite, étoit seul chargé de nos affaires, *incaricato*, et, en cette qualité, traitoit avec le ministère napolitain. Le roi passoit le carnaval à Cazerte, à six lieues de Naples, où il revenoit quelquefois pour voir l'opéra, où je l'avois vu suffisamment le jour de mon arrivée; je ne pensois donc point à faire le voyage de Cazerte pour lui être présenté. Cependant le cardinal Orsini, protecteur par *interim* des églises de France, depuis la mort du cardinal Sciarra Colonne, et qui se trouvoit alors à

Naples, me fit dire par mylady Orford, qu'ayant déjà présenté des François au roi, il m'offroit la même faveur. Je priai mylady de le remercier de ses bontés pour moi, et de lui dire que je ne croyois pas devoir en profiter, ni me faire présenter par tout autre que le ministre de ma nation. Le cardinal me fit l'honneur d'insister sur ce que nous n'avions point d'ambassadeur; à quoi je répondis que l'*incaricato* étant accrédité pour les affaires, étoit plus que suffisant pour une aussi petite fonction que celle de présenter un simple voyageur françois, et si peu important. Le même jour M. Astier vint me trouver, et me demander que ce fût lui qui me présentât. Je lui dis que j'avois prévenu l'offre qu'il vouloit bien me faire, et ce qui venoit de se passer à l'égard du cardinal Orsini. En conséquence il écrivit au prince Saint-Nicandre, pour le prévenir que nous nous rendrions à Cazerte le jour où le roi reçoit les ambassadeurs et les personnes qui doivent lui être présentées. Mylady Orford, amie du marquis Tanucci, et qui vouloit aller le voir, m'offrit de me mener à Cazerte; mais je la priai de me permettre de m'y rendre avec M. Astier, puisqu'il devoit être mon conducteur chez le roi, d'où j'irois après ma présentation la trouver chez le ministre, qui m'avoit invité à dîner avec elle. Nous partîmes donc en même-temps, elle dans son carrosse et nous dans le nôtre. Mon premier soin, en arrivant au château, fut d'aller, avec M. Astier, à l'appartement du prince Saint-Nicandre, faire la visite d'usage en pareille occasion. Nous ne le trouvâmes point, ou il se fit celer; ce qui se passa me le persuade. Cependant, pour ne manquer à rien, nous laissâmes un billet, dans lequel nous lui marquions le sujet de notre visite. De là, nous nous rendîmes au dîner du roi, à qui l'on est présenté quand il se lève de table. Les ambassadeurs y assistoient; j'étois connu de tous, et particulièrement du comte de Kaunitz, ministre de l'empereur, et de M. Hamilton, ministre d'Angleterre, qui, prévenus de ce qui m'amenoit, me firent placer près d'eux avec M. Astier, en face du roi. Un moment après, le prince Saint-Nicandre, tirant à part M. Astier, lui dit qu'un simple chargé d'affaires n'avoit pas le droit de présenter, et que, si je voulois être présenté, ce devoit être par un des ambassadeurs qui étoient là. Je n'entendis rien de cette discussion; mais M. Astier, se rapprochant de nous, me la redit, et ajouta que c'étoit un dégoût qu'on vouloit lui donner comme consul, et auquel je n'avois aucune part. MM. de Kaunitz et Hamilton, qui l'entendirent, m'offrirent à l'instant d'être mes présentateurs. Je regardois si je ne pourrois pas m'échapper; mais il n'y avoit pas moyen, sans faire une sorte d'éclat. J'avois derrière moi deux ou trois cercles de courtisans; le roi, pendant son dîner, m'avoit remarqué; il ne pouvoit pas douter, en voyant un inconnu à côté des ministres, que ce ne fût une présentation ; et, comme dans ce moment il se levoit de table, MM. de Kaunitz et Hamilton me présentèrent.

Au sortir de chez le roi, j'allai chez un homme plus puissant que lui, son ministre, le marquis Tanucci, qui, prévenu de ma visite, me fit l'accueil le plus poli, et me retint à dîner, ainsi que M. Astier : mylady Orford y étoit déja. Les ministres étrangers et beaucoup de courtisans arrivèrent successivement ; de sorte qu'il y avoit plusieurs tables. M. Tanucci me plaça à la sienne, qui étoit de douze couverts. Je m'y trouvai avec mylady, précisément à côté du cardinal Orsini. Deux jours avant de partir pour Cazerte, j'avois passé à son palais pour le remercier de ses offres, et lui expliquer moi-même les motifs qui m'empêchoient de profiter de l'honneur qu'il vouloit me faire. Ne l'ayant pas trouvé chez lui, je lui réitérai, avant de nous mettre à table, et dès le moment que je l'aperçus, les remerciements que je lui avois fait faire. Il me parut satisfait de mes raisons et me combla de bontés. Le dîner fut fort bon et servi en gras, quoique nous fussions en carême ; le P. Déodat, capucin de Parme, et le meilleur prédicateur de l'Italie, le prêchoit alors devant le roi de Naples. C'est un homme d'esprit, de très bonne compagnie, gai et même gaillard, et, ce qui prouve son mérite, aimé et estimé de M. du Tillot, ministre de Parme. Je l'avois connu à Rome, où je dînois quelquefois avec lui chez le bailli de Breteuil, et nous nous étions pris de goût l'un pour l'autre. L'ayant rencontré dans les rues de Naples, il fit arrêter mon carrosse pour me dire, en termes gais, mais très énergiques, le peu de cas qu'il faisoit des Napolitains. On sait que les capucins sont, par leur institut, obligés de ne voyager qu'à pied, à moins qu'ils ne rencontrent quelques voitures à vide où l'on veut bien les recevoir : or, M. du Tillot avoit toujours soin d'en faire trouver une que le P. Déodat rencontroit à la porte de la ville, et qui étoit supposée retourner à vide au lieu où il avoit affaire.

Pour revenir à M. Tanucci, il me fit mille politesses pendant le dîner, et porta ses attentions jusqu'à ordonner qu'on ne me donnât que du vin de France, croyant que je n'aimerois pas ceux du pays. Quand on se leva de table, ce ministre, au lieu de s'échapper, comme les nôtres font depuis quelques années, par un escalier dérobé, resta au milieu de la compagnie qui avoit dîné chez lui, pour donner audience à ceux qui avoient quelque chose à lui communiquer. Voulant retourner le jour même à Naples, et avoir beaucoup de témoins de ce que je me proposois de lui dire, je m'empressai de lui faire mes remerciements de l'accueil qu'il m'avoit fait, et ajoutai, d'un ton à être entendu de tout ce qui étoit présent, qu'à l'égard de M. le prince de Saint-Nicandre, il ne me trouveroit plus écrit chez lui; mais que je ne répondois pas qu'il ne se trouvât écrit chez moi, c'est-à-dire sur mes papiers, attendu que je faisois des observations sur tout ce qui me paroissoit le mériter, et que M. de Saint-Nicandre n'étoit pas fait pour être oublié. M. Astier fut assez content de ce propos. L'assemblée et M. Tanucci même ne purent s'empêcher de sourire, ce qui me fit voir qu'on avoit généralement la même opinion dudit prince de Saint-Nicandre. M. Astier ne manqua pas de mander à notre cour la mauvaise difficulté qu'on lui avoit faite sur les présentations, et il a été décidé que tout homme accrédité pour les affaires feroit aussi toutes les autres fonctions dans l'absence de notre vrai ministre. M. Astier devoit d'autant plus être étonné du peu de considération qu'on lui témoignoit, qu'il en avoit eu beaucoup en Hollande, où il étoit consul avant de venir à Naples en cette qualité. Tel est l'effet de la différence des mœurs et des gouvernements. En Hollande le commerce est en honneur, et l'ame de la république : un consul doit donc y être considéré. A Naples, où il y a peu de commerce, où les princes, ducs, comtes et marquis font un peuple, un consul y est regardé comme un marchand. Un prince napolitain ne soupçonne pas qu'il y ait à Londres et à Amsterdam des commerçants qui ne feroient aucune comparaison de leur état avec celui de certains Italiens décorés de titres de princes. Un de ces petits seigneurs, qui, en arrivant à la bourse d'Amsterdam, n'eût pas excité la moindre attention pour lui, auroit été fort étonné d'entendre en même temps tous les vaisseaux marchands, de différents pavillons et de toutes nations, saluer de leurs canons le commerçant Legendre de Colandre qui entroit dans le port, comme ils auroient fait pour le stathouder. Ce Legendre étoit père des Colandre, Berville et Megremont, morts lieutenants généraux de nos armées. Autre pays, autres mœurs. J'ai observé celles de Naples autant qu'un étranger le doit et le peut faire chez un peuple où il ne passera pas sa vie. J'ai connu parmi les grands des hommes fort estimables ; mais ceux qui m'ont paru les plus instruits sont les gens de palais, qu'on nomme les *paillettes*, à cause de leurs chapeaux de paille.

A l'égard du bas peuple, la crapule, la fainéantise, l'ordure, la filouterie forment son caractère. Je ne parle point de sa superstition, parce qu'elle est nationale, et se trouve plus ou moins dans toutes les classes. Il est pourtant remarquable que, dans un état feudataire de Rome, l'inquisition soit dans une telle horreur, qu'il seroit aussi dangereux de tenter de l'établir à Naples qu'à Londres. Il y a même un tribunal chargé de veiller à ce qu'il ne s'introduise, dans tout autre, aucune forme de procédure qui tînt de celle de l'inquisition. C'est une arme de moins entre les mains des gens d'église, qui ne peuvent joindre la terreur à la séduction, dont ils tirent assez d'avantages ; car ils n'ont pas moins de crédit à Naples qu'à Rome sur les esprits. Les jésuites, avant leur expulsion, y étoient aussi puissants qu'ailleurs. Il y a peu d'années qu'un certain père Pépé, un des grands fripons de sa compagnie, avoit pris un tel ascendant sur l'esprit du peuple, qu'il balançoit l'autorité du roi, et pouvoit souvent l'obliger de fléchir. Il avoit l'insolence de se laisser baiser la main par don Carlos. Les femmes du plus haut rang ont, en Espagne, cette bassesse pour des moines ; mais aucun n'avoit jamais été assez impudent pour l'espérer d'une tête couronnée. La duchesse de Saint-Pierre, Françoise, dame d'honneur de la reine d'Espagne, m'a dit, qu'en sortant un jour avec la reine d'un office de chez les dominicains, le prieur vint conduire cette princesse ; que toutes les dames du palais baisèrent respectueusement la manche de ce moine, qui, voyant que la duchesse ne les imitoit pas, s'avança vers elle, en lui présentant la manche ; qu'elle le regarda, le repoussant, avec le mépris qu'il méritoit ; et que, là dessus, il eut l'insolence de la traiter de *gavache*.

Le père Pépé avoit, sur le peuple, un pouvoir plus absolu que le roi. Les ministres conseillèrent à ce prince de l'éloigner de Naples, en le chargeant de quelque commission honorable pour la cour de Madrid, où l'on pourroit ensuite le retenir. Le jésuite n'en fut pas la dupe, et ne voulut pas quitter une ville où il régnoit. Il feignit cependant de recevoir la proposition avec reconnoissance ; monta en chaire, au sortir du palais, sous prétexte de faire ses adieux. Il les fit si pathétiques, que tout l'auditoire fondit en larmes. Il saisit ce moment pour s'écrier : *Puisque vous me perdez avec tant de regrets, mes enfants, qui d'entre vous consent à me suivre?* Ce ne fut qu'un cri dans l'assemblée. Tous le supplièrent de ne les pas abandonner, ou jurèrent de le suivre. Il les assura qu'il étoit si sensible à leur attachement, qu'il alloit supplier le roi d'honorer tout autre de la commission pour l'Espagne, et qu'il ne partiroit pas sans un ordre absolu. Le coquin de moine vint, d'un air affligé et d'un ton hypocrite, rendre compte au roi de ce qui se passoit, et le supplier d'attendre du moins que cette fermentation fût calmée, parceque, disoit-il, elle pourroit être dangereuse. Le droit du jeu étoit de jeter le jésuite par les fenêtres ; mais ce jeu-là n'est pas permis dans un tel pays ; de sorte que le roi fut obligé de prendre pour bonnes les excuses du fourbe, qui resta maître du champ de bataille.

Le père Pépé étoit un grand thaumaturge ; il annonçoit tous les jours quelque miracle de sa façon. Il vendoit au peuple et aux paysans de petits papiers bénis de sa main, dont la vertu étoit de faire pondre les poules, qui auroient très-bien pondu sans cela, et auxquelles on les faisoit avaler ; mais par là chaque œuf devenoit un miracle, sans ceux qu'il faisoit d'ailleurs. Si cela ne prouvoit pas un fripon fort ingénieux, cela marquoit un peuple bien imbécille. Cependant il en tiroit tant d'argent, qu'il en avoit fait élever une pyramide du plus beau marbre et du plus mauvais goût. Il eut un chagrin quelque temps avant sa mort, qui en fut peut-être la suite ; ce fut de voir tomber ou partager son crédit par un fripon du même acabit, mais de robe différente : le père Roch, dominicain. Il est bien humiliant pour des princes d'être obligés de compter avec de tels sujets, dont la plupart porteroient leurs livrées, s'ils n'avoient pas pris celle de moine. J'en ai rencontré à Naples, chez les plus grands seigneurs, où ils donnoient le ton. Cela ne se verroit pas à Paris, où je n'ai jamais trouvé de moines mendiants dans aucune maison, pas même chez la bonne bourgeoisie. J'en excepte les jésuites, qui, ayant le confessionnal du roi, et chargés de l'éducation de la principale noblesse, étoient reçus par-tout. Mais je suis persuadé que, sans être chassés du royaume, s'ils eussent seulement perdu le confessionnal du roi et les colléges, réduits à leur état de mendiants, comme ils le sont par leur institut, ils ne se seroient pas plus facilement recrutés que les autres, et n'auroient pas été plus considérés.

Les religieux rentés en France sortent communément d'une honnête bourgeoisie, paroissent peu dans le monde, et sont, malgré beaucoup de plates déclamations, plus utiles à l'état qu'on ne le pense. Ce seroit la matière d'un bon mémoire économique. Je suis étonné qu'aucun d'eux ne se soit avisé de le faire. Je m'en occuperai peut-être un jour.

Cette classe de religieux n'a pas, en Italie, sur le peuple, le même ascendant, et dans les affaires la même influence que les mendiants, quoique la plupart, m'a-t-on dit, soient, du moins dans le royaume de Naples, des cadets de noblesse. Peut-être la grandeur des établissements a-t-elle préservé de l'esprit d'intrigue des religieux qui jouissent d'une solide opulence. Il étoit naturel que le besoin fût le premier aiguillon des moines mendiants, les mît en action, et que l'habitude de séduire pour le nécessaire leur inspirât l'ambition de travailler plus en grand. Ils ont si bien réussi qu'ils influoient autrefois dans toutes les affaires des états catholiques, entroient dans les négociations, sont encore aujourd'hui un des appuis de la cour de Rome, et y sont considérés. Ils l'ont aussi beaucoup été jadis en France, où ils ne peuvent, depuis long-temps, intriguer que dans le peuple.

La superstition ayant toujours été le grand ressort de leur politique, il doit agir en raison de leur crédit, et avoir plus de force en Italie qu'ailleurs. Mais ce n'est pas dans les couvents seuls qu'on entretient la superstition. C'est dans la cathédrale de Naples, entre les mains de l'archevêque, à la grande satisfaction des petits et des grands, que s'opère, deux fois l'an, la prétendue liquéfaction du sang de saint Janvier. Il seroit difficile d'établir dans la cathédrale de Paris ce miracle périodique, à l'égard du chef de saint Denis, dont la légende est à peu près pareille à celle de saint Janvier. On a mis plus de merveilleux dans les circonstances du martyre de saint Denis; mais dans ces légendes, le plus ou le moins n'est pas fort important; d'ailleurs le miracle n'est qu'en récit, et l'on ne risqueroit pas aux yeux des François de la capitale un miracle à répétition, qui seroit sûrement un sujet de scandale pour les sages, et de dérision pour les autres.

Il n'en est pas ainsi à Naples. La consternation y seroit très grande et presque générale, si la liquéfaction ne s'opéroit pas. Aussi est-il très-rare qu'elle manque, et cela n'est arrivé que lorsqu'on a eu intérêt de ne pas le vouloir. Par exemple, lorsque, dans la guerre de la succession, nous étions maîtres de Naples, et que M. d'Avaray y commandoit, la saison du miracle arriva. Les Napolitains coururent à l'église par dévotion, les François par curiosité; et M. d'Avaray s'y transporta pour maintenir l'ordre et contenir l'indiscrétion françoise. Il savoit que les Napolitains ne nous aimoient pas, nous voyoient avec peine maîtres chez eux, et que l'archevêque étoit tout dévoué à la maison d'Autriche. Il le prouva dans cette occasion. La fiole du sang de saint Janvier étoit déja entre ses mains, et il l'agitoit depuis un quart d'heure, sans que la liquéfaction voulût se faire. Le peuple, après avoir prié Dieu d'intercéder auprès de saint Janvier pour en obtenir ce miracle, sans qu'il se fît, commençoit à murmurer, et en accusoit les François, comme hérétiques, dont la présence étoit un obstacle aux faveurs du ciel. Cette fermentation, croissant par degrés, pouvoit avoir des suites violentes. Les troupes étoient peu nombreuses en comparaison des habitants. Un grenadier, en toute autre circonstance, auroit imposé à cent bourgeois; mais, si le fanatisme venoit à enflammer les esprits, le dernier du peuple auroit affronté cent grenadiers. M. d'Avaray, prenant un parti prompt, envoya un de ses gens dire à l'oreille de l'archevêque qu'il eût à faire sur-le-champ le miracle; sinon qu'on le feroit faire par un autre, et que lui archevêque seroit aussitôt pendu; et le miracle se fit.

La superstition, la débauche, la crapule, règnent assez généralement parmi le peuple de Naples. Il est assez plaisant de voir sur la place un bateleur rassembler auprès de ses tréteaux une foule de badauds, et à quelque distance de là un moine qui, monté sur une escabelle, un crucifix en main, prêche une pareille assemblée; de sorte que les deux orateurs s'enlèvent alternativement le même auditoire, suivant le degré de leur éloquence.

La quantité de gens de palais qui vivent à Naples me feroit croire que la chicane n'y est pas aussi ignorée que les bons principes d'administration. Les calculs les plus modérés portent de vingt-cinq à trente mille le nombre de ceux que la justice ou la chicane fait vivre à Naples. On n'en sera pas étonné, quand on saura que tous les tribunaux du royaume, et même de la Sicile, ressortissent au premier tribunal de justice de Naples, où toutes les causes peuvent se porter par appel.

On ne prendroit pas une idée fort avantageuse de la justice civile, si on en jugeoit par la manière dont s'exerce la justice criminelle. J'y ai vu beaucoup de galériens dont la plupart auroient été pendus ailleurs. Je suis fort loin d'approuver les rigueurs dont on use ailleurs, où il semble que le code des lois pénales n'ait été rédigé que par les puissants et les riches; mais je n'adopterois pas tous les principes du traité *des Délits et des Peines*, et je l'ai dit à l'auteur même, le marquis de Beccaria. Peut-être n'y auroit-il aucuns supplices à proscrire; il suffiroit qu'ils fussent en proportion avec les délits, qu'il y eût plus de gradations, et qu'on distinguât les fautes et les crimes.

On ne taxera pas de trop de sévérité la justice de

Naples; les prisons sont communément pleines de malfaiteurs; il y a souvent jusqu'à deux mille prisonniers, et l'on voit peu d'exécutions à mort. Il fallut, il y a peu d'années, le cri public pour faire pendre un fils qui avoit tué son père, et qui fut un an en prison avant qu'on songeât sérieusement à instruire son procès. Un scélérat s'étant introduit chez un joaillier, par le moyen d'une servante avec laquelle il couchoit, saisit le temps de l'absence du maître pour égorger cette fille, avec qui il avoit passé la nuit, et emporta les plus précieux effets de la maison. On l'en avoit vu sortir le matin; on l'arrêta, les bijoux se trouvèrent chez lui. Son procès n'eût pas duré quatre jours en France, et lorsque j'étois à Naples, il y avoit déja huit mois qu'il étoit en prison. Sur l'étonnement que j'en témoignois à un homme fort instruit des mœurs et des coutumes de Naples, il me dit que ce scélérat pourroit bien rester en prison tant que lui, ou sa famille, pourroit, en payant, suspendre les poursuites. Le joaillier avoit recouvré ses effets, et le public oublioit l'affaire, qui n'intéressoit plus personne. Naples auroit besoin d'un duc d'Ossone, qui, pour établir l'ordre et la police dans ce royaume, faisoit pendre des coquins, et trancher des têtes nobles.

Pour peu qu'on examine le caractère général du peuple napolitain, on n'est plus étonné de la fainéantise de la canaille dont la ville est pleine. Les légumes, les fruits, le poisson commun, et ordinairement le pain, y sont à si bas prix, qu'il est facile d'y subsister. Les salaires, à la vérité, y sont, comme par-tout, en proportion avec les vivres; mais le peuple est si sobre, que trois journées de travail le font vivre pendant huit jours sans rien faire; et les distributions aux portes des couvents font encore un supplément. Je n'ai vu aucun pays où les vivres et la main-d'œuvre fussent à si bon marché.

Comme les gages des domestiques sont par-tout une mesure assez juste du prix des vivres, on peut les prendre pour règle, quand on n'a pas le temps d'entrer dans un examen détaillé. Or, les valets n'ont, par mois, pour gages et nourriture, que six ducats, valant vingt-quatre livres de France, dans les meilleures maisons de Naples, et il y en a beaucoup au-dessous de ce prix là [1].

Étant resté à Naples plus de temps que je ne me le proposois en y arrivant, j'arrêtai une chaise pour

---

[1] La livre de compte de Naples vaut deux carlins, le carlin dix grains, monnoie de cuivre, et il faut vingt-quatre grains pour faire la livre tournois de France. Le ducat, monnoie de compte, vaut dix carlins

La livre de poids de Naples est de douze onces, qui n'en font que dix et demie de France, poids de marc; ainsi cent livres de France font cinquante-deux livres de Naples.

L'once, monnoie d'or de Naples, vaut trente carlins ou douze livres de France, à huit sous le carlin.

Le sequin romain vaut, à Naples, vingt-cinq carlins, le florentin vingt-six, et le vénitien vingt-sept.

retourner à Rome par la même voie que j'avois prise pour venir à Naples. Mais, avant de partir, je voulus employer quelques jours à voir et remercier les personnes dont j'avois reçu le plus d'accueil, tels que M. Hamilton, le comte de Kaunitz et autres. J'allai chez le comte de Kaunitz le jour de son assemblée, et, dès que la comtesse m'aperçut, elle vint au-devant de moi avec toutes les marques de bonté dont elle m'honoroit, en me disant, comme une nouvelle fort agréable, que l'abbé de Caveirac étoit arrivé à Naples, et l'étoit venu voir. « Comment, « lui dis-je, madame, est-ce qu'un tel maraud est « venu chez votre excellence ? — Pourquoi non ? me « dit-elle, un peu embarrassée. — C'est, répondis-« je, qu'il vient d'être chassé de Rome, après s'être « enfui de France pour éviter le carcan. » Ce début de ma part ayant attiré l'attention de la compagnie, j'expliquai ce qu'étoit l'abbé de Caveirac. Né avec de l'esprit et un caractère souple, il écrit avec faci-

---

La mesure d'étendue est la canne, qui est de huit palmes, et quatre palmes et demie font l'aune de Paris ; cinquante-six palmes un quart font cent aunes.

La mesure la plus ordinaire des liquides est le baril, qui contient soixante-trois caraffes du pays, faisant quarante pintes de Paris. Le meilleur vin, celui du Vésuve, coûte de cinq à six ducats, monnoie de compte de Naples ; le ducat est de dix carlins, valant quatre livres de France. Le baril du *lacryma Christi* revient donc de vingt à vingt-quatre livres.

L'argent est à Naples à quatre pour cent, et le mont-de-piété prête à six.

lité; et, n'ayant aucuns principes, il adopte aisément ceux qui peuvent lui convenir, suivant les circonstances. Les premiers essais de sa plume furent dans l'affaire du père Girard et de la Cadière. Les rieurs n'étant pas pour les jésuites, Caveirac se décida contre eux, et fit sans mission des factums extrajudiciaires en faveur de la Cadière pour amuser les plaisants. Voyant ensuite que le parti opposé aux jésuites et à la constitution ne produiroit pas grand'chose, il se retourna de leur côté. Les déserteurs d'un parti étant toujours bien reçus dans l'autre, il est bientôt devenu un apôtre chez les constitutionnaires.

A l'égard de son ouvrage sur la Saint-Barthélemi, on ne peut pas dire absolument que c'en soit une apologie. L'auteur seroit trop maladroit. Son objet est d'en rejeter l'horreur sur l'ambition des princes, et d'en disculper les ecclésiastiques. Le premier article peut être vrai; mais le second est trop démenti par les faits, et par le caractère connu de ceux qu'il voudroit justifier. Aujourd'hui même que le fanatisme est bien diminué, il est rare d'entendre un ecclésiastique s'élever contre la Saint-Barthélemi, qui pourroit un jour faire autorité.

Caveirac s'étant fait agent des jésuites, de l'archevêque et du parti, il hasarda, contre l'arrêt d'expulsion des jésuites, quelques brochures qui déplurent au parlement; et, aussi prudent que

Crispin, qui n'aime pas les affaires avec la justice, il sortit de France, et se réfugia à Rome. C'étoit là qu'il avoit établi son bureau de correspondance avec les évêques ultramontains de France. Associé avec le prélat Giacomelli, secrétaire des brefs aux princes, il en fournissoit la matière : Giacomelli les mettoit en latin, et ils partageoient ensemble l'argent que leur envoyoient ceux de nos évêques qui vouloient être honorés de ces brefs. L'union de ces deux honnêtes gens fut un jour altérée sur la part que chacun prétendoit aux gratifications. Ils donnèrent une scène publique, et se traitèrent réciproquement de fripons, sans être contredits par aucun des assistants. L'intérêt les avoit désunis, l'intérêt les réunit. Ils virent qu'ils avoient besoin l'un de l'autre pour leurs opérations, et ne s'estimant ni plus ni moins qu'avant leur brouillerie, ils se réunirent et travaillèrent ensemble de plus belle à fomenter le schisme en France. Ils avoient pour antagoniste un abbé Dufour, aussi honnête homme qu'eux, lequel concouroit au même but, en servant le parti contraire. Il étoit l'agent des jansénistes. Ces trois boute-feux en firent tant, que notre ministre en fut instruit, et demanda au pape de chasser de Rome les abbés de Caveirac et Dufour. Tous deux en conséquence reçurent, le même jour, l'ordre de partir ; mais le premier, ayant des amis au palais, en fut secrètement prévenu assez tôt pour avoir le temps de faire une collecte chez les zélés de son parti, dont il tira une somme considérable.

Pour l'abbé Dufour, agent des jansénistes, il ne fut averti que le jour même où il falloit partir; et, quand il l'auroit été plus tôt, je ne crois pas qu'il eût obtenu grand'chose des jansénistes. Ce n'est pas qu'il n'y en ait à Rome; mais ce ne sont pas, comme en France, des jansénistes parlementaires, opposés aux prétentions papales. Personne, à Rome, ne contredit l'infaillibilité du pape, et ne paroit douter de l'excellence de la constitution; mais les jésuites et leurs amis traitent de jansénistes leurs adversaires, et tâchent de les faire passer pour hérétiques. L'abbé Dufour n'étoit pas stipendié par ceux-ci, et ne recevoit rien que des jansénistes parlementaires de France. Ces deux boute-feux, chassés de Rome le même jour, auroient pu prendre ensemble la même route; mais Caveirac n'avoit garde d'approcher de France. Il se rendit à Civita-Vecchia, demanda et obtint la permission d'y rester jusqu'à ce que la mer fût praticable; c'étoit en décembre. Pendant ce temps-là, il fit agir les dévotes de France auprès de nos ministres, pour qu'il lui fût permis d'aller à Naples; ce qui ne lui fut pas difficile à obtenir. Il étoit libre de se retirer où il voudroit, pourvu qu'il sortît de l'état ecclésiastique; c'étoit obtenir, comme M. de Sotenville, la permission de faire le voyage d'outre-mer, puisque notre ministre n'avoit aucun droit de l'envoyer à Naples, ni ailleurs, chez une puissance étrangère. Le seul but de Caveirac étoit donc de gagner du temps et d'obtenir, à force d'intrigues, de rentrer dans Rome. Il écrivit une lettre encyclique à ses dévotes de France. Tout le parti fut en l'air, et le pape vivement sollicité pour rappeler ce saint apôtre. Il sembloit que ce fût saint Cyprien chassé de Carthage. Le nonce Colonne, qui arrivoit de France, et qui, recevant le chapeau, avoit pris le nom de cardinal Pamphile, fut employé dans cette négociation, et y mit, contre son caractère, tant de chaleur, que le pape, excédé de cette persécution, dit, en parlant de Pamphile : « Cet indolent ne s'est jamais remué que cette fois« ci, et c'est pour une sottise. » Le saint père ne se laissa point séduire : Caveirac partit pour Naples, en vertu de la permission qu'il avoit demandée, et qu'il appeloit un ordre.

Tel fut le compte que je rendis du caractère et de la conduite de Caveirac à la comtesse de Kaunitz, en présence de l'assemblée. La comtesse, qui apparemment tenoit un peu au parti, mais sans chaleur, me pria de ne plus parler de Caveirac, et m'invita à dîner pour le lendemain. Comme j'avois à peu près dit l'essentiel, il ne me fut pas difficile de lui promettre de n'en plus parler; et je me con tentai, en acceptant le dîner, d'ajouter que je me flattois du moins que l'abbé de Caveirac n'en seroit pas; à quoi elle consentit en souriant.

Depuis mon retour en France, j'ai su que le ministère de Naples avoit obligé Caveirac d'en sortir, et qu'il s'est retiré à Livourne, où ses talents lui sont assez inutiles.

N'ayant plus rien qui m'arrêtât à Naples, j'en partis le samedi 21 mars, suivant la même route que j'avois prise pour y venir, et faisant exactement les mêmes journées. J'arrivai à Rome le mercredi 25, jour de l'Annonciation, avant midi, par le plus beau temps. Je marque cette petite circonstance, parce que la beauté du jour ajoutoit beaucoup à celle de la cérémonie qui se faisoit. C'étoit l'assemblée d'environ deux cents filles qui, vêtues de serge blanche et couronnées de fleurs, se rendoient processionnellement à une église où le pape et les cardinaux assistoient à une messe, après laquelle on distribua des dots de trois cents livres à ces filles du peuple, soit pour aider à les marier, soit pour les faire religieuses; avec cette différence, que la dot est double pour celles qui prennent le parti du cloître. Plusieurs confréries ou associations font, de temps en temps, les mêmes charités, avec autant d'ostentation et avec aussi peu d'intelligence politique, dans un pays où la dépopulation est frappante. Un bon gouvernement dirigeroit bien différemment les charités, en supprimant les dots destinées au cloître, pour en augmenter celles des mariages. N'y a-t-il pas assez de célibataires par état, dans un peuple où toutes les dignités sont ecclésiastiques? L'ambition d'y parvenir mine sourdement les familles nobles. Cette espèce de castration, destructive de tous les peuples catholiques par le monachisme, l'est encore plus dans l'État ecclésiastique que dans les autres, puisqu'elle y est honorée, et une condition nécessaire des honneurs et des dignités.

Quoique j'eusse, sinon épuisé, du moins satisfait ma curiosité sur Rome, il y auroit eu de la singularité à la quitter aux approches de la semaine sainte, temps où les cérémonies qu'on appelle *fonctions*, y attirent un grand concours d'étrangers. J'ai tant vu de fêtes et de cérémonies civiles ou ecclésiastiques, que je ne dois pas en être fort touché. J'ai cependant trouvé beaucoup de pompe et de dignité dans celles dont on a le spectacle à Rome, et sur-tout à Saint-Pierre. Je fus principalement curieux d'assister à la *fonction* du Jeudi-Saint. Ce jour-là, 16 avril, fut un des plus beaux du printemps. Les troupes de la garde du pape, infanterie et cavalerie, bien vêtues, formoient, dans la place, une enceinte dont le milieu étoit rempli de peuple. Après avoir vu les cérémonies de l'église, je me rendis sur la place, au-dessous du balcon sur lequel on porte le pape. Le chevalier de Modène, commandant de la garde avignonoise, m'ayant mis auprès de lui, je découvrois la multitude qui inondoit la place, et j'étois à portée d'entendre la lecture de la bulle *In cœnâ Domini*, et de voir les formalités de l'excommunication que fulmine le pape, en jetant, du haut de son balcon, un cierge qui s'éteint en tombant sur le perron. Le pontife donne, aussitôt après, au bruit du canon, des tambours, des trompettes, et des acclamations des troupes et du peuple à genoux, sa bénédiction, et une absolution consolante, aux fidèles coupables et repentants des cas énoncés dans la bulle. Il y en a tant, que je ne crois pas qu'il y ait qui que ce soit qui, de manière ou d'autre, n'ait encouru l'excommunication. Le pape lui-même, en s'examinant bien sur le passé, pourroit n'en avoir pas toujours été exempt. La lecture de la bulle se fait en latin, par un cardinal diacre; en italien, par un prélat qui, je crois, est un auditeur de rote, à si haute et intelligible voix, que l'élévation de la tribune n'empêche pas qu'un très grand nombre, dont j'étois, au-dessous, près du péristyle, ne puisse l'entendre. Le bon Clément XIII, en donnant sa bénédiction, ne put retenir ses larmes; j'en remarquai beaucoup dont les yeux se mouillèrent; et l'émotion d'une grande assemblée est si contagieuse, qu'il y a peu de gens, quel que soit leur sentiment sur le fond de la chose, qui ne se sentent émus dans ces occasions.

Cela me rappelle qu'étant en Hollande, à une assemblée de quakers, avec un François d'une imagination vive, aussitôt que le tremblement les eut saisis, je le vis sortir : je le suivis pour en savoir la raison ; il me dit que s'étant aperçu que le tremblement des quakers alloit le gagner lui-même, comme le bâillement d'un seul se communique à toute une compagnie, il étoit sorti pour n'y pas succomber.

La bulle *In cænâ Domini* tire son nom du jour où elle se lit, le Jeudi-Saint, qui est la célébration de la cène, et non des premiers mots de cette bulle, comme on le croit vulgairement, parceque les autres reçoivent ainsi leur dénomination ; telles que les bulles *Clericis laïcos, Unam sanctam, In eminenti, Vineam Domini Sabaoth, Unigenitus*, etc. ; et celle dite *In cænâ Domini* est la réunion de plusieurs données par différents papes, dont aucune ne commence par les mots sous lesquels on la désigne. Paul II (Barbo), Vénitien, en donna une, en 1469, qui commence ainsi : *Consueverunt prædecessores nostri romani pontifices annis singulis in die cænâ Domini*, etc., termes qui supposent que l'usage n'étoit pas nouveau. Cette bulle ne contient que des excommunications vagues contre ceux qui étoient coupables de grands crimes. Les papes suivants insérèrent dans cette bulle annuelle, différents articles relatifs à leurs prétentions ; et, dès 1510, le concile de Tours déclara qu'elle ne pouvoit être admise en France.

La première de cette espèce qui ait été apportée en France, où elle fut imprimée, pour la première fois, dans la *Pratique bénéficiale* de Rebuffe, est celle de Paul III (Farnèse), en 1536.

Elle commence encore par ces mots : *Consueverunt romani pontifices*, et contient vingt-quatre articles. Celle de Paul V (Borghèse), en 1610, commence par ces mots : *Pastoralis pontificis romani vigilantia*, et contient trente articles, qui, en rappelant les causes d'excommunication de la première, y en ajoutent encore d'autres. Urbain VIII (Barberin), en 1627, commence comme Paul V : *Pastoralis*, etc., avec autant d'articles. Ces trois bulles, dont chacune aggrave la précédente, finissent toujours par menacer les contrevenants de l'indignation de Dieu, et réservent l'absolution au pape seul.

On est étonné que les papes aient osé les hasarder dans des temps si peu reculés, et aussi impunément qu'ils l'auroient fait dans le onzième siècle. Mais on est indigné que, même depuis le concile de Tours, des évêques françois aient eu, en 1580, la témérité de publier celle de Paul III : ce qui donna lieu à un autre concile, commencé à Tours, et fini à Angers en 1583, de la proscrire de nouveau. Cependant un archevêque d'Aix eut encore, en 1612, l'insolence de publier la bulle de Paul V, plus forte que les premières.

Si les princes catholiques souffrent encore, sans

rompre avec Rome, qu'on y publie annuellement cette bulle, ce ne peut être que par mépris; et le pape devroit, aujourd'hui, s'abstenir de jouer une pareille comédie. Il y a en effet des articles si ridicules, qu'un homme sensé ne peut les entendre sans rire; et la pompe de la cérémonie, loin d'en prévenir la dérision, y ajoute encore. Par exemple, le second paragraphe excommunie les pirates qui infestent les mers de l'État ecclésiastique: *Qui mare nostrum discurrere præsumunt,* etc. Comment peut-on retrancher de la communion de l'église des gens qui n'en sont point? Aussi n'y a-t-il jamais eu ni Saletin, ni Algérien qui soit allé se faire absoudre à Rome.

Je ne m'arrête pas sur les autres cérémonies de la semaine sainte, qui ont de la majesté, mais qui sont décrites par-tout. Je remarquerai seulement que Rome m'a rappelé, dans ce temps de redoublement de pratiques dévotieuses, l'idée que je m'étois formée de la cour et de Paris, sous le règne de Henri III; c'est-à-dire, que dans Rome, où le libertinage, disons mieux, la débauche et la crapule font partie des mœurs nationales, la dévotion, ou ce qu'on nomme ainsi, s'allie à tout. Si l'on excepte la valeur militaire, que rien n'altéroit parmi nous, et qui ne fait pas le caractère de la Rome moderne, ses habitants sont les François du règne de Henri III. On ne voit à Rome, dans la semaine sainte, que des processions de pénitents, pieds nus, et couverts d'un sac, qui vont en stations d'une extrémité de la ville à l'autre, à travers les boues, sur un pavé inégal, et souvent par un très mauvais temps, et assez froid pour que plusieurs en rapportent des fluxions de poitrine. Les variations de température, dans la saison où se trouve la semaine sainte, sont si fréquentes, qu'un jour ne répond pas à l'autre. Nous en avions un d'été le Jeudi-Saint, et le vendredi nous eûmes pluie, grêle et un vent glacial. Ce n'est pas, comme ailleurs, le bas peuple seul qui forme ces processions de va-nu-pieds; les plus grands de Rome sont attachés à quelque confrérie, et en remplissent les devoirs. Un jeune homme de la plus grande espérance, et l'unique héritier de sa maison, revint d'une de ces dévotes caravanes avec une fièvre qui le mit au tombeau.

Un spectacle du même genre est celui des *caravites*, dévotion imaginée par un jésuite nommé Caravita. Une grande chapelle, appartenant aux jésuites, est le lieu de la scène : c'est là que tous les vendredis, aux approches de la nuit, se rend une troupe de flagellants. La chapelle n'étant éclairée que par deux cierges placés sur l'autel, on n'a de lumière que ce qu'il en faut pour ne pas se heurter les uns contre les autres. Au pied de l'autel est un grand crucifix couché à terre, que chacun va baiser en entrant, avant d'aller se placer dans une des files

qui se forment à mesure que les dévots arrivent.
Quand l'assemblée est complète, un homme, portant une corbeille remplie de disciplines, en distribue dans tous les rangs qu'il parcourt, comme on
le pratique pour le pain bénit dans nos paroisses.
Dès que tout est en armes, un jésuite fait une exhortation sur le mérite de la pieuse flagellation qui
va se faire ; il cache ensuite sous l'autel les deux
cierges, et les ténèbres règnent dans la chapelle.
Bientôt après on entend, pendant l'espace d'un *miserere*, un bruit pareil à celui d'un ouragan mêlé de
vent et de grêle, par les coups redoublés de tant de
flagellants. Un silence de quelques minutes succède
à cet orage, pour leur donner le temps de se r'habiller, si toutefois ils se sont réellement mis à nu ;
car il ne m'a pas paru que les deux temps qu'on
donne, l'un avant, l'autre après la flagellation,
fussent assez longs pour se dépouiller ou pour se
revêtir. Je soupçonne que les plus fanatiques se rendent à la chapelle les épaules nues sous leurs manteaux, qu'ils peuvent quitter ou reprendre en un
moment, et que les moins sots viennent par hypocrisie s'y faire voir, et profiter de l'obscurité pour se
frapper sur le manteau. Aussitôt que le jésuite a fait
reparoître la lumière, le distributeur des disciplines
va les reprendre de rang en rang, et chacun se retire édifié, battu et content. Garrick, le Roscius de
l'Angleterre, et si excellent pantomime, à son retour

d'Italie, et avant mon voyage, m'avoit fait un tableau si plaisant de cette farce dévote, que j'eus la curiosité de la voir. J'y allai deux fois : la première, je m'adressai à un jésuite qui, sachant qui j'étois, et, ne me jugeant pas propre à être un des acteurs de la scène, me plaça fort honnêtement dans une tribune, pour en être spectateur. La seconde fois fut le Vendredi-Saint, jour où il devoit y avoir un redoublement de dévotion et de coups de discipline. Nous y allâmes ensemble sept à huit François, et nous nous plaçâmes au dernier rang, au bas de la chapelle, avec l'humilité qui convenoit à des profanes comme nous ; car les Italiens n'ont pas une grande idée de la religion des François, et ils ne pouvoient pas nous méconnoître, attendu que nous étions tous en grand deuil avec pleureuses, pour la mort de madame la dauphine. Cependant on nous présenta, comme aux autres, des disciplines, dont on supposoit bien que nous ne ferions pas d'usage ; mais c'étoit toujours une galanterie qu'on nous faisoit, et nous la reçûmes poliment. Quand on vint, après l'expédition, recueillir les disciplines, au lieu de rendre les nôtres au distributeur, nous les gardâmes, mais nous lui donnâmes chacun un paole, dont il fut aussi content qu'édifié.

Il y a dans la semaine sainte un jour destiné aux femmes, pour cette fustigation, avec la différence qu'elles font sur leurs fesses ce que les hommes exécutent sur leurs épaules. J'ignore quels péchés elles prétendent expier par là; mais ce ne doit pas être un préservatif contre l'aiguillon de la chair, si l'on en croit l'auteur du traité, *de Usu flagri in re venereâ*.

Il est singulier que, dans toutes les religions, il y ait eu des associations de fanatiques qui se soient imaginé qu'il y eût d'autres moyens de plaire à la Divinité que la pratique des vertus, et qui se persuadent que, le suicide étant un crime, se détruire en détail soit un acte méritoire. Il me semble qu'une idée plus noble et plus juste de Dieu est de croire qu'il nous donne les biens pour en user sans abus. Je dis sans abus, parcequ'on ne peut abuser sans nuire à sa conservation, et que celle de notre être et les moyens de notre bien-être, sans donner at teinte à celui d'autrui, sont dans les vues de Dieu. Ainsi, les macérations, la castration physique ou religieuse, les flagellations, etc., sont des absurdités, et seroient des crimes, si ce n'étoient pas des folies.

Mais je m'aperçois que je m'érige en prédicateur ou anti-prédicateur, ce qui revient au même. Pour en avoir moins d'occasion, sortons de Rome. J'en partis le mardi d'après Pâques, 21 avril, par le plus beau jour du printemps, dans une chaise de voiturin, mon domestique à côté de moi, et muni de provisions de bouche, attendu la connoissance que j'avois des auberges. J'avois cependant fait mon marché pour le souper, que le voiturin devoit me fournir ; mais ce n'étoit que pour m'assurer du gîte, et je le quittois toujours de sa bonne chère. Trois autres chaises étoient occupées par des prieurs dominicains, qui se rendoient à un chapitre à Bologne, et faisoient la même route que moi. Comme nous entrions dans la belle saison, je préférai le voiturin à la poste. Voyageant ainsi à petites journées de dix à douze lieues, je jouissois du plaisir de voir mieux la campagne, d'en examiner les différentes cultures, et de mettre de temps en temps pied à terre, pour marcher dans les plus beaux endroits, et me délasser d'être assis. De plus, étant déja assez avancés dans les grands jours, nous partions si matin, que nous arrivions de bonne heure à la couchée ; ajoutez une halte de deux heures pour dîner : le voyage n'est, dans le printemps, ni fatigant ni désagréable. Le seul avantage de la poste est d'éviter quelques mauvais gîtes ; mais étant muni de provisions, je ne me trouvois point mal. J'étois même utile à mes compagnons de voyage, qui étoient d'assez bonnes gens, par l'excellente huile d'Aix que je leur donnois pour des salades et des omelettes ; car on ne trouve souvent dans les auberges de route, excepté dans les villes, que des œufs frais et des herbages, avec de l'huile détestable. Aussi mylady Orford et M. d'Aubeterre m'avoient-ils obligé d'en recevoir de la leur à Naples et à Rome. Dans les villes principales, nos ministres et autres, tels que le comte Durazzo, ambassadeur de l'empereur à Venise, le comte d'Ericeyra, ministre de Portugal, ont toujours garni ma chaise de quelques provisions qu'ils savoient devoir m'être utiles, et me rendoient agréable à mes compagnons de voyage, à qui j'en faisois part.

La route de Rome à Florence est de cinquante lieues, et se fait par les voiturins en cinq jours. Les lieux où l'on s'arrête, soit pour dîner ou se rafraîchir, soit pour coucher, sont Monterose, Ronciglione, Viterbe, Montefiascone, où je fis, comme à mon premier passage, honneur au *muscatello*.

En partant de Montefiascone, on côtoie, pendant trois lieues, le lac de Bolzène, qui en a sept de tour, et de forme presque ronde. Ses flots sont quelquefois aussi agités que ceux de la mer, au point que la navigation y est dangereuse. Je l'avois vu dans cet état en allant à Rome. Il y a deux îles vers le milieu : Bisentina et Martana. C'est dans celle-ci que Théodat fit transporter et étrangla, dit-on, lui-même Amalazonte, reine des Goths, sa cousine-germaine, fille de Théodoric, et à qui il devoit la couronne. Cette princesse, mariée à Eutharic, et devenue veuve avant la mort de Théodoric, régna pendant huit ans avec gloire, sous le nom de son fils Athalaric. Celui-ci étant mort, elle épousa Théodat, son cousin, avec qui elle comptoit partager du moins l'autorité, et qui la sacrifia à l'ambition de régner seul. Il fut, à son tour, la victime de Vitigès, général de ses armées, qui le fit périr, et s'empara du trône.

Deux lieues au delà de Bolzène, on trouve Aquapendente, dernière ville de l'état ecclésiastique en revenant de Rome. Quelque petite qu'elle soit, elle n'en est pas moins épiscopale. Il est vrai que les évêchés sont fort multipliés en Italie, puisqu'on y en compte deux cent cinquante-huit, et quarante métropoles, qui font deux cent quatre-vingt-dix-huit siéges ou diocèses. Le seul royaume de Naples en a cent vingt-huit; les états du pape, dans l'Italie moyenne, cinquante-trois, dont trois métropoles; les états de Ravenne, Ferrare et Bologne, Parme et Modène, dix-huit; l'état vénitien, vingt-trois; la Toscane, dix-sept; le Milanez, dix-huit; le Piémont, cinq; Gênes, six; la Sicile, onze; la Sardaigne, six; la Corse, cinq; Lucques, un. Le pape nomme à presque tous les archevêchés et évêchés de l'Italie; il y en a peu dont les souverains aient la nomination. Le roi de Naples, sur cent vingt-huit, ne nomme qu'à vingt-cinq, et à aucun de la Sicile. Le roi de Sardaigne nomme les six de cette île. Le grand-duc de Toscane présente trois sujets pour chaque siége, et le pape choisit. Tous les autres sont à la nomination du pontife.

Les évêques étant en si grand nombre en Italie, il est aisé d'en conclure qu'il y en a beaucoup d'un revenu médiocre, et d'un territoire fort borné. Aussi la plupart ne valent-ils pas nos cures du premier ni même du second ordre. On pourroit, en comparant ces prélats aux nôtres, les appeler évêques à portion congrue. Ils ne sortent guère de leurs diocèses ; c'est le corps le plus régulier de la prélature italienne. Je veux bien croire que leur résidence vient principalement de l'amour du devoir ; mais je n'en soupçonne pas moins que la médiocrité de leur fortune y contribue aussi. Nous ne voyons point nos curés augmenter par leurs équipages les embarras de Paris.

Je partis heureusement très matin d'Aquapendente, sans quoi j'aurois pu être arrêté long-temps par un torrent, au pied de la montagne de Radicofani, une des plus hautes de l'Apennin. Le lit en étoit à sec quand j'y arrivai, et je le traversai en chaise ; il y avoit quelques flaques d'eau dans les endroits les plus bas, ce qui n'empêchoit pas des gens de pied de passer, au moyen de petits détours. Mais comme l'espace que remplit le torrent, dans sa force, est fort large, je les voyois se presser, et ce n'étoit pas sans raison. Les nuages noirs qui s'assembloient, embrassèrent bientôt tout l'horizon, et à peine fûmes-nous passés, qu'il tomba un déluge avec des coups de tonnerre, tels qu'on les entend dans ces montagnes et entre des rochers qui réfléchissent et propagent la détonation. J'avois, en allant à Rome, éprouvé le froid le plus vif sur Radicofani, et à mon retour j'y essuyai le plus violent orage, qui dura tout le temps que nous mîmes à monter la montagne. Les éclairs effrayoient nos chevaux, et la pluie étoit si abondante, que nous étions comme dans un nuage épais, qui nous laissoit à peine voir quatre pas en avant. Le ciel enfin s'éclaircit, et nous fîmes halte à une auberge isolée, un peu au delà du point où l'on commence à descendre.

De Rome à Florence on ne trouve de ville considérable que Sienne, propre et bien bâtie; mais sa population ne répond pas à son étendue, ce qui prouve qu'elle a été plus florissante qu'elle ne l'est aujourd'hui. La société y est, dit-on, fort aimable; on y parle aussi purement l'italien qu'à Florence, et sans l'âpreté et l'accent guttural du florentin. J'ai même observé que les villageois des environs s'exprimoient mieux qu'ailleurs.

J'arrivai de très bonne heure à Florence, le samedi 25 avril. Après avoir pris mon logement dans une maison très propre sur le bord de l'Arno, j'allai voir le marquis de Barbantane, notre ministre, avec qui je passai les trois jours que je restai à Florence. Je les employai, par le plus beau temps, à voir ce qui mérite d'être vu, et sur-tout la galerie, où l'on pourroit rester huit jours de suite sans les regretter, et d'où l'on ne sort qu'avec le desir d'y retourner. Il y a des détails imprimés d'une partie des choses qu'on y voit; et, comme je crois l'avoir dit, je n'ai aucun dessein de copier ce qu'on lit ailleurs ; j'y recours moi-même quand je veux me rappeler ce que j'ai vu, et je ne fais ce journal de mon voyage que pour ma satisfaction particulière, et non pour l'impression.

M. d'Aubeterre avoit écrit en ma faveur à M. de Rosamberg, son ami, premier ministre du grand-duc; mais, quand j'arrivai, j'appris qu'il étoit parti depuis deux jours, avec le prince, pour trois semaines. J'en fus très fâché, car j'avois principalement dessein de voir le grand-duc, dont j'avois entendu des éloges qui ne m'étoient pas suspects. La plus grande des curiosités pour moi, c'est un prince digne de l'être. Il y en a assez de loués par des courtisans et des poëtes; le grand-duc l'est par le peuple et les paysans ; voilà les vrais panégyristes. Il vient d'affranchir les campagnes de la tyrannie de la chasse; les laboureurs ne verront plus leurs moissons dévorées par les bêtes fauves; *in exultatione metent*, et ailleurs, *seminant in lacrymis*.

Les spectacles n'ayant pas encore cessé à Florence, j'y vis l'opéra bouffon, dont la musique est agréable et les pièces misérables. Je n'en ai guère vu d'autres en Italie. Goldoni est le premier et le seul qui ait commencé à imiter le théâtre françois dans la comédie.

Je partis de Florence le mardi 22 avril, pour me rendre à Bologne, où je séjournai jusqu'au lundi au soir, 4 de mai. J'avois remarqué, en passant les montagnes par où l'on arrive à Pietra-Mala, des preuves visibles d'anciens volcans, dont les éruptions sont antérieures à toutes les histoires ; et il en est ainsi d'une grande partie de l'Italie. Un voyageur instruit et tant soit peu attentif en voit par-tout des vestiges, tels que des pierres ponces, des pyrites, des laves durcies, qu'on a prises pour des pierres de carrière ordinaire.

Bologne est dans un des plateaux de la plus belle culture et de la plus forte végétation; et la campagne étoit alors dans son état le plus brillant. La saison et le temps engageoient à la parcourir, et j'en goûtai le plaisir. A l'égard du temps que j'ai passé dans la ville, je l'employai exactement en homme de lettres. Ma première visite fut chez le vieux Zanotti, secrétaire de l'Institut, qui me reçut en confrère; il me présenta à tous les professeurs, qui me comblèrent d'honnêtetés. L'un d'entr'eux, nommé Pozzi, professeur de chimie, élève de Rouelle, m'offrit d'être mon *cicerone* dans Bologne, dont il me fit voir tout ce qui est digne de curiosité. L'Institut seul suffiroit pour honorer la capitale d'un état.

C'est un palais qui renferme tout ce qui concerne les sciences et les arts ; astronomie, mécanique, physique, anatomie, peinture, sculpture, bibliothéque, etc., rien n'y est oublié en leçons et en modéles. La salle destinée à l'instruction des sages-femmes est un établissement qui devroit se faire dans toutes les villes qui peuvent entretenir un démonstrateur dans cette partie si nécessaire de l'art d'opérer. On voit, dans une des salles de l'Institut, des modéles en cire, de grandeur naturelle, de toutes les manières dont l'enfant peut se présenter pour sortir de la matrice, et le professeur donne en conséquence des leçons sur la conduite que doit tenir la sage-femme dans tous les cas possibles. Les femmes étant admises dans les académies d'Italie, Laura Bassi occupe à Bologne la chaire de physique. Elle parle le françois ; et c'est en latin qu'elle donne ses leçons. Il y a peu d'années que la signora Agnèse, de Milan, professoit les mathématiques avec éclat. Elle s'est depuis retirée dans un couvent d'un ordre très austère. Le comte de Marsigli est le fondateur de l'Institut, qui est lié à l'université et aux anciennes académies. Il y consacra sa fortune, et l'illustra par ses connoissances en tous genres. Le pape Benoît XIV, natif de Bologne, a donné à l'Institut un nouvel éclat par ses bienfaits et une protection éclairée. On sait que Bologne, quoique dépendant du pape, qui y tient un légat, conserve une image de liberté et de république. Elle a un ambassadeur à Rome et un auditeur de rote; elle fait battre de la monnoie sur laquelle on lit : *Bolonia docet :* témoignage public de son amour pour les sciences.

Le docteur Pozzi ne se contenta pas de me faire voir le palais, il me présenta aux personnes les plus considérables. Il y avoit alors à Bologne un homme ou plutôt un personnage qui avoit joué un grand et triste rôle à la cour d'Espagne; c'étoit le castrat Farinelli, ce chanteur célèbre. Après avoir fait connoître son talent dans les principales cours de l'Europe, il s'étoit arrêté à celle d'Espagne. Le roi Ferdinand et sa femme s'étoient tellement passionnés pour lui, que sa faveur éclipsoit le crédit des ministres. Aussi tous les princes qui avoient à négocier à cette cour, s'adressoient-ils à lui, le combloient de présents, lui écrivoient des lettres telles qu'ils en auroient adressées aux Ximenès et aux Olivarès. Farinelli, assiégé par les courtisans, recherché par les ministres, décoré de l'ordre de Calatrava, ne négligea pas sa fortune; mais, ce qui est sans exemple, il ne se laissa pas enivrer de la fumée de la faveur, parut toujours modeste, et respecta même les grands qui réclamoient sa protection. Un d'entr'eux lui demandant un jour ses bontés : « Voilà, dit-il, des expressions bien fortes
« pour les plaisirs que je puis faire : je vais, si vous

« le desirez, vous chanter une ariette; c'est tout
« ce qu'un seigneur comme vous peut attendre de
« quelqu'un comme moi. » Il disoit quelquefois
qu'il regrettoit la vie libre et vagabonde qu'il avoit
menée avec ses camarades, et que des chaînes d'or
n'en étoient pas moins pesantes. Cette façon de penser est d'autant plus étonnante, que ces êtres dégradés ont la plus haute opinion de l'importance de leur
talent. La nature semble leur avoir donné, par
compassion et pour consolation, la vanité la plus
folle. Cafarielli disoit, en parlant de Farinelli, qu'il
avoit été premier ministre en Espagne, et ajoutoit :
« Il le méritoit bien, car c'est une voix admirable. »
La manière dont on traite les plus distingués de ces
castrats doit aussi leur tourner la tête. La seconde
dauphine ayant le goût de la musique italienne, on
fit venir à Versailles Cafarielli, à qui l'on entretint,
pendant son séjour, un carrosse et une table de six
couverts, traitement exactement pareil à celui du
confesseur du roi. Il ne chanta qu'une fois en public; ce fut un oratorio, dans la chapelle du Louvre,
le jour de la Saint-Louis, en présence de l'académie
françoise, et son paiement fut une bourse de cent
jetons. Sa fatuité, en fait de bonnes fortunes, étoit
une chose curieuse. On ne pouvoit s'empêcher de
rire du contraste de ses prétentions et de son état,
qui pourtant n'étoit pas méprisé par certaines femmes. Une observation à faire par un philosophe,

est que de la multitude de ces castrats, voués et livrés uniquement à la musique dès l'enfance, il n'en sort point de bons compositeurs. On en doit inférer que ce dont on les prive a de grandes influences sur les facultés de l'ame.

Farinelli, dans l'opulence, tient à Bologne une bonne maison, qui ne le sauve pas de la mélancolie. Affranchi de la cour à la mort de Ferdinand, il paroît aujourd'hui en regretter l'esclavage, comme il y regrettoit sa liberté. Il prouve, comme Bussy-Rabutin, que, si la cour ne rend pas heureux, elle empêche, après une longue habitude, qu'on ne le soit ailleurs.

On me proposa de me mener chez lui; mais, quoique j'aie autant de pitié pour les ministres disgraciés qui prennent si vivement leur état, que d'éloignement pour ceux qui sont enivrés de leur place, je ne crus pas devoir aller m'attrister avec Farinelli.

Je trouvai à Bologne un homme plus à plaindre qu'un vieux castrat blasé. C'étoit le marquis de Govea, oncle du duc d'Aveiro, exécuté avec une partie de sa famille, pour l'attentat commis sur le roi de Portugal. Quoique le marquis de Govea voyageât chez l'étranger lors du crime, il a été compris dans le châtiment par la perte de ses biens, et s'est fixé à Bologne, où il vit d'une modique pension que le roi d'Espagne lui fait, m'a-t-on dit, par compassion pour un innocent qui a le malheur de tenir de trop près à une famille coupable, pour pouvoir jamais rentrer dans sa patrie. Je l'avois remarqué dans un café de la place du Palais, où s'assemblent, comme à Paris, les nouvellistes et les désœuvrés de la ville, et où j'allois le matin prendre du thé, entendre discourir, et me mêler de temps en temps à la conversation. J'y repassois le soir, après avoir employé la journée à voir ce qui le méritoit, les savants et les personnes les plus distinguées. Il y avoit toujours dans les différentes salles de ce café un monde considérable. Le hasard m'ayant fait asseoir auprès du marquis de Govea, je vis qu'il avoit l'ordre du Christ, et que ses habits n'annonçoient pas l'opulence. Je m'informai tout bas de son nom et de ce qu'il étoit. L'ayant su, je lui fis politesse, et liai conversation avec lui. Il y parut sensible; car, ayant appris que j'allois à Venise, il me donna, le lendemain, une lettre pour un particulier de cette ville, dont il avoit tenu un enfant avant sa disgrace, et chez qui je serois mieux qu'à l'auberge, dans le concours d'étrangers qui se rendoient à Venise pour le carnaval de l'Ascension.

Avant de quitter Bologne, je voulus faire une visite aux dominicains avec qui j'avois voyagé. Leur couvent peut être regardé comme le chef-lieu, la métropole de l'ordre, puisque c'est là que leur saint Dominique est mort, et non enterré; car on comprend bien que tout fondateur d'ordre doit être canonisé, et avoir son autel et non son tombeau, depuis saint Uldaric, première canonisation par Jean XVI dans le dixième siècle, jusqu'à notre mère de Chantal, sur qui je pourrois parler, si je n'avois pas des amies à la Visitation. Je ne fus point tenté de brûler un cierge devant le fondateur de l'inquisition, patron des incendiaires ; mais j'admirai sa chapelle, et entendis d'assez bonne musique. A propos d'inquisition, on prétend qu'à Toulouse les dominicains continuent de donner à l'un de leurs moines le titre d'inquisiteur. Si cela est, il n'y a rien de si étonnant que leur impudence, si ce n'est l'indulgence du parlement qui le souffre. Mais l'exemple des Calas prouve que ce tribunal est aussi fanatique qu'un moine ultramontain. Mes compagnons de voyage me firent le plus grand accueil, et me montrèrent les beautés de leur maison. Je les priai de me conduire à leur bibliothèque, qui est assez nombreuse et dans un très beau vaisseau. J'y remarquai beaucoup de bons livres. Mais le plus grand nombre est, comme dans tous les couvents, une armée de théologiens, de scholastiques, de mystiques, et de pareilles compilations. Je ne tirai aucun de ceux-là des tablettes ; mais j'en ouvris plusieurs de différentes classes, et je remarquai l'attention de mes conducteurs sur ce qui attiroit la mienne.

De la bibliothèque nous allâmes à un lieu plus intéressant pour les moines, au réfectoire. Ils me firent voir ensuite leur cellier; je n'en ai jamais vu de plus grand, ni de mieux garni. Je fus étonné d'une si grande quantité de vin chez une nation où je ne crois pas avoir vu un homme ivre. Il y avoit, dans une enfilade de caves, de quoi abreuver tous les chapitres d'Allemagne. On m'offrit de déjeûner; mais, devant partir le jour même, et n'ayant que le temps de faire préparer mes malles, je les remerciai, et allai à mon auberge, où j'avois ordonné mon dîner.

J'avois dessein de connoître toutes les façons de voyager en Italie; et, quand ce n'eût été que pour me délasser des cahots de la route de terre, je voulus prendre place dans la barque du courrier qui part toutes les semaines pour Venise. Je m'y embarquai donc le lundi 4 mai, à huit heures du soir. Cette voiture n'est pas chère; trois sequins furent le prix qu'on me demanda, et que je donnai à ce courrier. On vogue toute la nuit sur différents canaux; car on passe de l'un à l'autre, et l'on change trois fois de barque jusqu'à Ferrare, où l'on arrive le matin. J'eus le temps, avant de dîner, de parcourir la ville, et rentrai, vers trois heures après midi, dans une barque qu'on remorque jusqu'à cinq milles de Ferrare. Là on s'embarque sur le Pô, dans une espèce de gabare pontée, où l'on passe la nuit; et, le mercredi 6, nous arrivâmes, vers quatre heures après midi, à la vue de Venise. Nous étions près d'entrer dans les lagunes, lorsqu'un violent ouragan nous força de jeter l'ancre; et, dès qu'il fut calmé, j'entrai avec le courrier dans un canot, et quatre bons rameurs nous firent bientôt arriver dans la ville. Je pris une gondole, qui me conduisit à la maison que le comte de Govea m'avoit indiquée. Le maître, à qui je remis la lettre du comte, me parut avoir conservé pour lui le respect dû à la naissance et au malheur. Il me reçut très bien, et j'y fus mieux que je n'aurois été ailleurs, toutes les auberges étant pleines d'étrangers qui se rendoient au carnaval de l'Ascension.

La barque du courrier étant entrée pendant la nuit, j'eus, dès le matin, tout ce que j'y avois laissé. Je me rendis chez M. Le Blond, consul de France, qui me fit toutes les offres possibles de services. J'allai de là au palais de France, où il n'y avoit alors que M. Adam, secrétaire de l'ambassade, qui en usa avec moi aussi honnêtement que M. Le Blond. Le marquis de Paulmy, notre ambassadeur, étoit alors en France par congé. Mon dessein n'étant pas de faire des liaisons avec des Vénitiens que je ne devois jamais revoir, mais de satisfaire ma curiosité sur le matériel d'une ville unique dans son genre, j'en trouvai toutes les facilités. Le comte Durazzo, que j'avois fort connu à Paris, se trouvoit alors ambassadeur de l'empereur à Venise. Ayant su, par quelques François, que je devois arriver, je ne fus pas plus tôt descendu à mon logement, que j'en reçus un message pour me faire compliment, et m'inviter à venir souper avec lui. Je voulus m'excuser sur ce que j'étois en habit de voyage, et ne pouvois, en cet état, me présenter devant madame l'ambassadrice, dont je n'avois pas l'honneur d'être connu, et que le lendemain je me rendrois à leur palais. Je reçus un second message de la comtesse, qui me fit dire qu'en quelqu'état que je fusse, elle me prioit de venir. Je m'y rendis, et, dès ce moment, M. Durazzo fut mon principal guide pour parcourir Venise. Son palais, sur le grand canal, est magnifique, et meublé du meilleur goût. Il tient une excellente maison, dont il fait parfaitement les honneurs, et dont l'ambassadrice, grande, belle et bien faite, est le principal ornement. Il a de plus, sur la place Saint-Marc, un *casin* meublé avec élégance, où il se renferme les soirs avec sa société particulière, et où il m'admit. Les Vénitiens les plus opulents, et hommes de plaisir, ont aussi leurs *casins*, qui répondent à ce que nos gens à la mode appellent leurs *petites maisons*.

Quand j'aurois voulu former quelque liaison avec des Vénitiens, il suffisoit de connoître leurs lois et leurs mœurs, pour juger que cela n'eût pas été possible, après celle que j'avois formée avec des ministres étrangers que j'avois trouvés chez le comte Durazzo. J'en ai cependant vu de la première classe de la république, et en ai même reçu beaucoup d'accueil ; mais ils étoient dans ce moment en nombre considérable à une fête qu'ils donnoient au duc de Wurtemberg, et où je fus présenté. Sans cette circonstance, aucun de ces nobles ne m'auroit parlé tête à tête.

On sait combien le gouvernement vénitien est soupçonneux, et combien chaque citoyen, noble et citadin, craint de lui être suspect. Nul gouvernement n'est si despotique ni si sévère que cette aristocratie. La noblesse forme collectivement un despote, dont chaque noble, faisant une petite portion intégrante, est individuellement esclave. Il n'y a point de sultan plus redoutable qu'un despote immortel. Sans troupes, sans garde apparente, l'ordre subsiste dans Venise sous l'aile de la crainte de l'inquisition d'état. Tout est fait pour l'inspirer. Les procuracies offrent de toutes parts des troncs sous la forme de masques de lion, avec des inscriptions qui, sous le titre de *denoncie secrete*, invitent les passants à dénoncer ténébreusement, et sans crainte de recherches, ce qu'ils savent, ou croient, ou veulent faire croire de contraire au gouvernement. Tous les sujets de délation sont articulés sur différents marbres. La première idée d'un étranger est qu'on doit être dans une inquiétude continuelle, au milieu d'une foule d'espions contr'espionnés. Cependant le peuple, proprement dit, n'est, ou ne se peut croire en aucun lieu, plus libre qu'à Venise. On conviendra, je crois, que l'être le plus libre est celui qui peut, sans la moindre contrainte, satisfaire tous ses desirs. Voilà exactement l'état du peuple, et sur-tout celui du bas peuple vénitien. Ses jouissances sont en proportion avec ses desirs, et ses desirs avec ses moyens. Borné aux seuls besoins physiques, ses idées ne vont pas plus loin. Il ne desire que ce qu'il fait, et fait tout ce qu'il desire. Il peut se livrer à tout ce qu'une police plus sévère sur les mœurs peut défendre ou modérer ailleurs. Le gouvernement a grand soin que la ville soit abondamment pourvue de vivres, et à un prix proportionné aux salaires. Le peuple a, de plus, une opinion de lui qui affermit son attachement et son obéissance au sénat, et dont son imagination est flattée : il se regarde comme l'appui et le défenseur de ses maîtres.

J'eus bientôt la preuve qu'un étranger, dès son entrée dans Venise, sans être contraint sur ses plaisirs, n'en est pas moins observé par le gouvernement. Peu de jours après mon arrivée, je fus présenté au duc de Wurtemberg, qui m'invita aux fêtes qu'on lui donnoit; et, dès le soir, j'allai à une des assemblées, dont plusieurs des principaux nobles faisoient les honneurs. La conversation s'engagea entr'eux et moi, et je vis qu'ils savoient déja les lieux que j'avois parcourus, tels que les procuracies, l'arsenal, etc. Ils me demandèrent si je ne séjournerois pas tout le temps du carnaval d'été, pour voir la régate, fête qui se donne rarement, et dont on préparoit le spectacle pour le prince. Cette régate est une course de gondoles sur le grand canal, avec des prix pour les vainqueurs. Des femmes et des filles sont admises à les disputer; et j'en vis, sur de petits radeaux de planches, étroits, allongés et à fleur d'eau, parcourir en peu de minutes toute l'étendue du canal. Les concurrents pour les prix s'exerçoient journellement, et j'en avois si souvent été témoin, que je ne devois pas être fort curieux du vrai concours. Ma curiosité sur des objets plus importants étant satisfaite, je ne comptois pas m'arrêter pour de simples spectacles. Je répondis à ceux des nobles qui me pressoient de rester que, mon congé de voyage étant limité, j'étois obligé de retourner en France. Sur quoi un d'entr'eux me dit obligeamment, qu'il étoit tenté de me dénoncer aux inquisiteurs d'état, pour me faire prolonger mon séjour.

Le duc de Wurtemberg étoit depuis quelques mois à Venise, et se proposoit de s'y arrêter encore. Son goût pour les fêtes, les spectacles et les autres dissipations de cette nature, l'avoit engagé dans de si prodigieuses dépenses, que les administrateurs de ses états travailloient alors à le mettre dans une espèce de tutelle. A l'égard de son séjour à Venise, il ne lui étoit pas fort onéreux.

Lorsque des princes d'un certain rang se trouvent à Venise sans garder *l'incognito*, le sénat nomme quelques uns de ses membres pour les accompagner et subvenir à la dépense. Telle est la politique de cette aristocratie, qu'elle charge des postes et des emplois les plus onéreux ceux de ses membres qu'une opulence marquée peut rendre suspects de vouloir se distinguer trop de leurs égaux. Ceux à qui elle confie des gouvernements, *regimenti*, leurs ambassadeurs même dans les différentes cours, ne reçoivent rien, ou reçoivent peu de la république. Elle a, de plus, l'attention de consulter à-la-fois et la capacité et la fortune de ceux qu'elle charge d'une fonction. Si la longue durée de la constitution d'un état étoit la preuve de sa meilleure forme d'administration pour le bonheur des sujets, Venise l'emporteroit sur tous les autres. Cette question seroit un problème politique à résoudre.

Il n'étoit pas naturel qu'étant personnellement attaché au roi par ma place, je n'allasse pas à Parme faire la cour à son petit-fils. Je partis, dans ce dessein, de Venise, à minuit, le samedi 16 mai, par la barque de Modène. Les cahots qui m'avoient fatigué sur plusieurs routes, me faisoient préférer les voitures par eau, où j'avois la faculté de lire et d'observer, aussi bien que par terre, les pays que je traversois. On change de barque à la Polesine, où l'on soupe pendant le déménagement. Le patron me fournissoit un matelas; de façon que je me trouvois encore mieux dans la chambre de la barque, que dans les lits dégoûtants des auberges de Rome à Naples. Nous dînâmes, le dimanche, dans une auberge sur le bord du canal. On arrive le lundi, vers cinq heures du matin, à Pontelago, où le courrier s'arrête quelque temps pour laisser ou prendre des envois. On passe, vers onze heures, du Pô dans le Panaro, et l'on dîne dans la barque. On arrive, vers dix heures du soir, au Final, dans le Modénois. On y passe la nuit, et le mardi matin, un commis vient, moins faire la visite de la barque et des malles, que recevoir quelques paoles, que le courrier m'avertit de donner, et que je lui fis donner, sans même le regarder, l'argent étant la seule politesse que ces sortes de gens exigent. Quatre lieues avant d'arriver au Final, à Bondino, j'avois remarqué un pont de trois arches, nouvellement construit. Les culées, la base des deux piles, et les parois extérieures des cintres sont de pierre, le reste est en brique. Ce pont, fait et très bien fait, l'a été en trois mois, par économie, aux frais des communes des environs, et n'a coûté que quarante-cinq mille écus romains, qui font à peu près quatre-vingt mille livres de notre monnoie. Cette légère dépense, une fois faite, en épargne au pays une infinité d'autres de détails journaliers, dont la masse étoit plus onéreuse, sans compter les embarras et les longueurs dans la circulation du commerce, et la communication des denrées. On ne voit, nulle part, exécuter aussi promptement et à si peu de frais qu'en Italie, des entreprises, soit de constructions solides, soit de décoration. Le théâtre de Saint-Charles, à Naples, dont la cage et les escaliers sont en pierre, a été construit en moins d'un an, et celui de Paris en a exigé dix.

Le mardi 19, je dînai, soupai et passai la nuit dans la barque; mais dans le cours du voyage, j'en sortois pour me promener, en la côtoyant, dans les lieux où le paysage et la vue étoient les plus agréables dans cette belle saison. Il falloit que le patron fût content de moi, et que je ne lui fusse pas onéreux; car il me donna toujours du café après mon dîner; ce qui n'étoit pas du marché. Il n'y avoit avec moi, de passagers, qu'un marchand de Parme, avec sa femme, et un enfant de six mois qu'elle alaitoit. Elle étoit grande, d'une taille dégagée, jeune et assez jolie. Le mari, d'environ trente ans, étoit bien de figure, et avoit eu de l'éducation; car il connoissoit passablement les auteurs latins. Une mère tendre, jeune et alaitant son enfant, dont elle prenoit le plus grand soin, étoit pour moi un tableau intéressant. Je lui fis cependant quelques représentations sur la manière dont elle soignoit son enfant. Cette pauvre petite créature, emprisonnée dans son maillot, crioit souvent. La mère n'y savoit autre chose que de lui présenter le téton, ou de lui donner de la thériaque. Je lui en vis prendre le premier jour près d'une demi-boîte. Cela me fit penser que cet électuaire n'est pas aussi échauffant qu'on le suppose, sans quoi l'enfant auroit eu les entrailles brûlées par un si fréquent usage; mais cela ne me persuada pas que ce fût un bon régime. Je dis à la mère de le dégager de son maillot; et, attendu la douceur du temps, d'essayer de le laisser nu, avec toute la liberté de ses petits membres. Elle le fit, et l'enfant ne cria plus. Elle et le mari, d'après l'expérience, me remercièrent du conseil. Je crois que, dans la suite, la mère aura supprimé la thériaque et les entraves; et que, dans les temps moins doux, elle se sera bornée à couvrir et envelopper son enfant sans l'emmaillotter. Je desire qu'elle ait indiqué à d'autres une méthode si simple.

Le mercredi 20, nous arrivâmes à Modène à portes ouvrantes, par le plus beau temps et très chaud. La ville me parut riante et assez propre. Sans vouloir contredire ceux qui la qualifient de fangeuse, je me contenterai, à ce sujet, d'une réflexion que les voyageurs m'ont fait faire. Ils décident communément du climat, de la température, du beau ou du mauvais temps, suivant celui qu'il faisoit quand ils passoient en différents lieux, et en font l'état habituel. Malheur aux villes qu'ils ont traversées par la neige, la pluie ou la grêle!

Depuis six heures du matin jusqu'à cinq heures du soir que je restai à Modéne, si j'en excepte le temps du déjeûner et du dîner, le reste fut consumé dans les tracasseries des douanes d'entrée et de sortie. On s'en tire avec des paroles; mais cela n'en est pas moins incommode; et c'est un des désagrémens du voyage d'Italie, par la multiplicité des petits états, dont on peut quelquefois traverser deux ou trois dans le même jour.

Après avoir laissé passer le fort de la chaleur, nous prîmes, mes compagnons de voyage, mon domestique et moi, une voiture à quatre, qui nous mena coucher à Reggio, où nous fûmes assez bien traités. Nous en partîmes le lendemain, à la pointe du jour, et entrâmes dans Parme vers huit heures du matin. Aussitôt que j'eus pris un logement à la poste, j'allai chez le baron de La Houze, ministre de France, que je trouvai prévenu de mon arrivée, et dont, sans être personnellement connu, je reçus l'accueil qu'il auroit pu faire à un ami. Il envoya sur-le-champ chez le premier gentilhomme de l'infant, savoir quand je pourrois être présenté. Sur la réponse que je pouvois venir sur l'heure, je n'eus que le temps d'aller m'habiller. Le baron vint me prendre dans son carrosse, et me conduisit au palais. Je fus donc présenté à l'infant, comme il se mettoit à table. Il me retint pendant son dîner, et engagea la conversation, m'adressant souvent la parole. Plusieurs dames assistoient à son dîner; c'étoit le seul temps où elles pouvoient lui faire leur cour jusqu'à ce qu'il fût marié. Je ne me retirai que lorsqu'il fut levé de table, et j'allai, avec le baron de La Houze, dîner chez lui, où je trouvai très bonne compagnie, et entr'autres les pères Jacquier et le Sueur, minimes françois, les meilleurs physiciens de l'Italie, qui étoient venus de Rome passer quelque temps auprès de l'infant, et lui donner des leçons. L'abbé Frugoni, homme de beaucoup d'esprit, et quelques gentilshommes distingués étoient aussi du dîner.

L'après-dînée j'allai me promener dans les jardins du palais, où l'infant, m'ayant aperçu me fit appeler. Il étoit entre son premier gentilhomme, son capitaine des gardes, et le chevalier de Kéralio, son gouverneur, gentilhomme breton, et du plus grand mérite pour élever un prince. L'abbé de Condillac, son précepteur, étoit aussi le meilleur choix qu'on pût faire. Le temps de ses fonctions étant fini, il étoit alors retourné en France, où il est entré depuis à l'académie françoise. Si l'on préjuge ce que sera le prince par ceux qui l'ont élevé, on n'en peut tirer qu'un favorable augure. Ils ont d'abord eu besoin, avant d'édifier, de détruire, dans leur éléve, l'ouvrage des femmes auxquelles son enfance avoit été confiée, et dont il avoit reçu les premières impressions. Ces espèces de gouvernantes sont à peu près les mêmes dans toutes les cours. On ne devroit les charger que du physique; et la vraie éducation doit se commencer presqu'à la naissance. Quoi qu'il en soit, j'ai trouvé dans l'infant beaucoup plus de connoissance des belles-lettres et des sciences, que dans nos seigneurs d'un âge plus avancé, et qu'on suppose les mieux élevés, si j'en excepte un Gisors, un Montmirail, un La Rochefoucault, les jeunes Noailles, et très peu d'autres. Je cherche à m'en rappeler, et il ne s'en présente point dans ce moment à ma mémoire; j'en trouverois peut-être encore un peu, en cherchant beaucoup. Je ne serois pas si embarrassé s'il falloit nommer leurs contrastes. A l'égard du caractère de l'infant, les lettres que M. de Lomellini en avoit reçues, et qu'il m'avoit communiquées à Gênes, durent me prévenir favorablement; et je ne remarquai rien dans ce prince, en lui faisant ma cour, qui ne fortifiât mon opinion. J'ajouterai que l'infant, ayant su ce que j'avois dit de lui à la cour, à mon arrivée en France, écrivit une lettre que j'ai vue, et dans laquelle il mandoit qu'il étoit très sensible au bien que j'en disois, et qu'il espéroit se conduire toujours si bien que je n'en écrirois point de mal comme historiographe. Je le desire; car, en fait d'éloges les plus justes donnés à des princes, il faut prendre des dates, et fixer les époques. Pendant la promenade, où il me permit de l'accompagner, nous voyions, de sa terrasse, le champ de bataille de Parme, qu'il raconta très bien, détaillant les positions et les mouvements des armées, comme il l'avoit appris de son gouverneur, qui s'étoit trouvé à cette affaire. Lorsqu'il rentra dans son appartement, il voulut que je l'y suivisse. J'y restai à m'entretenir des affaires de France avec le chevalier de Kéralio, pendant que le prince jouoit une partie avec son premier gentilhomme et le baron de La Houze.

Un homme plus curieux à voir que beaucoup de princes, et sûrement plus rare, est le ministre de Parme, M. du Tillot. C'est un homme de la plus exacte probité, de la physionomie la plus ouverte, et qui, chargé de toute l'administration, a le travail le plus facile. Né d'une famille honnête, il fut d'abord premier valet de chambre du feu infant, gendre du roi. Ce prince, en ayant senti le prix, en fit son ministre, et se reposa absolument de tout sur lui. Il le fit marquis de Felino; et depuis le mariage du jeune infant, le roi l'a décoré du grand cordon de Saint-Louis. Le marquis de Felino ne devant son élévation qu'à son mérite, il ne croit pas devoir être important, comme ceux qui doivent tout à la fortune. Les affaires ni les honneurs ne l'ont rendu ni triste ni fat. Il m'invita à dîner le lendemain de ma présentation à l'infant. Lorsqu'on fut levé de table, j'engageai la conversation avec lui sur ses opérations économiques, et l'on ne peut être plus content que je le fus de ses lumières et de sa facilité à les communiquer. Je lui dis en le quittant, que j'étois charmé d'avoir vu et entendu le grand ministre d'un petit état. On pourroit souvent dire le contraire ailleurs. Plût à Dieu que l'infant le prêtât pour quelque temps à…! Rien n'égale l'ordre que M. du Tillot a mis dans les finances. Tous les fonds assignés sont appliqués à leur objet, et rien n'est dû à la fin de chaque mois. Comme j'en parlois, à mon retour, avec éloge, un de ces hommes qui se piquent de voir tout en grand, et qu'on ne voit pas sous le meme aspect, me dit qu'il y avoit une grande différence entre l'administration des finances d'un état puissant et celles d'un petit. Ainsi, ajoutoit-il, celui qui fait bien manœuvrer deux mille hommes ne commanderoit pas une armée. Mais, s'il y a de la différence entre un grand et un petit état, il n'y en a pas moins entre les deux objets de comparaison de la finance et du militaire.

L'art de la guerre a bien des parties qui se perfectionnent par l'exercice, sans quoi il ne seroit pas un art. Mais il exige de plus un génie particulier dans le général, pour préparer, saisir les circonstances et varier les ressorts. Il n'y a point d'opération où les cas fortuits soient si fréquents, et qui exigent un parti plus prompt, souvent opposé au premier plan. Il falloit à Condé, dans ces occasions, ce coup d'œil d'aigle qu'on lui reconnoissoit. Turenne, son rival de gloire, avoit besoin de cette sagacité voilée par le flegme, qui lui faisoit prévoir et s'asservir les événements : c'étoit la poudre cachée qui ne se manifeste que par son explosion. Il falloit qu'un homme si peu avantageux fût bien sûr de son plan, pour dire, en parlant de Montécuculli : *Pour aujourd'hui, je le tiens*. Le coup de canon qui dans le moment enleva ce grand homme, emporta aussi son secret. Aucun officier ne put l'imaginer. C'est que, pour le deviner, il falloit le génie qui l'avoit trouvé.

Il n'en est pas ainsi de l'administration économique. Probité, vigilance, esprit d'ordre et désintéressement personnel dans l'administrateur, plus de raison que d'imagination systématique : avec ces qualités, on gouvernera les finances de quelqu'état que ce soit ; il ne s'agit que de trouver, et on trouve quand on le cherche, un Sully ou un du Tillot ; joignez-y un prince qui les laisse maîtres de leurs opérations. Il ne faut pas plus ni d'autres ressorts pour donner le mouvement à trois cents millions qu'à trois millions. Quand le fardeau est lourd, il ne s'agit plus pour le mouvoir, que d'alonger le levier ; mais c'est toujours le même principe de force. Du Tillot eût été Sully en France, Sully n'eût été que du Tillot à Parme. Un autre genre d'éloge, et dont je ne connois point d'exemple dans l'histoire, c'est le soin qu'il prend d'instruire son jeune prince dans l'art de gouverner lui-même. On pourroit dire du ministre parmesan qu'il travaille continuellement à se rendre inutile : bien différent de ces ministres qui ne s'occupent que du soin de perpétuer l'enfance ou l'inapplication des princes dont ils ont la confiance. Tous les matins, le premier travail de M. du Tillot est d'avoir avec l'infant une conférence, dans laquelle il lui expose l'état des affaires, le parti qu'on doit prendre, et le pourquoi.

Pour faire mieux connoître l'intelligence de ce ministre, il faut considérer avec quel revenu il suffit à toutes les dépenses, et même à la magnificence de la cour. Les états de l'infant peuvent avoir quatre cents lieues carrées, dont la population passe cinq cents mille ames. Ses revenus sont de trois à quatre millions, en y comprenant sept cent vingt mille livres que lui donnent, moitié par moitié, la France et l'Espagne.

L'archiduchesse Amélie, qu'il vient d'épouser, jouit, sur ces revenus, de trois cent cinquante mille livres de domaine. Le mariage s'est fait avec un genre de magnificence peut-être unique. On a fourni un habit de *gala* à tous ceux qui forment la cour, à chacun suivant son rang et son état, sans surcharger le peuple. Je ne doute pas que le futur mariage du dauphin ne coûte des millions, sans un acte de noblesse. Les dépenses seront folles, et le peuple paiera pour tous. En voilà beaucoup à l'occasion du ministre d'un petit état; je serois plus court sur ceux d'un grand, en fait d'éloges.

Le vendredi, je dînai chez ce ministre, en très bonne compagnie; il me mena ensuite voir les plans du nouveau palais qu'il fait construire pour l'infant. On ne peut employer plus d'intelligence et d'économie, sans nuire à la magnificence. De là, le comte Rezzonico, parent du pape, et gouverneur de la citadelle, m'y conduisit, et m'en fit voir toutes les parties.

Le samedi, je dînai chez le baron de La Houze, avec les pères Jacquier, Le Sueur et Pacciaudi. Ce dernier est théatin, et bibliothécaire de l'infant. C'est un homme d'une grande érudition et de goût dans les lettres. J'appris de lui-même qu'à la mort du cardinal Fabroni, il avoit acheté quelques-uns des livres de cette éminence, dans l'un desquels il avoit trouvé la lettre originale du père Le Tellier, qui marquoit au pape, qu'ayant assuré le roi qu'il y avoit dans les Réflexions morales plus de cent propositions répréhensibles, il en falloit absolument condamner plus de cent, et que, pour cet effet, il en condamnoit cent trois. Le pape ne pouvoit donc pas faire moins que d'en donner une au delà de la centaine, sans quoi le père Le Tellier eût fait une assertion hasardée. On ne peut pas tirer plus juste. La lettre fut remise au cardinal Passionei, ennemi ouvert des jésuites, qui n'en garda pas le secret.

Le baron de La Houze voulut encore que je dînasse le lendemain chez lui, où il se trouva, comme la veille, quinze ou vingt personnes. M. Deleyre, secrétaire des commandements de l'infant, homme de mérite, à qui l'on doit l'analyse de Bacon, m'invita pour le jour suivant; mais je m'étois déja engagé avec M. Kéralio. L'infant vint nous y voir pendant que nous étions à table, et entra dans la conversation tant que dura le dîner. Je revins encore le soir lui faire ma cour à son souper, et partis le lendemain matin, mardi 26. Je passai l'après-midi à Plaisance, où je couchai. La ville est assez belle, mais n'est pas fort peuplée. Parmi les choses remarquables qu'on y voit, les statues équestres d'Alexandre et de Ranuce Farnèse l'emportent sur toutes celles qu'on admire en ce genre.

Le mercredi, je me rendis à Milan, où je n'avois d'autre connoissance que le père Frisi, théatin, professeur de mathématiques. Je l'avois vu à Paris, où il avoit reçu des gens de lettres l'accueil qu'il méritoit, et il usa de représailles à mon égard, et voulut me présenter aux personnes les plus considérables de Milan, en commençant par le comte de Firmian, grand d'Espagne et gouverneur du Milanez, pour qui j'avois d'ailleurs une lettre de recommandation, la seule que j'aie acceptée dans tout le cours de mon voyage. Par-tout où nous avions des ministres, je n'avois besoin que d'eux; et à Milan, je vis, par la considération où le père Frisi y étoit, que lui seul m'auroit suffi. La veille de mon départ de Parme, le comte Rezzonico étoit venu me voir, et me donner deux lettres, l'une pour le comte de Firmian et l'autre pour une tante du pape. Je m'étois, en arrivant, logé au Pozzo, la meilleure auberge de Milan.

Le lendemain, jour de l'Ascension, j'allai chez le comte de Firmian, dont le palais, sur le bord du canal, est très beau et meublé avec autant de goût que de magnificence. Je le trouvai au milieu d'une cour aussi brillante que nombreuse, et lui présentai ma lettre. Il la reçut poliment, et, plus obligeamment encore, la mit dans sa poche sans l'ouvrir, en me disant : « Ces sortes de lettres ne sont pas faites « pour vous : nous étions prévenus de votre arrivée; « vous n'avez aucun besoin de recommandation; « j'espère que vous voudrez bien dîner avec moi. » Il ajouta que M. le duc de Modène étoit absent; mais que s'il eût été à Milan, il m'auroit vu avec plaisir, me connoissant de réputation. Il n'y eut point de bontés dont il ne me comblât. Comme on ne devoit se mettre à table que dans une heure ou deux, j'eus le temps de voir ses appartements, et sur-tout sa bibliothèque, en très bon ordre et fournie des meilleurs livres, tant anciens que nouveaux. Quand on vint nous avertir qu'on alloit servir, je me rendis auprès du comte, qui avoit retenu une vingtaine de ceux qui étoient venus lui faire leur cour. Après un excellent dîner, il y eut une heure de conversation générale, et, le comte s'étant retiré pour faire ses dépêches, deux des convives, le marquis Carpani et le père Frisi, me proposèrent d'aller voir le dôme (c'est ainsi qu'on nomme la cathédrale), édifice surchargé de figures et d'ornements, dont l'ensemble m'a paru d'assez mauvais goût. Le jour suivant, je vis le château, la bibliothèque ambroisienne, le lazaret, etc.

Le marquis Beccaria, auteur de l'ouvrage *dei Delitti e delle Pene*, que je comptois aller voir, me prévint, et nous eûmes ensemble une conversation au sujet de son livre. Après lui avoir fait compliment sur le caractère d'humanité qui l'avoit inspiré, je ne lui dissimulai point que je n'étois pas de son sentiment sur la conclusion qui tend à proscrire la peine de mort, pour quelque crime que ce puisse être. Je lui dis qu'il n'avoit été frappé que de l'horreur des supplices, sans porter sa vue, en rétrogradant, sur l'énormité de certains crimes qu'on ne peut punir que de mort, et quelquefois d'une mort terrible, suivant les cas. Je convins de la sévérité, à certains égards, de nos lois criminelles, telle que la question préparatoire ; mais j'ajoutai, et je pense que, sans proscrire aucun genre de mort, il n'y auroit, pour la réforme de notre code criminel, qu'à fixer une gradation de peines, comme une gradation de délits. Il y auroit, sans doute, des délits qui ne seroient pas punis de mort, ainsi qu'ils le sont actuellement ; mais il y a des crimes qui ne peuvent l'être d'une mort trop effrayante. La rigueur du châtiment est, dans certaines circonstances, un acte d'humanité pour la société en corps. J'entrai dans quelques explications, et je finis par donner à l'auteur les éloges que mérite son projet, qui peut être l'occasion d'une reforme dans le code criminel. Je crois cependant qu'on l'a trop exalté. Mais l'excès est l'esprit du siècle, et peut-être l'a-t-il toujours été du François.

On est revenu depuis quelque temps de beaucoup de préjugés; mais on s'accoutume trop à regarder comme tels tout ce qui est admis. Dès qu'un auteur produit une idée nouvelle, elle est aussitôt reçue comme vraie; la nouveauté seule en est le passe-port. Je voudrois cependant un peu d'examen et de discussion avant le jugement. Doit-on enseigner des erreurs aux hommes? La réponse sera courte. Jamais.

Doit-on les détromper de toutes? Ce seroit la matière d'un problème qu'on ne resoudroit pas sans faire des distinctions. Il faudroit d'abord s'assurer si ce qu'on prend pour des erreurs en sont en effet;

et ensuite si ces prétendues erreurs sont utiles ou nuisibles à la société.

Je partis de Milan, le samedi 30 mai, dans un carrosse coupé, mon domestique à côté de moi. Le voiturin ne me demanda, porté et nourri, que cinq sequins vénitiens, que je lui donnai. Il est vrai que je lui faisois grace du souper, que je ne stipulai jamais que pour assurer le gîte : ce qui faisoit que les voiturins, étant contents de moi, n'en agissoient que mieux. Cette façon de voyager à petites journées, dans les plus grands jours de la plus belle saison, et par un très beau temps, me plaisoit assez. Je n'avois, jusqu'à Turin, qu'à traverser des lieux qui ne méritent pas que j'y reste, et je jouissois de l'aspect de campagnes bien cultivées et dans le *primevert*.

Je vins, en sortant de Milan, dîner à Bufalore, dans une auberge au bord d'un canal navigable, et d'une eau si limpide qu'on distingueroit au fond une épingle. Je couchai à Novare, dînai le lendemain à Verceil, couchai à Ligourne, et, le jour suivant, passant par Chivas, j'arrivai à Turin à la meilleure auberge, et à l'heure où l'on alloit se mettre à une table d'hôte pour dîner. J'y pris place avec douze ou quinze officiers et autres. Après le repas, qui fut assez bon, je profitai de la beauté du jour pour une promenade sur les remparts et à la citadelle. En rentrant le soir, j'envoyai chez M. le baron de Choiseul, pour savoir à quelle heure il seroit visible le lendemain. Pour réponse, il m'envoya un valet de chambre m'inviter à souper chez lui avec le marquis de Paulmy, qui venoit d'arriver de France, retournant à l'ambassade de Venise, le même jour que j'arrivois aussi à Turin pour retourner en France. J'étois déja déshabillé, et chargeai le valet de chambre de mes excuses pour M. de Choiseul, et de lui dire que j'irois le lendemain lui rendre mes devoirs. Je n'y manquai pas; j'y trouvai M. de Paulmy; et, comme il étoit de très bonne heure, nous laissâmes, après une courte visite, M. de Choiseul à ses affaires, et employâmes la matinée à voir le palais et les appartements du roi. Nous revînmes dîner chez M. de Choiseul. Notre après-dînée fut consacrée au muséum, à l'université; nous allâmes de là aux archives, qui sont dans le plus grand ordre. C'est dans une des pièces qui les renferment que nous vîmes la table isiaque, si connue par les gravures qui en ont été faites.

Le jour suivant, nous fîmes, M. de Paulmy et moi, différentes courses dans la ville, et revînmes dîner chez M. de Choiseul, comme le jour précédent, avec plus de vingt personnes, hommes ou femmes, de la principale noblesse. Nous allâmes, après dîner, au château de Stupinigi.

Le roi étoit alors à la Vénerie, et je devois lui être présenté. Mais il étoit malade; et, ne prévoyant pas quand on pourroit le voir, je ne voulois pas, dans cette incertitude, m'arrêter long-temps à Turin. Un voyageur qui a satisfait les principaux et les vrais objets de sa curiosité, et qui revient dans sa patrie, est un peu impatient d'y arriver, et un François l'est peut-être plus qu'un autre, sur-tout si ce François revient à Paris, que la plupart des étrangers quittent avec peine. Il faut que le séjour en soit bien séduisant, puisqu'il guérit de la *maladie du pays*, c'est-à-dire du desir naturel de retourner vivre ou mourir dans le lieu de sa naissance, ceux mêmes qui y seroient avec le plus d'avantage. Je crois cependant, si j'en juge par moi-même, qu'il y a peu de provinciaux fixés, par état et avec agrément, à Paris, qui ne soupirent quelquefois après le pays natal. Le paysan le plus malheureux est si attaché à la terre où il est né, qu'il ne la quitte qu'avec désespoir. Les émigrations sont les plus fortes preuves de la misère d'un état.

Ne voulant pas prolonger mon séjour à Turin, j'arrêtai une chaise de voiturin pour partir le jeudi 4 juin, après dîner, parceque j'étois convenu avec M. de Paulmy, d'aller le matin voir la Superga, à une demi-lieue de Turin, sur une montagne couverte du bas jusqu'au haut de vignes, de bosquets, d'arbres et arbustes, et assez escarpée pour qu'on n'y puisse arriver que par un chemin tracé en zigzag. Nous y allâmes avec plusieurs officiers, qui offrirent de nous accompagner. Quoique nos carrosses fussent à six chevaux, nous fûmes une heure à monter. Mais les cochers et les postillons, voulant apparemment briller à la descente, eux et leurs chevaux nous ramenèrent avec une telle rapidité, qu'une roue sortit de l'essieu d'un des carrosses, qui fut renversé et traîné quelque temps sur le côté. Heureusement, ni maîtres ni valets ne furent blessés. Par un autre bonheur, cet accident arriva à la voiture qui nous suivoit; car, si elle nous eût précédés, la nôtre nous eût emportés dessus : les deux se seroient brisées ensemble, et nous aurions tous couru les plus grands risques.

La Superga consiste en une église desservie par un chapitre noble, et un corps de bâtiments; le tout élevé avec une magnificence royale. C'est l'accomplissement d'un vœu que fit le roi Victor en 1706, lorsque assiégé dans Turin, il se voyoit près de perdre ses états par la prise de sa capitale. Dans la consternation où il étoit, il promit à une madone qui avoit une petite chapelle sur la montagne, de la loger mieux si elle le délivroit des François. La vierge l'exauça, et il lui tint parole. A juger de ses alarmes par la magnificence de la fondation, elles n'étoient ni médiocres ni mal fondées.

Si le duc d'Orléans, général de l'armée en apparence, mais en tutelle sous La Feuillade, gendre du ministre Chamillard, eût été maître des opérations, il auroit pu rendre le vœu nul. Toute la France est encore persuadée que La Feuillade avoit promis à la duchesse de Bourgogne, fille de Victor, de faire échouer l'entreprise. D'une autre part, le peuple de Turin croit fermement, et raconte encore aujourd'hui volontiers à ceux qui écoutent, avec autant ou plus de foi que moi, les récits merveilleux, que la vierge, depuis la promesse de Victor, paroît et renvoyoit de la main, dans le camp des François, tous les boulets de canon tirés contre la ville. C'est convenir qu'on ne pouvoit la sauver sans miracle, et je le crois; reste à savoir qui l'a fait.

Le maréchal de Villars, général de l'armée de France dans la guerre de 1733, étant à Turin, alla voir la Superga. Le supérieur de la maison, qui le conduisit dans l'église, lui montrant la belle figure en marbre de la vierge, à qui il attribuoit le salut de la ville : *Elle ressemble parfaitement*, dit le maréchal, *à la duchesse de Bourgogne*. Le mot étoit plaisant; mais ce qui me le parut autant, fut que le supérieur actuel, avec qui je voyois cette vierge, me parla lui-même de cette ressemblance; à quoi je répondis, en souriant, que tous les François en jugeoient ainsi.

On sait que le maréchal mourut en 1734, à Turin; et l'on prétend qu'un moment avant d'expirer, apprenant que le maréchal de Berwick venoit d'être tué d'un coup de canon au siége de Philisbourg, il dit : *Cet homme-là a toujours été heureux*. Le mot est bien dans le caractère de Villars, qui mouroit dans son lit à la tête d'une armée; mais je doute qu'il ait pu le dire. Il n'est guère possible qu'il ait appris à Turin, le 17 juin, jour de sa mort, celle de Berwick, tué le 12 en Allemagne. Il est très commun qu'en toutes circonstances le François laisse échapper des traits qu'on attribue à ceux à qui ils conviennent le mieux. Nous avons, à cet égard, fait une perte dans la duchesse d'Orléans (Conti). Comme elle disoit quelquefois des mots plaisants et hardis, on lui en attribuoit aussi plusieurs qu'elle vouloit bien adopter, parcequ'ils auroient été dangereux dans toute autre bouche que la sienne.

Je ne dois pas oublier que le corps du maréchal de Villars est encore en dépôt à Turin, sans que sa famille ait eu le cœur de le faire transporter en France, quoiqu'elle en ait eu la plus riche succession, et qu'elle en tire toute sa gloire.

La Superga étant, comme l'Escurial, l'accomplissement d'un vœu, a eu aussi la même destination. Philippe II, en mémoire de la bataille de Saint-Quentin, gagnée sur les François le jour de Saint-Laurent, 1757, fit bâtir l'Escurial, dont la distribution des édifices et des cours est dans la forme d'un gril. L'église des hyéronimites, qui en représente le manche, est le lieu de la sépulture des rois d'Espagne.

Le roi Victor destina pareillement la Superga à sa sépulture et à celle de ses successeurs. Son corps y est en dépôt dans une chapelle, en attendant qu'on élève son mausolée, dont les marbres sont rassemblés, façonnés, sculptés, et prêts à être réunis et mis en œuvre.

La population de tous les états du roi de Sardaigne est d'environ quatre millions d'ames : savoir, trois pour le Piémont et la partie d'Alexandrie, quatre cent mille pour la Savoie, et autant pour la Sardaigne. Les revenus de l'état montent à vingt-cinq millions de notre monnoie. Tout le Piémont est cultivé comme un jardin, et le paysan m'a paru logé, vêtu et nourri; ce qui est toujours ma règle pour juger d'une bonne administration. On voit, dans les montagnes de la Savoie, quel parti un peuple laborieux peut tirer du sol le plus ingrat.

L'état militaire est actuellement de vingt mille hommes, presque tous d'infanterie; et on le porte jusqu'à cinquante mille en temps de guerre.

A l'égard du gouvernement, le roi y tient lui-même le timon de l'état. Il donne audience à quiconque a des plaintes à lui porter, et rend justice, même contre ses ministres, qui ne sont que ce qu'ils devroient être par-tout, exécuteurs exacts des ordres du souverain. On n'entend point là, comme ailleurs, dire : *Ah! si le roi le savoit!* On peut tout lui apprendre, et l'on est sûr de n'obéir qu'à lui. Un homme opprimé par un ministre, sous-ministre, intendant, commis, etc., n'est point obligé de se consumer en frais de courses, de séjour, d'argent, de patience, et quelquefois d'humiliations, pour obtenir, je ne dis pas justice, mais audience. Les ministres ne sont point à Turin, tels que certains des nôtres à Versailles et à Paris, invisibles comme Dieu, et sourds et muets comme des idoles. La *bureaucratie*, déja ancienne parmi nous, seroit un mot barbare à Turin. Le roi de Sardaigne, homme d'un très grand sens, auroit de la peine à le comprendre, et encore plus à souffrir qu'il signifiât quelque chose chez lui.

Si sa manière de gouverner nous paroissoit extraordinaire, sa cour ne le paroîtroit pas moins à ceux qui habitent la nôtre. Ils ne concevroient pas qu'on fût obligé d'avoir ou de montrer des mœurs, de cacher des intrigues, au lieu de les afficher. Ils trouveroient peu de dignité dans une cour qu'ils regarderoient comme un couvent. Le roi mange avec sa famille, et ne croit pas devoir multiplier, dans le même château, des maisons dont il faut toujours que le peuple paye l'entretien. Les charges à cette cour sont peu lucratives, et n'en sont pas moins recherchées. Il suffit aux contendants qu'elles soient honorables. Toutes les dépenses du roi de Sardaigne sont appliquées aux vrais besoins de l'état; et ce n'est qu'ainsi qu'on fait refluer dans le peuple tout l'argent qu'on y a puisé, et qu'il peut de nouveau payer les impositions.

Nous dînâmes, au retour de la Superga, chez

M. de Choiseul, en aussi nombreuse compagnie que les jours précédents. J'y trouvai entre autres le comte d'Ericeiro, ambassadeur de Portugal, petit-fils de celui qui traduisit en vers portugais l'Art poétique de Boileau. Je l'avois fort connu à Paris, où je le voyois souvent chez la belle princesse de Rohan, dont il étoit parent. Ayant su que je partois au sortir de table, il envoya, pendant le dîner, garnir ma chaise de vin de Sétubal et de Marasquin. Il étoit assez tard quand le dîner finit, et je ne pus aller coucher qu'à St.-Ambroise. Je remarquai, dès le soir, et la suite du voyage m'a confirmé, que les voiturins de Turin à Lyon traitent mieux les voyageurs que ne font ceux qui parcourent l'Italie. Peut-être cela vient-il de l'ordre qui règne dans l'administration du roi de Sardaigne. Quand les premiers ressorts d'un état sont bien réglés, cela s'étend de proche en proche sur les objets même qui n'attirent pas l'attention du gouvernement. Le vendredi 5 juin, je traversai Suze, et allai dîner à la Novalèze. C'est là qu'on démonte les voitures pour les transporter à dos de mulets à Lanebourg, au-delà du Mont-Cénis. La même opération se fait à Lanebourg, pour ceux qui vont de France en Italie. On a le choix, pour ce passage, d'un mulet, ou d'une chaise de paille portée sur deux bâtons. Le trajet de la Novalèze à Lanebourg, qui est de cinq lieues, se fait en quatre à cinq heures; et mes porteurs, qui se relayoient souvent sans s'arrêter, marchoient aussi lestement, à la montée et à la descente, qu'ils l'auroient pu faire dans les rues de Paris. Ils ne font, dans tout le trajet, que trois ou quatre pauses assez courtes. On monte l'espace de deux lieues. Le plateau qu'on traverse ensuite en a à-peu-près autant dans sa longueur, et la descente à Lanebourg, n'étant que d'une lieue, est si rapide, que, dans le temps où toute la montagne est couverte de neige, on descend en moins d'un quart d'heure, sur un traîneau, d'une hauteur où l'on ne parvient en montant qu'en deux heures de marche. Il s'en faut bien qu'après cette descente on soit à Lanebourg au niveau commun des terres ; car, à quelques inégalités près, on continue de descendre jusqu'à ce que l'on soit sorti de la Savoie. Quelque élevé que soit le plateau du Mont-Cénis, il n'est pas étonnant qu'étant dominé par des montagnes très hautes, toujours couvertes de neige, il s'y soit formé un lac. Il peut avoir une lieue de circonférence ; il est de la plus belle eau, et très profond vers le milieu. Je m'arrêtai à considérer ces lieux, qui offrent le tableau des ruines du monde, pendant que je faisois rafraîchir mes porteurs à une espèce d'auberge. L'hôte vient en prendre possession vers la fin du printemps, lorsque la fonte des neiges a découvert la verdure. Ce n'est pas qu'il n'y fît encore assez froid, quoique ce fût au mois de juin, et que le ciel fût sans nuages. Les cavités qui se trouvent dans plusieurs endroits du plateau étoient pleines de neige, et mon domestique me fit remarquer de la glace où il passoit sur son mulet sans la rompre. La température est en effet sur les monts très différente de celle de la plaine. En partant de la Novaléze à midi, qui n'est nulle part le moment le plus chaud du jour, nous éprouvions un froid très vif; et entre une et deux heures, ce qui est par-tout le paroxisme de la chaleur, le froid se faisoit sentir par degrés à mesure que nous montions, au point que je fus obligé de prendre ma redingotte. Comme on m'avoit parlé de la bonté des truites qu'on pêche dans le lac du Mont-Cénis, j'en fis prendre et apporter pour mon souper, à Lanebourg, et les trouvai telles qu'on me l'avoit dit.

Le passage du Mont-Cénis, dont tant de voyageurs parlent comme d'une entreprise, n'est ni dangereux ni effrayant. Il y auroit, sans doute, du péril à le passer pendant que les neiges tombent, ou dans les grandes fontes, quand on peut craindre les lavanges; mais tous ces dangers sont communément prévus par les gens du pays. Ils en previennent les voyageurs, et les porteurs ne s'exposeroient pas. Il n'y est guère arrivé de malheur que par une imprudence volontaire, et l'on ne doit pas supposer de danger à faire ce que font journellement tant de gens naturellement timides. La corniche qui fait partie du chemin de Savone à Gênes, bordée de précipices, est plus effrayante à la vue que le passage du Mont-Cénis.

Le samedi 6, nous couchâmes à St.-Michel, après avoir fait une halte en chemin. Le dimanche 7, jour de la Pentecôte, nous passâmes à St.-Jean-de-Maurienne, dînâmes à la Chambre, et allâmes coucher à Aiguebelle. Nous en partîmes le lundi 8, pour aller dîner à la vue de Montmélian, à un hameau où nous fûmes très bien traités. La couchée fut à Chambéri. Un banquier de Rome m'avoit joint à Aiguebelle, et nous fîmes route ensemble jusqu'à Paris. Le mardi 9, passant aux Échelles, je dînai au Pont-de-Beauvoisin, gardé, du côté où l'on sort de la Savoie, par des soldats piémontois, et de celui où l'on entre en France, par des François. Les commis de cette douane frontière, qui sont très attentifs à tout ce qui se passe, arrêtèrent ma chaise, et commençoient à détacher mon bagage. Le chef ayant, par hasard ou par curiosité, jeté les yeux sur mon passeport, que je déployois pour le montrer au commandant de la place, dit à ses commis de rattacher les malles, qui étoient encore derrière la chaise, et ajouta, en s'adressant à moi, que mon nom lui étoit connu, et que, s'il l'avoit su d'abord, on ne se seroit pas mis en devoir de me visiter. Je le remerciai fort de ses politesses, et remontai en chaise. En traversant la place, j'aperçus, au milieu d'une troupe d'officiers, un homme que je jugeai être le commandant, et qui l'étoit en effet. Je remis pied à terre, et lui présentai mon passe-port, signé du duc de Choiseul, ministre de la guerre et des affaires étrangères. A ce nom, tout militaire fléchit le genou; aussi le commandant l'ayant lu, et le trouvant conçu en termes assez obligeants pour moi, me le rendit avec des compliments qui ne l'étoient pas moins. Après dîner, nous allâmes coucher à la Tour du Pin. Le lendemain, mercredi 10, nous allâmes dîner à la Verpillière, et j'arrivai à Lyon vers cinq heures.

A peine étois-je arrivé à l'hôtel garni du Palais-Royal, que j'y reçus la visite de l'intendant, M. Baillon. J'allai ensuite en faire une à l'archevêque, mon confrère à l'académie françoise. Il vouloit me loger à l'archevêché, et envoyer chercher mes malles à l'auberge; et j'eus peine à obtenir qu'il m'y laissât pour le peu de séjour que je devois faire à Lyon. Je restai à souper avec lui : le lendemain j'y dînai; le jour suivant, chez l'intendant. Le samedi 13, je partis de Lyon par la diligence, et arrivai à Paris, le mercredi 17, veille de la Fête-Dieu.

LONGÆ FINIS CHARTÆQUE VIÆQUE.

LETTRES

ÉCRITES PAR DUCLOS, PENDANT SON VOYAGE EN ITALIE.

LETTRE PREMIÈRE.

A M. ABEILLE.

Toulon, le 6 décembre 1766.

Je suis ici depuis trois jours, mon cher ami. M. Hurson, intendant de la marine, le commandant du port et tous les officiers voudroient nous y retenir tout l'hiver, qui n'en est pas un ici. Je retourne cependant demain à Marseille; peut-être reviendrai-je encore ici, d'où je partirai pour Antibes, où je m'embarquerai pour Gênes. Je vous écrirai des différents séjours. Nous avons par-tout reçu le plus grand accueil.

Huit jours après vous, nous savons tout ce qui se passe à Paris. Voilà donc M. de la Chalotais à la Bastille! il n'y aura que les accusés qui sauveront leur honneur de cette effroyable affaire. J'ai le plus grand desir que vous m'envoyiez le journal que je vous ai demandé, lorsque je serai en état de vous donner une adresse. On parle ici avec de justes éloges de M. de Montigni et de M. de Montron: je n'en suis pas surpris. Voici ma seconde lettre [1]; marquez-moi le nombre que vous en aurez reçu, pour que je sache si tout vous parvient. Je ne vous répéterai plus les compliments et amitiés dont je vous chargeois dans ma première : cela soit dit une fois pour toutes. *Vale et me ama.*

LETTRE II.

AU MÊME.

Gênes, le 22 décembre 1766.

Je suis ici depuis plusieurs jours, mon cher ami, et j'en pars aujourd'hui pour Rome, où je serai avant que vous receviez ma lettre. Vous pouvez donc m'adresser actuellement, par la voie de M. Jeannel, tout ce que vous voudrez. Mon adresse peut être indifféremment, ou chez notre ambassadeur, ou chez le directeur de la poste à Rome, au choix de M. Jeannel : je veillerai à l'un et à l'autre entrepôt. Je n'ai pu me dispenser de m'arrêter ici huit jours, par l'accueil qu'on m'y a fait. Notre ministre ne vouloit pas que j'eusse d'autre maison que son hôtel; et M. de Lomellini, ancien doge, m'a reçu comme un frère. Nous avons bu ensemble à nos amis de Paris. D'Alembert pense bien qu'il n'a pas été oublié.

[1] La première n'est point parvenue.

Faites-lui, je vous prie, grande mention de moi, et bien des amitiés pour celle qu'il me fait lui-même de tenir notre froid registre. Ne m'oubliez pas auprès de mademoiselle Quinault, la bonne Olympe, toute votre famille, et du Tartre, qui se chargera de tous ceux de mes amis que vous ne connoissez pas. Il sait à quel degré j'en suis avec chacun.

Vous devez avoir le journal de M. de la Chalotais. Je ne vous demande pas de me l'envoyer; mais gardez m'en un, et m'en dites votre avis et son effet. Si vous voyez actuellement sa respectable fille, mettez-moi à ses pieds. On m'avoit recommandé, en partant, la prudence sur cette affaire. Mais j'ai peu de vocation pour cette vertu-là : j'ai préféré le courage de l'amitié. J'ai parlé comme je pense, à tout ce que j'ai rencontré, et j'ai eu la satisfaction de plaire à tous les questionneurs. Bon jour, mon cher ami. *Vale iterùm et me ama.*

LETTRE III.

AU MÊME.

Rome, 28 janvier 1767.

Je ne vous demande, mon cher ami, d'autres nouvelles de France que sur nos amis et nos sociétés. A quinze jours près, je suis aussi bien instruit que vous, et quelquefois mieux, graces à la confiance dont m'honore notre ambassadeur. Je ne saurois trop m'en louer ; il me dit hier que je réussissois très bien dans Rome, et qu'il l'avoit mandé en France aux ministres et à d'autres ; cependant je me mets aussi à l'aise ici à table et ailleurs qu'à Paris.

Il m'est impossible d'être de retour plus tôt qu'en juin. Si j'écrivois mon voyage, il ne ressembleroit à aucun autre, et n'en vaudroit pas moins : je remets cet article-là pour nos dîners du samedi. Rome est certainement digne de curiosité, et même d'un examen réfléchi ; mais, pour se fixer, Paris l'emporte supérieurement, et à tous égards, sur l'Italie, l'Angleterre, etc. Je me porte à merveille ; et la saison s'adoucissant journellement, j'espère me sauver des rhumes auxquels je suis sujet l'hiver, puisque je me suis tiré de l'Apennin, où j'ai éprouvé le plus grand froid que j'aie éprouvé de ma vie. Je vous parlerai, à mon retour, du physique et du moral de ce pays-ci. Je voudrois que les états durassent six mois, pour trouver à Paris notre ami Bellangerais. Il me semble que les lettres patentes sont des lettres de grace accordées aux accusateurs. Mandez-moi s'il y a d'autres exilés, et où ils sont. Qu'est devenu Le Boucher ? Au diable le papier sur lequel j'écris ! il n'a pas plus d'ame que les gens du pays.

Je reçois dans ce moment une lettre de la comtesse d'Orford, qui veut que je loge chez elle à Naples; et, quelque goût de préférence que j'aie pour les auberges, je serai peut-être obligé d'accepter, attendu le déluge d'étrangers qui inondent Naples, par l'interdiction du carnaval et des spectacles à Rome. Cela peut être d'un saint pape, mais cela est sûrement d'un sot prince. Je vous parois un peu léger en style. Rassurez-vous : le peuple crie hautement contre celui dont il reçoit la bénédiction à genoux, dans la rue et dans la boue. Vous croyez bien que les gens propres, et je le suis beaucoup, évitent sa rencontre, quand il pleut. La semaine sainte ramènera ici tous les déserteurs. L'affluence y sera si grande que je garde mon logement pendant mon absence, pour en être sûr. A propos de logement, on m'en destine un à l'inquisition de Civita-Vecchia. Si j'y vais, rassurez-vous encore : le père dominicain, premier inquisiteur, m'a pris en affection sur ce qu'on lui a dit de moi, et veut me loger, comme il a déja fait à l'égard de quelqu'un qui me ressembloit beaucoup : ce qui n'empêche pas que je ne sois fort bien venu ici, au collège romain, chez les jésuites; car eux et les dominicains *non coutuntur*. J'ajouterai qu'à quelques petites et honnétes discrétions près, je ne me suis masqué nulle part. En voilà bien assez pour un écrivain ennemi de l'écriture. Je n'ose m'informer de l'état de notre malheureuse et respectable mademoiselle de la Chalotais. Mais, si vous avez par vous ou par d'autres quelque correspondance avec elle, soyez l'interprète de mes sentiments, que vous connoissez. *Vale iterùm.*

Ma mère me fait mander que, dans les circonstances présentes, elle approuve fort mon voyage : cela n'est pas d'une tête centenaire. Quel plaisir j'aurai à la revoir !

Donnez-moi des nouvelles de tous nos amis, et longuement, en cahier. On me mande qu'on dit à Paris que je suis exilé.

LETTRE IV.

AU MÊME.

Rome, le 4 janvier 1767.

Croyez-vous donc que ce soit aux exilés à écrire ? Je n'ai encore reçu qu'une seule lettre de vous. Je ne vous demande aucune nouvelle de gazette, ni même des états, dont nous recevons ici un journal aussi exact que celui de notre ami. Je veux que vous me parliez de nos sociétés et de mille riens si agréables à trois cents lieues.

Après les pluies abondantes des premiers jours de janvier, nous avons eu quelques petites gelées les matins, et depuis huit jours le plus beau mois de mai. J'en profite pour parcourir les ruines. Si M. votre frère étoit ici, la tête lui en tourneroit ; il se joindroit sans doute aux dessinateurs qu'on rencontre dans les places, les débris des temples et des vignes, sans que le peuple y fasse seulement attention, tant il y est fait.

Je fus hier présenté au pape, avec qui je m'entretins plus d'une demi-heure aussi à mon aise qu'avec l'intendant de Bretagne. Il finit par se faire apporter un chapelet qu'il me donna, et que je reçus en lui baisant la main, ce qui le fit rire en regardant les assistants : j'appris, en sortant, que c'étoit de ma familiarité, attendu qu'il n'y a que les cardinaux qui aient ce privilége ; tout autre ne baise que sa mule, ce que j'avois fait en entrant. M. l'ambassadeur me dit que le saint père m'avoit donné une marque de distinction. En effet, de tous les présentés, je suis le seul depuis deux mois à qui il ait donné le chapelet : c'est qu'il connoît bien ses ouailles. La présidente de Langle en sera peut-être jalouse ; car il y a eu bien des intrigues pour le sien.

Sachez un peu de d'Alembert pourquoi Thomas n'est pas encore reçu.

LETTRE V.

AU MÊME.

Naples, le 14 février 1767.

Depuis le départ de votre lettre, mon cher ami, vous devez en avoir reçu deux de moi ; dans la dernière, je vous parlois de ma présentation au pape, et vous faisois des reproches de votre silence. Voilà l'inconvénient d'une correspondance éloignée. Quoi qu'il en soit, écrivez-moi toujours à Rome, par la voie de M. Jeannel ; j'y serai de retour avant votre réponse à celle-ci.

Je ne puis vous peindre la beauté de la position de Naples, la douceur du climat et la fécondité du sol. A peine quelques jours du commencement de janvier diffèrent-ils d'un beau mois de mai de France ; et le mouvement de la mer tempère, m'a-t-on dit, les chaleurs de l'été que la beauté de l'hiver me faisoit supposer. *Ver ibi perpetuum.* Nous avons ici tous les légumes et les fleurs de l'été. Pour surcroît d'agrément, j'ai trouvé une Angloise de ma connoissance, riche, et que la beauté du climat a engagée à s'y fixer ; elle n'a jamais voulu me laisser à l'auberge : son hôtel ou palais domine le port et la ville, et l'appartement qu'elle m'a forcé d'occuper est en face du Vésuve et de Portici, que je vois aussi distinctement que s'il n'étoit qu'à mille toises; il est cependant à deux lieues et demie; mais n'ayant que la mer entre le volcan et mes fenêtres, je crois y toucher : il fume le jour, et jette quelques feux, que je n'aperçois que la nuit. Depuis huit jours cela augmente, et l'on croit qu'il se prépare une éruption : je le voudrois; comme mon Angloise a sa maison de plaisance à Portici, au pied du Vésuve, elle compte m'y mener, et je ferai alors votre commission sur la lave.

L'affoiblissement de ma mère, dont vous me parlez, me fait tout craindre; et, quoique son âge doive me préparer à l'événement, je me flatte toujours de la voir encore une fois. Je vous embrasse de tout mon cœur. Quelque plaisir que j'aie à vous écrire, c'est pourtant avec humeur que je pense que je n'aurai votre réponse que dans cinq semaines révolues. Envoyez à Helvétius la lettre que je lui écris sur la mort de sa mère.

LETTRE VI.

AU MÊME.

Naples, le 28 février 1767.

Je suis dans la plus horrible inquiétude, mon cher ami; jugez-en : c'est par les gazettes étrangères que j'apprends la mort de ma mère; les compliments de M. de Nivernois, du chevalier de Rochefort, et d'autres, me le confirment, le tout par la voie de M. Jeannel; et de vous et de ma sœur, pas un mot. Cependant, dans le même paquet où se trouvent toutes ces lettres du 24 janvier, il y en a une de vous du 20 : vous m'y parlez du dépérissement de ma mère; vous et les autres pouviez, le 20, ne pas savoir sa mort; mais vous avez dû l'apprendre aussitôt que ceux qui m'ont écrit le 24, et m'en écrire en même temps. Je connois votre exactitude : cependant deux ordinaires se passent depuis; je reçois d'autres lettres de Paris, et de vous et de ma sœur, pas un mot. Vous connoissez mon caractère, les circonstances où je me trouve; imaginez la violence de mon agitation. Je ne puis croire que je ne recoive d'un jour à l'autre quelque lettre de vous, qui débrouille cette énigme. Quoi qu'il en soit, que vous m'ayez déja écrit ou non, répondez-moi, je vous en conjure, à celle-ci; elle partira de Rome le mercredi 4 mars, arrivera à Paris le 19 ou 20. Vous avez tout le temps de me répondre par l'ordinaire de Rome du mardi 24 mars. Envoyez plutôt votre réponse, et ce que vous aurez de ma sœur le 23, à M. Jeannel, en lui recommandant le tout, comme pour un homme qui est dans des convulsions d'impatience. Je recevrai ce paquet le 6 ou 7 avril.

Je n'écris pas à ma sœur, jusqu'à ce que j'aie reçu une lettre d'elle : l'impatience que je lui témoignerois ne feroit que la mettre elle-même sur les épines. Je reçois ici le journal des états, et le dernier est daté de Rennes : quelque intérêt que j'y prisse dans tout autre temps, vous croyez bien que j'aimerois mieux une lettre de vous ; comme je ne puis vous supposer en faute, je vous embrasse.

LETTRE VII.

AU MÊME.

Naples, le 14 mars 1767.

Vous n'avez pas dû être étonné, mon cher ami, du désordre de ma dernière lettre, attendu la persuasion où j'étois de la mort de ma mère. La lettre de ma nièce m'a détrompé, puisqu'elle est postérieure d'un mois à celles qui m'annonçoient cette nouvelle ; je ne vous ai pas marqué l'effet qu'elle avoit produit sur moi : le dépit de n'avoir pu aller cette année en Bretagne, la fureur contre ceux qui en sont cause, se joignant à la douleur de perdre la seule personne à qui l'on soit sûr d'être cher, me mirent dans un état convulsif. Pour me soustraire aux attentions qu'on a ici pour moi, alors très importunes, je sortis de la ville, et je montai aux

Chartreux, qui sont sur une montagne d'un mille d'élévation. Cette marche, par un soleil très ardent, me mit en sueur : le froid me saisit dans des cloîtres revêtus de marbre; je revins avec la fièvre, je fus deux jours sans y rien faire ; il fallut enfin me faire saigner, et une pinte de sang brûlé, dont on me dégagea, para les grands accidents. Cependant il m'a fallu une convalescence graduelle ; mais votre lettre et celle de ma nièce m'ont presque subitement rétabli. Je partirai dans huit jours, et serai à Rome le 25. Comme je n'en sortirai que le lendemain des fêtes, je pourrai y recevoir la lettre que vous m'écririez par l'ordinaire du 6 avril, après quoi je ne vous en demande plus, et vous en recevrez de moi. Je vous ai fait une très belle collection des fruits du Vésuve. M. Hamilton, ministre d'Angleterre ici, m'a fort aidé, et a fait polir un côté des pierres, afin qu'on en pût connoître la nature.

LETTRE VIII.

AU MÊME.

Rome, 1er avril 1767.

Voici, mon cher ami, une lettre qui ne demande plus de réponse, attendu que je n'aurois pas le temps de la recevoir, et que, jusqu'à mon retour en France, je n'aurai plus d'adresse fixe, ce qui ne m'empêchera pas de vous écrire de différents endroits. La dernière quinzaine que j'ai passée à Naples, avec la tête dénoircie, a été délicieuse pour moi : j'ai parcouru tout le sixième livre de l'Énéide à Pouzzol, à Bayes, et je ne connois ni n'imagine de pays plus singulier, et je conçois, par conséquent, pourquoi Tibère, Néron, et les grands de Rome, en faisoient leurs maisons de plaisance. Je retournerai cependant à Paris, passant par Florence, Venise, Milan, Parme et Turin : vous voyez que je prends, comme La Fontaine, mon plus long pour aller à l'académie.

Dites à notre ami de la rue *** que je l'embrasse de tout mon cœur, et aux beaux enfants que, si j'étois à Paris, je serois leur écuyer et leur *cicerone*, sans leur tendre des pièges, comme Bellangerais, que je blâme fort. Si un an de Bastille ne l'a pas rendu sage, faites-le mettre à Saint-Lazare, ne fût-ce que pour me le garder jusqu'à mon arrivée, car je le reverrai avec grand plaisir. Faites dire à Marmontel, par d'Alembert, que je suppose qu'il m'a réservé un exemplaire de la première édition. Je trouve assez bien qu'on fasse un peu justice de Forbonnais, si le bien de la chose l'exige, mais d'un ton poli, ferme et sans aigreur, en lui faisant cependant honte du sien.

Les convives du vendredi sont, dites-vous, déconcertés : ce n'est pas là ce qu'ils devroient être ; ils ont dû être affligés d'avoir perdu une bonne femme qui nous aimoit en mère : pour moi, je la regrette fort, j'ai toujours aimé ceux par qui je l'ai été, et comme je crois qu'il en est ainsi de Borot, je l'admets aux samedis. Comme mademoiselle Quinault fait ses pâques à Paris, elle y sera sans doute quand vous recevrez ma lettre : vous savez combien je l'aime et l'estime, aussi bien que notre Olympe; partez de là en faisant mention de moi. Vous serez peut-être à Fourqueux en recevant celle-ci ; mais là ou ailleurs vous savez ma vénération pour le mari et la femme, et mon dévouement pour tout ce qui leur appartient au centième degré. A l'égard de votre famille, et de ceux de nos amis communs, vous connoissez si parfaitement mes sentiments, que vous saurez ce qu'il leur faut dire. Je charge en particulier notre ami du Tartre de Monticourt et de Collé. Mais voici ce que vous ne savez pas, c'est le dépit avec lequel je vous écris, quand je pense, à chaque ligne, que je n'y recevrai pas de réponse : cela devroit accourcir ma lettre, et cela l'alonge. Tâchez de persuader à notre ami de la rue *** qu'il faut au moins quatre mois de Paris, quand on ne peut aller à Valogne, pour faire perdre aux beaux enfants l'air provincial : ce n'est pas qu'il me déplaise; j'ai tant vu de vices brillants, que j'estime le contraire; recommandez-leur bien de ne pas changer.

Faites-moi le plaisir de demander à M. Quinebaut de me faire venir d'Amiens deux culottes noires tricotées, de les lui payer, et de les mettre chez moi. Quoique M. Dinvau ne soit plus intendant de Picardie, M. Quinebaut doit y avoir conservé assez de crédit pour cela; d'ailleurs le successeur est une de mes anciennes connoissances; je crois même que nous avons été rivaux, ce qui fait liaison à Paris. Mais en voilà trop pour une culotte. Dites, je vous prie, à madame Brusselle, que son mari [1] se porte bien; que, malgré son âge et sa santé, il est aussi peu galant que moi, ce qui n'est pas une chose commune ici : aussi y a-t-il bien des gens qui s'en ressentent. Nous avons su, dès le 23, par un des courriers de bénéfices, la mort de madame la dauphine; et M. l'ambassadeur a notifié ce deuil à tous les François qui font ici sensation ; il tient ici le plus grand état; il m'a offert un logement chez lui, que je n'ai pas accepté, mais j'y suis souvent, et j'y trouve la meilleure compagnie. Rome est un balcon d'où l'on voit passer ce qu'il y a de mieux dans toutes les parties de l'Europe. *Vale iterùm et me ama.*

---

[1] Domestique de Duclos.

LETTRE IX.
AU MÊME.

Rome, 8 avril 1767.

Vous aviez cru faire pour le mieux, mon cher ami, ainsi je n'ai point à me plaindre : cependant le résultat a été de me faire boire deux fois le calice. Lorsque je reçus de ma niéce une lettre du mois de février, dans laquelle elle me parloit de ma mère, dont les gazettes et les lettres particulières fixoient la mort vers la mi-janvier, je ne doutai point que cette nouvelle ne fût fausse. Depuis la lettre où je me plaignois de votre silence à cet égard, vous en avez reçu une autre, où mon cœur se dilatoit par l'espoir d'aller encore embrasser ma première et plus sûre amie. Ce n'a pas été sans une cruelle révolution que je suis retombé dans un état que le temps seul pourra calmer. Vous ne pouvez supposer combien cette perte m'a été sensible : je devois, sans doute, y être préparé ; mais les circonstances ajoutoient à ma douleur. La fureur contre ceux qui m'ont privé de la consolation de voir ma mère, ne me quittera pas aisément ; je suis si agité en écrivant, que la main m'en tremble. Vous me dites que je puis agir et écrire d'après l'erreur où l'on me suppose; mais je n'ai jamais su ni voulu savoir contredire mes sentiments : c'est beaucoup pour moi que de les contraindre. Je vous prie, au contraire, de dire à tout ce qui s'intéresse à moi le véritable état des choses ; car d'ici à mon retour je n'écrirai qu'à vous. M. le duc de Nivernois, qui ignore la fausse joie que j'ai eue, a dû être bien étonné de la dernière lettre qu'il a reçue de moi, après celle où le dépit me faisoit exhaler mon ressentiment contre des gens qui le touchent de près ; vous pouvez lui en faire connoître les raisons par mademoiselle Quinault, qui le voit. Je n'écris ni à ma sœur ni à ma nièce ; mais écrivez à l'une ou à l'autre que je ne leur fais aucun reproche, mais qu'elles ne continuent pas à me faire supposer à Rennes dans une ignorance impossible, et dès là ridicule. Il est inutile qu'elles m'écrivent désormais, parceque je ne puis recevoir de lettres, et que je leur donnerai de mes nouvelles s'il le faut. Je vous embrasse de tout mon cœur. Chargez-vous, pour tous nos amis, de tout ce que je leur dirois moi-même si j'avois l'ame plus tranquille. Croiriez-vous, ce qui est fort en pensant à une personne centenaire, que l'espoir de la revoir, après l'erreur où j'ai été, ne s'efface que successivement de mon esprit ?

LETTRE X.

AU MÊME.

Florence, 28 avril 1767.

J'ai été infiniment touché, mon cher ami, des sentiments que vous me témoignez dans votre dernière lettre, et je les mérite par les miens pour vous. J'espère vous rejoindre dans les premiers jours de juin. Avant ce temps, il arrivera à mon adresse, au Louvre, une ou plusieurs petites caisses, par les rouliers de Marseille. Donnez ordre chez moi qu'on vous avertisse, ou, en votre absence, M. de Launay, pour faire ce que madame Brusselle ne sauroit pas, et vous marquerez ce que vous paierez. Comme je n'oublierai jamais rien de ce qui vous intéresse, j'emporte avec moi les reliques et l'authentique desirées par madame de Livois, et j'ai pris pour elle les soins de la plus scrupuleuse dévote. Je vous prie de faire partir la lettre pour ma sœur, à qui j'écris obligeamment sur son intention, sans la moindre plainte sur les suites. Je trouve vos enfants mieux placés que par-tout ailleurs. J'ai toujours aimé ce quartier, le plus élevé, quoique éloigné, et que j'habiterois, si je n'étois pas lié à l'académie. Je suis très satisfait de mon voyage, et cependant je reverrai la France avec plaisir. Depuis que je m'en suis rapproché de quelques postes, je me crois dans les faubourgs de Paris. Je vais cependant m'en éloigner encore dans peu de jours, pour me rendre à Venise, d'où j'irai à Parme, pour faire ma cour à notre petit-fils. Je le connois par ses lettres familières à ses amis; car il en a, et il en mérite. Il seroit à desirer pour l'humanité qu'il fût le souverain d'un grand état, ou le ministre de....., *O utinam!* Les réflexions m'étouffent : je vous les garde. Je me suis amusé des lieux que j'ai parcourus, et occupé des hommes et des mœurs. Sans les fatigues indispensables, il vaudroit mieux voyager à mon âge que dans la jeunesse. Dites, je vous prie, à chacun de mes amis ce que je leur dois. Vous êtes actuellement plus en état que moi-même de juger de mes dettes. Peut-être paierois-je aux uns trop, aux autres trop peu.

LETTRE XI.

AU MÊME.

Venise, le 16 mai 1767.

Je suis ici depuis douze jours, mon cher ami; mais j'en pars demain, après avoir épuisé tout ce qui mérite d'être vu. On est fort étonné que je n'y attende pas le carnaval de l'Ascension, qui y attire tous les étrangers, et même une foule d'Italiens des autres états. Il n'y a point d'instances que l'ambassadeur de l'empereur ne m'ait faites, jusqu'à me dire obligeamment qu'il seroit tenté de me faire consigner aux inquisiteurs d'état; mais j'ai tenu ferme. Si je restois à la première fête, il faudroit suivre les autres, qui me méneroient jusqu'à la fin de juin, temps où je veux être à Paris. Je suis d'ailleurs très peu sensible aux tristes convulsions de joie, dont j'ai vu assez d'échantillons pour ne pas regretter la pièce; et j'ai des objets plus intéressants sur ma route. Mandez-moi l'état de mes amis, c'est-à-dire ce qu'ils deviennent dans le mois de juin, afin que je sache qui sont ceux que je dois trouver à Paris, à mon arrivée. Sur ce, je vous embrasse, vous et tout ce qui vous touche.

RÉFLEXIONS.

Toutes les négociations que j'ai lues ne m'ont pas donné une grande idée de la politique. Les hommes ne me paroissent jamais plus petits que dans les grandes affaires. J'y vois un amas de finesses sans objet, un intérêt vague et non déterminé. Les rois, croyant avec raison le mensonge contraire à leur dignité, chargent de cette fonction leurs ministres, ce qui revient au même contre l'honneur vrai. Je ne suis pas étonné de la fausseté des petites puissances à l'égard des grandes ; c'est souvent l'effet de la foiblesse. Ce qu'on regarde comme variations et inconstance dans leur conduite, est communément nécessité d'obéir aux circonstances; mais à l'égard des grandes puissances, leur vraie politique devroit être la bonne foi.

La gloire est une récompense morale accordée par la société aux actions et aux vertus d'éclat; c'est un bien que nous avons en dépôt dans l'opinion des hommes, et dont nous ne jouissons que par eux ; c'est le bien dont nous sommes le plus jaloux, parcequ'il peut être regardé comme le revenu de notre amour-propre.

Nous nous préférons aux autres, et nous voulons marquer la justice de cette préférence; voilà d'où naissent, et voilà où tendent l'amour de la gloire et l'ambition; mais ils n'ont de commun que leur principe et leur fin; et la manière dont tous les deux essaient de parvenir à leur but est absolument différente. L'ambitieux en cherche les moyens dans les titres, dans les dignités; il exige des hommes une dépendance forcée, et dès-lors humiliante: celui qui aime la gloire aspire aussi à régner sur ses semblables; mais c'est à eux qu'il le demande, et de leur choix qu'il le veut obtenir. Il s'ensuit que la gloire peut être considérée à un égard, comme un moyen de conciliation entre notre amour-propre et celui du reste des hommes, puisque le desir de l'acquérir n'est excité en nous que par l'idée avantageuse que nous avons de nous-mêmes, jointe au cas que nous faisons du jugement des autres.

Ce desir a eu de tout temps des avantages infinis pour la société; c'est lui qui a formé les grands empires, illustré les monarchies, soutenu les républiques, poli les mœurs, cultivé les arts, et créé enfin tous ces grands hommes à qui chaque siècle et chaque pays s'applaudissent d'avoir donné naissance.

Cependant le desir de la gloire a un inconvénient, qu'il seroit trop heureux que les hommes évitassent, c'est de nous attacher si spécialement aux vertus dont la gloire est la récompense, qu'il nous fait quelquefois oublier les autres. On est plus généreux qu'on n'est reconnoissant. Pourquoi? c'est que la reconnoissance n'est qu'une vertu de devoir, et la générosité une vertu d'éclat.

La considération semble être le prix réservé à la pratique de ces vertus obscures que négligent les gens avides de gloire. C'est une espèce de demi-gloire, qu'il est sans doute moins illustre d'obtenir, mais peut-être plus heureux de mériter; c'est à la considération que se bornent les prétentions de l'homme modéré, et elle pourroit tenir, dans l'ordre de la philosophie, le rang que tient la gloire dans l'ordre du préjugé.

La modestie des hommes supérieurs vient de ce que, par l'étendue de leurs lumières dans les sciences et dans les arts qu'ils cultivent, ils voient toujours au-delà du terme où ils atteignent par leurs ouvrages, de sorte qu'ils se trouvent encore inférieurs, quoiqu'ils ne le soient qu'à leur propre génie. Si l'on en voit dans cet ordre quelques uns avantageux et jaloux, c'est toujours par un vice du cœur qui les égare : ils ambitionnent une célébrité exclusive qui les écarte de la vraie gloire; la modestie n'empêche pas un homme supérieur de sentir son mérite. Elle ne consiste pas à l'ignorer; mais à n'en pas avertir les autres; on le laisse voir sans le montrer, à moins qu'on n'y soit forcé par l'injustice ouverte: alors l'homme supérieur, par un intérêt légitime, par égard, par reconnoissance pour ses approbateurs, par respect pour le public, se fait justice à lui-même, sans chercher à déprimer ses inférieurs; il se compare, il se juge; c'est ainsi que Corneille, naturellement modeste, si éloigné de l'intrigue, se vit enfin obligé de se défendre contre les manœuvres d'une cabale puissante, et osa dire avec raison:

Je ne dois qu'à moi seul toute ma renommée.

Hors ces occasions, où c'est un devoir de se montrer librement, la modestie est un voile transparent qui attire et fixe les yeux. L'homme médiocre cherche à usurper ce qu'il ne peut obtenir. Il peut même de bonne foi se persuader qu'il a atteint le terme de son art, il ne sent pas les beautés qui sont au-dessus de sa portée : il faut plus d'esprit et de goût pour discerner dans un ouvrage les beautés du premier ordre, que pour en apercevoir les défauts.

La réputation se fait par des vertus vraies ou apparentes; la renommée par les talents, les ouvrages, etc., etc.

Le véritable orgueil ne parle ni bien ni mal de personne.

Il n'est pas difficile de cacher ce que l'on sait, mais ce que l'on sent.

Il y a une grande différence entre l'ami ferme et l'ami vif.

Les larmes donnent de la consolation : cela est physique et moral.

La honte admet le plus et le moins pour être jugée par les autres, mais non pas pour être sentie par soi-même.

Quand on n'est plus sensible à l'amour, on a plus de repos et moins de plaisir, moins de vie.

Quand le fruit est mûr, le premier qui tend la main le reçoit, et croit l'avoir cueilli ; mais il n'y a pas un fruit qui ne tombe, si on l'abandonne à sa maturité parfaite.

L'intérêt particulier, toujours inhérent à chaque homme, devient vertu quand il s'applique au bien public, tel que l'amour de la réputation : l'intérêt particulier est, en morale, la matière subtile qui pénètre tout [1].

---

[1] Il paroît que ces réflexions, et le morceau plus étendu qui les précède, ont été retranchés des Considérations sur les mœurs, ou qu'ils devoient entrer dans une nouvelle édition de cet ouvrage.

LA CONVERSION

DE

MADEMOISELLE GAUTIER.

NOTICE

SUR MADEMOISELLE GAUTIER, COMÉDIENNE, ET DEPUIS CARMÉLITE,
MORTE EN 1757.

Mademoiselle Gautier, actrice, reçue au théâtre François en 1716, et retirée dix ans après, étoit grande, bien faite, et d'un caractère violent. Elle faisoit assez bien des vers, et peignoit très bien en miniature. Elle étoit d'une force prodigieuse pour une femme, et peu d'hommes auroient lutté contre elle. Le maréchal de Saxe, à qui elle avoit fait un défi, et qui, à la vérité, l'emporta sur elle à la lutte au poignet, disoit que, de tous ceux qui avoient voulu s'essayer contre lui, il n'y en avoit guère qui lui eussent résisté aussi long-temps qu'elle. Elle rouloit une assiette d'argent comme une oublie.

Mademoiselle Gautier avoit eu plusieurs amants, et entre autres le grand maréchal de Wurtemberg, avec qui elle fit un voyage à la cour du duc. Ce prince avoit une maîtresse qu'il aimoit beaucoup. Soit que mademoiselle Gautier lui fût supérieure par la figure, et qu'elle s'imaginât que la beauté dût régler les rangs entre celles qui tirent de leurs charmes leur principale existence, soit caprice ou jalousie, elle fit tant d'impertinences à la favorite, que le prince ordonna à mademoiselle Gautier de sortir de sa cour.

Revenue à Paris, le dépit d'avoir été renvoyée lui inspira le dessein de s'en venger sur la favorite, par une insulte d'éclat. Elle se rendit *incognito* à Wurtemberg, et s'y tint cachée quelques jours pour méditer sur sa vengeance.

Ayant appris que la maîtresse du duc étoit à la promenade, en calèche, elle en prit une, qu'elle mena elle-même avec deux chevaux très vifs, et passant avec rapidité derrière celle de son ennemie, elle enleva la roue, renversa la calèche, se rendit du même train à son auberge, où sa chaise l'attendoit avec des chevaux de poste, et repartit à l'instant pour éviter le châtiment dont elle ne pouvoit douter.

Elle eut depuis pour amant le comte de Chémeroles, fils et adjoint du marquis de Saumeri, sous-gouverneur du roi. Il y avoit plus de douze ans qu'elle étoit carmélite, lorsque Chémeroles mourut. L'évêque de Rieux, son frère, me fit lire une lettre sur cette mort, qu'il venoit de recevoir de cette religieuse. Je n'en ai point lu de mieux écrite; elle étoit de huit pages; et, quoiqu'il y parût un peu de crainte sur le salut de cet ancien amant, la confiance dans la bonté de Dieu étoit la partie dominante de la lettre. La carmélite, d'une manière indirecte, et avec autant de respect qu'une humble religieuse croit en devoir à un évêque, donnoit quelques conseils à celui-ci, dont la vie connue étoit on ne peut moins canonique.

Quoique mademoiselle Gautier eût eu des amants aimables, elle n'avoit eu véritablement d'amour pour aucun; mais elle en conçut un violent pour Quinault-Dufresne, son camarade à la comédie, de la figure la plus noble, que nous avons vu jouer avec tant d'applaudissements, et qui n'a point encore été remplacé. Ils vécurent quelque temps ensemble; et mademoiselle Gautier, en devenant chaque jour plus passionnée, voulut l'épouser. J'ai tout lieu de croire, par ce que j'ai su depuis, qu'il le lui avoit fait espérer; mais s'étant refroidi autant qu'elle s'étoit enflammée, il ne voulut plus entendre parler de mariage; et cette femme, si violente et si absolue tant qu'elle n'avoit pas vraiment aimé, tomba dans l'abattement et la mélancolie!.... Tel fut le premier principe de sa vocation : il se fit une révolution totale dans son caractère.

Jamais elle n'eut le moindre retour vers le monde, et jamais religieuse ni dévote ne porta plus loin l'humilité chrétienne. Elle se croyoit sincèrement indigne de ses compagnes, dont elle éprouva plus d'une fois les mépris.

Des relations qu'elle eut avec la reine lui procurèrent dans la maison une considération qu'elle ne cherchoit pas.

Elle avoit un neveu nommé Masse, bon violoncelle, et dont il y a même des pièces gravées. Il étoit à la tête de l'orchestre de la comédie.

Ce lieu où mademoiselle Gautier gémissoit d'avoir été, lui faisoit desirer d'en tirer son neveu: elle s'adressa à Moncrif, et le pria d'engager la reine à faire placer Masse dans sa musique.

Le motif seul de la carmélite étant fait pour toucher la reine, Masse fut admis, et mademoiselle Gautier en écrivit à Moncrif une lettre de remerciements, qu'il montra à la reine. Cette princesse fut enchantée des sentiments de piété de la sœur Augustine de la Miséricorde (c'étoit le nom de religion de mademoiselle Gautier), et la fit assurer de ses bontés. Il s'établit même, en conséquence, une petite correspondance dévote, dont Moncrif étoit le médiateur, et qu'il m'a fait lire. La reine et la sœur Augustine se sont aussi quelquefois écrit directement; et la sœur, la veille de sa mort, adressa encore à la reine les huit vers suivants, qu'elle fit et dicta à la religieuse qui la veilloit:

> Thérèse[1]! je t'entends!... une éternelle vie
> Brise de mon exil les liens importuns:
> Avec une prière offerte par Sophie[2],
> Mon ame va voler sur l'autel des parfums.
> O reine! ame céleste et le charme du monde!
> Si sur moi tes regards daignèrent s'abaisser,

[1] Patrone des carmélites.
[2] L'un des noms de baptême de la reine.

> J'implore, en expirant, ta piété profonde!
> Demande mon bonheur : le ciel va t'exaucer.

Les personnes qui l'ont connue aux Carmélites de Lyon, telles que madame Pallu, intendante, et madame de La Verpillière, femme du prevôt des marchands, m'ont dit qu'elle avoit conservé la gaieté de son caractère; que sa vivacité s'étoit changée en ferveur pour ses devoirs; et qu'étant devenue aveugle dans les dernières années de sa vie, elle se servit toujours elle-même, sans vouloir être à charge à qui que ce fût de la maison. Elle aimoit les visites, parloit avec feu, énergie et clarté. Elle n'entendoit point parler d'un malheureux sans être attendrie, et sans chercher à le soulager par le moyen de ses amis. Le pape lui avoit donné un bref pour paroître au parloir à visage découvert. Je ne devine pas la raison de cette singularité.

LA CONVERSION

DE

MADEMOISELLE GAUTIER,

IMPRIMÉE SUR LE MANUSCRIT AUTOGRAPHE.

J. † M.

Le 25 d'avril 1722, temps où, plongée dans une mer de délices, selon les pernicieuses façons de parler du monde, et goûtant une funeste sécurité dans les ténèbres de la mort, où j'étois volontairement, je m'éveille à huit ou neuf heures du matin, contre ma coutume; je me souviens que c'est le jour de ma naissance. Je sonne mes gens, ma femme-de-chambre arrive, pensant que je me trouve mal. Je lui dis de m'habiller, parceque je voulois aller à la messe; elle me répond qu'il n'est pas fête, sachant qu'à peine les jours d'obligation m'y faisoient aller; elle m'habille; je vais à la messe aux Cordeliers, suivie de mon laquais, menant avec moi un petit orphelin de mère que j'avois adopté. J'en entends une partie sans nulle attention, à mon ordinaire. Vers la pré-

face, une voix intérieure me demande qui m'amène au pied des autels; si c'est pour remercier Dieu de m'avoir donné de quoi plaire au monde, et transgresser mortellement chaque jour sa loi. Cette réflexion de la plus monstrueuse ingratitude envers le Seigneur, me terrasse; de la chaise sur laquelle j'étois nonchalamment appuyée, je me prosterne sur le pavé, et me sens abymée sous une foule de pensées qui se succèdent les unes aux autres. Là messe finie, je renvoie chez moi et mon laquais et l'orphelin. Je demeure seule à l'église dans une perplexité inconcevable. Je vais à la sacristie demander une messe du Saint-Esprit, auquel un germe de foi, qui n'avoit jamais été étouffé par mes désordres, me faisoit avoir recours dans les dangers les plus évidents. Le premier mot que je prononce en attendant le prêtre, est celui-ci : « Mon Dieu ! je voudrois
« bien me sauver; mais comment ferai-je? je tiens
« à des chaînes d'autant plus indissolubles, qu'elles
« me sont chères. Après tout, quel mal fais-je de ne
« rien refuser ni à mes sens, ni à mes passions? Né-
« anmoins, mon Dieu, si je ne puis me sauver dans
« une vie si commode et si délicieuse, je suis prête
« à l'abandonner pour mon salut, car, mon Dieu, je
« voudrois bien me sauver; mais, dans le labyrinthe
« où je suis, que puis-je faire sans votre secours?
« Aidez-moi donc vous-même, ô mon Dieu ! Pour
« être éclairée de vos lumières, je viendrai désor-

« mais tous les jours à la messe, j'en ferai dire au
« Saint-Esprit tous les lundis. » Bref, après plus de
trois heures d'agitation et de combats dans cette chapelle des Cordeliers, dédiée au Saint-Esprit, toute
propre par son obscurité à l'heureuse révolution
qui venoit de se faire en moi, si je ne m'en retournai
pas chez moi justifiée, comme l'humble publicain,
j'étois du moins dans la résolution d'entrer dans le
chemin qui méne à la justification. Six mois se pas-
sèrent avec ma messe fidèlement entendue le matin,
et le soir mes allures accoutumées; on m'avoit rail-
lée sur mes messes; je me déguise en femmelette,
pour n'être pas connue; on s'en aperçoit, la rail-
lerie redouble; pour lors je me rappelle cette parole
de l'Évangile : *Qu'on ne peut servir deux maîtres;* je
prends mon parti, vers la Toussaint, d'abandonner
le plus dangereux, quoique le plus agréable ; je
commence par me passer de ma femme-de-chambre
pour m'habiller; afin de m'accoutumer à la retraite
que je méditois, je me retire doucement des parties
de plaisir sur une soi-disant indisposition; on se
doute de mon projet de retraite, on me le dit; je le
désavoue, pour n'être pas exposée à des sollicitations
auxquelles ma tendresse n'auroit pu résister. Plus
le temps pascal approchoit, où j'avois fixé ma retraite, plus mes combats devinrent violents. La force
de mon tempérament y succomba; mais un vomis-
sement continuel ne m'empêcha pas de travailler,

tout le Carême, à écrire ma confession générale, avant de sortir de mon lit; la nécessité de trouver un confesseur me détermine à confier mon secret à une vertueuse parente qui m'avoit souvent en vain moralisée; elle s'adresse au grand pénitencier, qui lui indique un zélé vicaire de Saint-Sulpice, ma paroisse. Ce saint prêtre refuse avec mépris et indignation de m'entendre, jusqu'à ce que j'aie fait divorce avec le monde; elle lui répond que le divorce est sûr. Ce mépris et ce rebut ne m'empêchent pas de m'aller prosterner à ses pieds; les larmes et les sanglots furent, dans cette première entrevue, les seuls interprètes de mon cœur; il en est touché, me console, dans l'espérance des miséricordes du Seigneur, et me renvoie à un jour plus tranquille. Quel jour, bon Dieu! le même où, pour la dernière fois de ma vie, les personnes qui m'étoient les plus chères devoient dîner chez moi; mais, quelque chères qu'elles me fussent, elles m'étoient alors moins chères que mon salut. Ce que je souffris à table, pour ne rien laisser apercevoir de ma situation intérieure, ne peut s'imaginer; la grace et la nature se faisoient sentir dans tous les replis de mon cœur, sur-tout lorsqu'on me dit : *Vous nous faites grande chère pour le mercredi de la Passion!* et qu'on répondit tout de suite : *Elle nous fait ses adieux.* Me sentant prête à m'évanouir, je me lève de table, sous le prétexte d'un paiement que je devois faire, et pour le-

quel j'avois donné ma parole. Chacun se lève aussi. On me conduit jusqu'à ma porte, je fais monter ma compagnie en carrosse. Le coup de fouet du cocher me fait pousser un cri perçant, qui, ayant été entendu, fait descendre ma compagnie; je rentre dans une salle basse; ma femme-de-chambre leur donne le change, et leur persuade que je suis déjà bien loin, et que c'est l'enfant qu'ils ont entendu crier. Ils la croient, remontent en carrosse, et moi je me sauve à Saint-Sulpice, où mon juge m'attendoit dans un confessionnal de la chapelle de la Sainte-Vierge. Dans l'état où j'étois, je commence ma confession ; après trois heures de séance, où le seul doigt de Dieu pouvoit me soutenir, le confesseur me dit : *C'est assez, n'allez pas plus loin*; après une courte exhortation, il me remet à une autre séance. Je rentre dans ma maison, où je n'avois plus que quatre jours à demeurer. La désolation s'empare de mon esprit et de mon cœur, j'étois éperdue, je me demandois, comme saint Augustin : « Pourras-tu te passer de tant de
« biens, de tant de douceurs qui ont jusqu'ici com-
« blé tes souhaits ; abandonner ce petit palais pour
« vivre seule dans une cellule de religieuse que tu
« as détestée de tout temps? »

Enfin, le jour de ma sortie arrive. M. Languet de Gergy, mon curé, m'avoit souvent exhortée, j'avois toujours badiné de ses exhortations ; sa joie fut complète lorsque je lui fis part des miséricordes de Dieu sur moi. J'allai, pour la dernière fois, prendre congé de lui. Je passe une partie de la nuit qui précéde le Lundi-Saint, à écrire aux personnes avec lesquelles j'étois engagée de profession, et au père de mon petit adoptif, à qui je renvoyois l'enfant, avec vingt pistoles; je laisse les lettres, avec ordre de ne les envoyer à leur adresse qu'à midi, et de dire à quiconque me demanderoit, que j'étois absente pour long-temps, après quoi je pars, à cinq heures du matin, 22 de mars 1723, de chez moi, pour n'y jamais rentrer; mais, au lieu des combats précédents, j'en pars avec la même tranquillité que je pars à présent de ma cellule pour aller au chœur, onze mois précisément après cette heureuse messe. J'arrive à Versailles au lever de feu M. le cardinal de Fleuri, et M. le duc de Gesvres, mes constants protecteurs, desquels j'allois prendre congé. Je passe de leur appartement à la chapelle du roi, pour y entendre la messe, pendant laquelle je me souviens qu'il y a dans le château une dame que j'avois violemment offensée; en sortant de la chapelle, je vais chez elle; je la fais prier de passer dans un entresol, pour éviter l'éclat de ses premiers mouvements; elle y descend; à peine est-elle entrée que je ferme la porte, et me prosterne à ses pieds. Elle demeure, à ma vue, interdite et sans voix; je lui demande, dans la posture suppliante où j'étois, un généreux pardon, parcequ'abandonnant le monde pour faire pénitence, j'avois cru devoir commencer par ce difficile précepte de l'Évangile; cette dame, après être un peu revenue de ce qu'elle pensoit n'être qu'une illusion, me dit tout ce que la colère d'une femme, piquée par l'endroit le plus sensible, lui put suggérer; après lui avoir laissé dire tout ce qu'il lui plut, je lui répondis, dans une parfaite tranquillité, toujours prosternée à ses pieds, que je n'étois pas venue pour me justifier, mais pour lui demander pardon; que si elle me l'accordoit, je partirois contente; que si elle me le refusoit, Dieu seroit content de ma soumission, mais qu'il ne le seroit pas de son refus, et qu'à l'heure de la mort, elle s'en repentiroit peut-être trop tard, parcequ'il la traiteroit à son tribunal avec la même rigueur qu'elle m'auroit traitée; sur cette réponse, elle se radoucit, me tend la main pour me relever, et me fait asseoir auprès d'elle; nous nous réconcilions sincèrement.

Je repars de Versailles sans y prendre de nourriture, l'action que je venois de faire m'ayant suffisamment rassasiée; je me contente de voir dîner le mari de ma cousine, qui m'avoit accompagnée, mais qui, n'ayant pas été témoin de ma réconciliation, ne savoit ce qui s'étoit passé entre cette dame et moi, parceque mes yeux lui parurent aussi ardents que deux flambeaux, ce fut son expression. Nous remontâmes en carrosse dans un profond silence; je me rends à Paris, dans la communauté de

Sainte-Perpétue, où j'avois fait meubler une petite chambre, pour y demeurer jusqu'à ce que l'inventaire de mes meubles, et autres arrangements fussent finis. En entrant dans cette première retraite, j'éprouvai invisiblement ce que saint Paul éprouva visiblement, puisqu'au lieu des écailles qui lui tombèrent des yeux, je me sentis transformée dans une créature toute nouvelle. Montée à cette petite chambre, je me crus déja montée au ciel. Là, tout le passé s'évanouit ; maisons, biens, amis, plaisirs, tout disparut de mon souvenir ; le calme et la paix intérieure où je me trouvois, me faisoit presque douter si ma vie, jusqu'alors, n'avoit été qu'un songe. Ma cousine, qui fondoit en larmes, et qui ne pouvoit se séparer de moi dans la crainte de me laisser seule, et qu'elle ne me trouvât morte le lendemain, ne pouvoit comprendre mon empressement à la renvoyer, pour goûter à loisir le nouveau plaisir de la solitude. Je dis à la supérieure que j'avois fait collation le matin, et que je la priois de me donner à souper. Il ne se trouva qu'un peu de carpe à l'étuvée, de reste du dîner de la communauté. On me le donna, et je le mangeai avec appétit ; chose admirable ! depuis trois mois je ne pouvois garder de nourriture sans la rendre sur-le-champ, même les consommés ; j'avois encore vomi un peu de riz au jus que j'avois pris la veille à souper ; cette carpe réchauffée, et quelques noix pour dessert, non seulement demeurèrent dans mon estomac sans peine, mais je dormis toute la nuit d'un sommeil aussi paisible que celui d'un enfant de cinq ans, ce qui a toujours continué depuis.

Dès qu'on sut ma retraite, chacun lui donna la cause qu'il lui plut : personne ne put croire que, dans la force de l'âge (j'avois alors trente-un ans) et la violence des passions, sans nulle de ces causes ordinaires qui font rompre avec le monde, j'eusse pris un parti si opposé à celui que je quittois. Mon inventaire est affiché ; il dure quinze jours, pendant lesquels tout Paris vient se persuader de la réalité de ma fuite. Chacun s'en retourne touché et attendri des miséricordes de Dieu sur moi. On questionne ma parente, chargée de mes affaires temporelles, du lieu où je m'étois retirée ; elle est impénétrable ; enfin, on la prie de me faire tenir une lettre qu'on lui remet. Cette lettre contenoit des conseils d'un ami, qui m'exhortoit à ne pas faire une telle démarche, dans la gracieuse situation où je me trouvois, et dans un âge où les retours sont inévitables et les repentirs souvent trop tardifs ; l'on me citoit sur cela des exemples capables de m'ébranler, si Dieu ne m'eût soutenue et fortifiée par sa grace. Je ne balance pas à répondre que, depuis onze mois, je m'étois suffisamment éprouvée avant de quitter ma maison et quinze à seize mille livres de revenu ; que j'espérois, avec le secours d'en haut, ne pas regarder en arrière, et que si j'avois le corps et la tendresse d'une femme, je me sentois le courage assez mâle pour soutenir jusqu'à la mort l'heureux parti que je prenois; qu'au reste j'étois sensible à cette marque d'amitié, mais que je priois de ne pas la réitérer. Enfin, mes affaires rangées, je pars pour le Mâconnois, la veille de l'Ascension, six semaines après ma sortie d'Égypte, où m'attendoit madame la marquise de Valadour d'Arcy, mon amie, à qui j'avois écrit ma détermination, en la priant de m'arrêter une place dans le couvent des Ursulines de Pont-de-Veaux, pour y vivre pensionnaire et inconnue; car, pour la vocation, elle étoit encore bien éloignée de ma pensée, et l'aversion que j'avois toujours eue pour ce genre de vie, et pour les filles en général, étoit l'ouvrage d'une nouvelle miséricorde.

En montant dans la diligence, je trouvai pour compagnon de voyage le commandeur de l'Aubepin, qui, trompé sur un extérieur que je n'affectois sûrement pas, me prenant pour tout autre que je n'étois, me combla d'honneurs et d'attentions pendant la route de Paris à Saulieu, où la marquise m'attendoit. Confirmé dans sa favorable opinion, il me supplia de lui dire à qui il avoit rendu ses devoirs; je lui répondis franchement que je m'en garderois bien, moins par vanité pour moi, que pour lui épargner la confusion d'avoir prodigué ses politesses à qui en étoit très indigne. Il prit mon re-

fus pour un compliment, et redoubla ses respectueuses instances ; je lui dis : Monsieur le comman-
« deur, je vous donne ma parole, qu'en arrivant à
« Lyon, vous saurez qui je suis ; et si je perds l'es-
« time que vous avez conçue de ma personne, vous
« saurez que je n'ai pas voulu vous tromper, et que
« ma bonne foi méritoit le pardon de mon silence. »
En effet, je lui écrivis aussitôt qui j'étois, mon dessein de servir Dieu, et que je le priois de ne pas me savoir mauvais gré de ma résistance à me faire connoître à lui ; il fut si content de ma candeur, que jusqu'à sa mort je n'ai pas eu un plus solide ami.

A peine fus-je installée dans le couvent de Pont-de-Veaux, où les religieuses m'avoient reçue avec toute la bienveillance possible, que le démon me tendit un piége. Une personne, dont le nom vous est très connu, m'écrivit que, dans la résolution où j'étois de mener une vie retirée, il me conjuroit d'accepter une de ses terres qu'il me nomma, pour y finir mes jours comme il me plairoit, qu'il me la donneroit en bonne forme ; je le remerciai de son offre, en lui disant qu'ayant quitté ma maison, il ne seroit pas édifiant que j'acceptasse la sienne, et que, quelque droites et pures que fussent ses intentions, le public n'est pas Dieu pour les pénétrer, et que, m'étant retirée sincèrement de tous les périls, je ne m'y exposerois de mes jours.

Les religieuses de Pont-de-Veaux m'avoient donné

une grande chambre, dans laquelle j'en fis construire trois, comptant y finir mes jours. J'assistois à tous leurs exercices. On avoit pour moi des égards qui m'affligeoient, parceque trompé, ainsi que le commandeur de l'Aubepin, sur un certain air de grand monde, et un embonpoint que je n'avois pas encore perdu, on me croyoit du haut parage; je les tirai d'erreur, comme j'avois désabusé le commandeur. Elles me témoignèrent encore plus d'amitié qu'avant mon aveu. Je passai les jours à lire, à prier Dieu et à travailler, menant la vie la plus douce qu'on puisse s'imaginer. Je communiois tous les mois, par l'avis de mon premier confesseur, qui avoit d'abord refusé de m'admettre à la sainte table, dans la crainte que je ne retournasse à ce que j'avois quitté; mais, sur les assurances que je lui donnai du contraire, il se laissa fléchir, et m'avoit permis de faire mes pâques. Je fus exercée, les premiers six mois de mon séjour à Pont-de-Veaux, par des songes qui, chaque nuit, m'affligeoient infiniment, quoique mon confesseur pût dire pour me rassurer. Un jour, me trouvant seule devant le Saint-Sacrement, dans la désolation où j'étois de mes songes impertinents, qui régulièrement me tourmentoient pendant mon sommeil, je m'adressai à la mère de Dieu, comme si elle eût été présente : « Ah çà! Sainte-Vierge, » lui dis-je avec la même ingénuité que j'avois parlé à Dieu dans la chapelle des Cordeliers, dix-

huit mois avant, « on dit que vous êtes toute-puis-
« sante dans le ciel, que vous obtenez, pour les pé-
« cheurs, ce qu'ils osent vous demander : si, par
« votre intercession, je suis délivrée des vexations
« nocturnes que je souffre depuis long-temps, et qui
« me font horreur, je vous promets de jeûner, au
« pain et à l'eau, la veille de toutes vos fêtes, et de
« communier à votre intention ; de porter jusqu'à la
« mort, sur ma chair, un cordon de laine blanc avec
« des nœuds, et de dire chaque jour le chapelet; » et
depuis ce moment je fus si tranquille sur ce point,
et j'en ai conservé une si vive reconnoissance envers
cette mère de miséricorde, que je répandrois jusqu'à la dernière goutte de mon sang pour soutenir
son pouvoir et sa bonté.

Il arriva dans ce même temps un événement assez
singulier, et où la main de Dieu parut visiblement
protéger la communauté. La nuit du jour de sainte
Anne, il fit un si prodigieux orage, qu'il sembloit
que tout alloit être bouleversé. Le tonnerre, roulant
sur le toit de la maison, le cribla entièrement,
inonda les greniers remplis de farine; l'eau, perçant le plancher, tomboit à torrents dans les infir-
meries, sur-tout où gisoit une ancienne mère pa-
ralytique. Les religieuses, qui ne savoient de quel
côté tourner, vinrent à ma chambre me prier de les
aider. Je sors en chemise, et cours au lit de cette
pauvre vieille, que personne n'osoit toucher ; je l'en-

lève aisément, et vais pour la mettre dans mon lit, qui n'avoit pas de part à l'inondation ; mais, la porte s'étant fermée, la clef en dedans, il fallut la porter ailleurs. Le déluge qui étoit tombé sur moi m'avoit mis dans un état aussi piteux que risible ; les religieuses me prêtèrent une de leurs chemises, qui fut le premier cilice que je portai. Nous allâmes toutes au grenier pour sauver ce que nous pourrions de la farine, qui tomboit à moitié pétrie, sans nous apercevoir du danger où nous étions ; car, dès que le jour parut, nous vîmes toutes les tuiles pendiller sur nos têtes, sans presque tenir à rien, ce qui fut regardé comme une protection miraculeuse, et attribué à un salut que j'avois fondé pour tous les vingt-cinq de chaque mois à perpétuité, en action de graces des miséricordes de Dieu sur moi, et dont le premier avoit été célébré le soir même de ce furieux ouragan.

Après dix mois de séjour dans le couvent de Pont-de-Veaux, je vins à Lyon, rendre mes devoirs à feu M. le maréchal de Villeroi. La maison de l'Anticaille me plut beaucoup ; et, quoiqu'on n'y reçût point de pensionnaires, M. l'archevêque leur demanda pour moi cette grace. J'avois eu quelque inquiétude à Pont-de-Veaux, pour avoir refusé la visite du vieux comte de Feuillans, qui en étoit gouverneur. D'un autre côté, mon amie, la marquise d'Arcy, n'approuvoit pas que je fusse aussi séquestrée que je prétendois l'être, et que je regardasse comme une distraction l'offre qu'elle me faisoit continuellement de passer une partie de la belle saison dans ses terres, avec elle et sa famille, moi qui n'avois pas voulu me retirer à Blois, malgré les sollicitations de madame la marquise de Saumeri, mère de M. l'évêque de Rieux, que j'honorois et chérissois de tout mon cœur, par la seule raison que je ne pourrois me défendre de l'accompagner à Chambord : je présumois que je serois, à l'Anticaille, à l'abri de ces petites inquiétudes.

Je fis donc revenir mes meubles de Pont-de-Veaux, sans me soucier des accommodements que j'y avois fait faire, et qui m'avoient coûté beaucoup plus de deux cents pistoles; je fis à peu près les mêmes accommodements à l'Anticaille, comptant que c'étoit enfin la dernière de mes stations ; je suivois, de même qu'à Pont-de-Veaux, les exercices réguliers de l'ordre de Sainte-Marie. J'avois pour directeur le révérend père de Veaux, de la compagnie de Jésus, dont les ordres me paroissoient être ceux de Dieu même. Pour essayer ma ferveur, il commença par me conseiller de me lever à onze heures du soir, et de faire l'oraison jusqu'à minuit : je me tenois bien éveillée pour obéir; mais à peine étois-je à genoux, que je m'endormois comme une marmotte, jusqu'à je ne sais quelle heure. Voyant

que cette pratique n'étoit pas de mon ressort, il m'en prescrivit une autre. Dans une lettre que je reçus de lui, il me marquoit que, puisque j'avois tant d'attrait pour l'expiation de mes péchés, il me conseilloit de prendre la discipline, les vendredis, l'espace d'un *miserere*, ou sur les épaules, ou à la façon des religieuses ; qu'on me prêteroit à l'Anticaille un instrument propre à cet usage, sinon qu'il m'en fourniroit un lui-même. Qui fut camuse à la lecture de cette lettre ? ce fut moi. Je croyois avoir la berlue ; je lisois et relisois cette belle épître, croyant m'être trompée ; mais je trouvois toujours la même proposition. « Quoi donc ! me disois-je, je
« crois qu'il se moque de ma figure ! La discipline !
« fi donc ! quelle impertinence ! Les béguines de re-
« ligieuses n'ont qu'à faire ce qui leur plaira ; je ne
« les imiterai pas sur ce point ridicule. Cependant,
« que ferai-je ? car c'est Dieu qui me parle par la
« bouche de ce père : je ne sais pas le *miserere*, et je
« n'ai pas de discipline. » Je n'avois que trois jours pour apprendre par cœur ce psaume ; je l'appris, mais en françois. Pour me servir de discipline, j'allai couper six ou sept bouts de corde menue d'emballage, qui avoit servi à emballer mes meubles, je les noue par intervalles, et, pendant que les religieuses étoient à l'oraison, je m'enferme dans ma chambre et découvre mes épaules pour exploiter. J'avois encore le poignet ferme : la première grêle

de ces cruels nœuds me fit une telle douleur, que j'en tombai sur le nez, presque évanouie. Tout le *miserere* s'acheva; et à chaque verset, chaque grêle de nœuds, et chaque chute sur le nez. Je versois des pleurs de dépit et non de dévotion, bien résolue de chanter une gamme au directeur flagellant.

La nuit se passa comme il plut à Dieu, sans pouvoir fermer l'œil, ni me tenir sur aucun côté; le matin, en m'habillant, j'aperçus mes épaules tricolores de meurtrissures; je sors, outrée de colère, pour aller à Saint-Joseph, rendre compte au zélé directeur du succès de ses ordres. Hélas! dès qu'il parut avec son extérieur imposant, je me trouvai si sotte, que je ne pus répondre un mot aux questions qu'il me fit sur la cause de ma visite; mais le mouvement de mes épaules le lui disoit assez. Il me le fit avouer : je lui dis tout net que la proposition m'avoit scandalisée, que je lui avois obéi, mais que je le priois de ne me pas faire réitérer un semblable exercice; il me le promit, mais en m'assurant qu'avant peu je le lui redemanderois à genoux, et qu'il ne me le permettroit plus. « Oh! pour cela, « lui répondis-je, vous aurez la barbe bien longue « avant l'accomplissement de votre prophétie. » Hélas! il avoit raison, le bon père : je ne fus pas sitôt rentrée dans le couvent, que la honte de ma démarche et de ma lâcheté me fit changer de sentiment et de langage; ces vierges avec lesquelles je

26.

vivois, et qui joignoient la pénitence à l'innocence, faisoient ma condamnation.

Mes épaules n'étoient pas guéries, que je demandai humblement ce que j'avois regardé avec indignation. Ce bon père, pour la forme, se fit un peu tirer l'oreille ; mais il eût été bien fâché de ne pas contribuer à la mortification de cette chair si douillette et si potelée : il me fournit abondamment de meubles pour cet usage, qui réparèrent depuis ma première poltronnerie.

Quelque temps après, je lui dis que les religieuses qui venoient prendre avec moi le café me railloient chaque jour sur la mollesse de mon lit, que je croyois avoir bien réformé : il me questionna sur ce point ; je lui dis qu'il ne consistoit qu'en un lit de plume entre deux gros matelas, sur un sommier de crin ; il ne me répondit autre chose, avec étonnement, que : *Oh ! oh ! oh !* « Eh bien, lui demandai-je, « est-ce que tout le monde, et vous tout le premier, « n'êtes pas couchés de même ? — Non, assuré- « ment, me dit-il : commencez par retrancher un « matelas. » Non seulement un matelas, mais ce même soir, je jetai tout sur le plancher, à l'exception du sommier de crin, sur lequel je passai la nuit.

Je ne finirois pas s'il me falloit ajouter mille aventures dans ce goût. Dieu s'en servoit pour me faire arriver par degrés à la vocation religieuse, pour laquelle j'avois toujours eu une si forte antipathie. Les dames, qui avoient pour moi des bontés que je n'oublierai jamais, s'étonnoient de ce que, m'assujettissant à toutes leurs observances, je ne faisois pas à Dieu l'entier sacrifice de ma liberté; je les priois de ne me parler jamais d'engagement, si elles vouloient que je demeurasse avec elles jusqu'à la mort. Elles ne m'en parlèrent plus effectivement; mais elles me donnèrent à lire la vie de madame de Montmorency, qui se fit religieuse de Sainte-Marie, après la catastrophe de son mari. Leur intention, en me donnant cette lecture à faire, ne fut pas sans fruit: je fus touchée de l'exemple de cette grande dame; j'y réfléchis profondément, et fis part de mes réflexions au père de Veaux, qui m'y fortifia, et m'assura que le plus grand sacrifice qu'il me restoit à faire à Dieu, étoit celui de ma liberté. Il ne m'apprenoit rien de nouveau, je le sentois bien. C'étoit au mois de juillet 1724 que ceci se passa.

Lorsque j'eus fait part à la supérieure et aux religieuses de mes premières dispositions au sacrifice de cette liberté si chérie et si mal employée jadis, leur amitié pour moi prit un nouvel accroissement. Je fis venir de Paris ma parente, pour régler mon temporel, parceque je comptois prendre l'habit de Sainte-Marie quelque temps après. Ces saintes religieuses crurent m'affermir encore dans ma vocation, en me donnant à lire la vie de dom Jean de

Rancé, réformateur de la Trappe; mais, grand Dieu! quelle attrape, quand j'eus reconnu, dans cet abbé pénitent, une conformité si grande entre les égarements de sa jeunesse (toute proportion gardée) et ceux de la mienne! Pour lors, il ne fut plus question de régle douce; je promis à Dieu, de toute l'étendue de mon cœur, d'imiter, autant qu'il me seroit possible, dans ses austérités, ce saint pénitent que j'avois imité dans ses désordres. J'aurois été aux Clairettes, filles de la Trappe, si le père de Veaux ne m'eût assuré à moi que je trouverois aux Carmélites ce que je desirois de trouver à la Trappe. Je confiai mon dessein à M. l'archevêque de Villeroi, qui m'honoroit d'une particulière bienveillance. Il voulut d'abord m'en détourner; mais lui ayant ouvert mon cœur, et l'ayant assuré que je me sentois pressée étrangement de satisfaire à la justice divine; qu'on me chérissoit trop à l'Anticaille, et qu'outre l'austérité de la pénitence, je desirois encore d'être aussi méprisée que j'avois été vaine et orgueilleuse autrefois (je fondois en larmes en lui parlant), il fut pénétré de mon état, et me dit : « Le « doigt de Dieu est là; j'irai demander une place « pour vous aux Carmélites. — Mais, monseigneur, « lui dis-je, n'omettez pas de leur dire ce que j'ai été « dans le monde, parceque je ne veux tromper per- « sonne. » Il le fit, et leur dit la profession que j'avois exercée chez le roi et à Paris, ce qui les effraya;

mais, malgré leurs remontrances et leurs difficultés, il leur dit qu'il se chargeoit de tous leurs scrupules : la mère prieure, qui favorisoit mon dessein, m'écrivit que je n'avois qu'à prendre un jour pour me présenter à la communauté, et pour entrer dans la maison. Je ne voulois pas que les dames de l'Anticaille en eussent le moindre vent, parceque, m'ayant sincèrement aimée, et les aimant de même, il étoit à propos d'éviter de tendres reproches, qui n'auroient servi qu'à me rendre leur séparation plus douloureuse, parceque j'étois résolue, à quelque prix que ce fût, d'obéir à la voix de Dieu, qui m'appeloit à une vie totalement crucifiée de corps, de cœur et d'esprit.

Je me rendis ici le 14 d'octobre 1724, d'où j'écrivis à la supérieure et aux religieuses de l'Anticaille, pour leur demander pardon du mystère que je leur avois fait de ma vocation à l'ordre des Carmélites, par pure défiance de moi-même : elles eurent la bonté de me regretter, et de mander à nos mères plus de bien qu'elles n'en auroient dû trouver en moi, et poussèrent leur charité aussi loin qu'elle pouvoit aller.

C'est ainsi que le Seigneur, par son infinie miséricorde, m'a fait entrer dans la terre des saints, dix-huit mois après m'avoir fait sortir du chemin de perdition où la seule indigence m'avoit conduite, puisque nul de mes parents n'étoit sorti de la simplicité chrétienne. Le seul dérangement d'un père me réduisit, à l'âge de dix-sept ans, grande et assez prévenante à ce qu'on disoit, à ne savoir quel parti prendre. J'avois horreur du vice; je n'en eus pas moins de la proposition qu'on me fit d'embrasser celui de la comédie : on se moqua de moi, en me disant qu'il n'y avoit que la populace et les bigots qui étoient sur ce point dans de faux préjugés; que tout ce qu'il y avoit de gens de condition à la cour et à la ville pensoient bien différemment que le bas peuple sur le compte des personnes qui exerçoient cette profession. Je n'eus pas de peine à me laisser persuader, et une prompte expérience ne m'apprit que trop la perversion inévitable de cet état pour qui n'est pas en garde contre soi-même, puisque, sans autre travail que celui de la mémoire, on vit dans l'opulence et dans de continuels amusements : les trois dernières années me rapportèrent quarante-quatre mille francs; quelle amorce pour le cœur perverti! et quelle miséricorde de s'arracher, dans la force de l'âge, à une vie si délicieuse, mais en même temps si opposée au sentier étroit de l'Évangile! J'avouerai néanmoins que j'y ai connu des personnes sans reproche dans leurs mœurs, et qui vivoient très chrétiennement : je n'ai pas été de ce nombre, je le dis à ma honte et à la gloire de Dieu, dont la grace éclate d'autant plus qu'elle a choisi le sujet le plus indigne pour faire adorer son pouvoir.

En entrant dans cette sainte maison, je compris que Dieu avoit exaucé mes desirs; il permit au démon d'inspirer à plusieurs méchants hommes de venir, la première nuit, faire et dire, à la porte du monastère, des choses abominables, pour me diffamer et m'en faire chasser. Les sœurs tourières, scandalisées d'un si indigne procédé, s'en plaignirent à la révérende mère prieure, qui me demanda quels en étoient les auteurs. Ne connoissant qui que ce fût dans la ville, je ne pus lui en rendre raison, sinon que j'avois bien mérité un pareil affront, de quelque part qu'il pût venir. La mère prieure le fit savoir à M. l'archevêque, qui, apparemment plus instruit, et indigné de cette noirceur, donna de si bons ordres, qu'il ne s'est plus rien ouï de semblable. Mais, quinze jours après, on débita que je n'étois pas née d'un légitime mariage, parceque les personnes dans cette triste circonstance ne sont point reçues dans ce saint ordre : autre étonnement pour moi. J'écrivis à M. le curé de St.-Sulpice l'honneur qu'on me faisoit en ce point, et le priai de vouloir bien se donner la peine de tirer lui-même, des registres de sa paroisse, mon extrait baptismal, et de me l'envoyer, ce qu'il eut la bonté de faire de sa propre main, et de l'accompagner d'une lettre en forme de certificat, qui confondit la malice du démon. Tant d'épreuves, et mille autres de cette nature que je passe sous silence, loin de me décourager, me faisoient au contraire bénir la miséricorde de Dieu ; je crus devoir en prendre le nom à juste titre. Je demandai à la mère prieure de vouloir bien me permettre de vivre cachée et inconnue, sans nulle correspondance avec parents ni amis ; elle n'y voulut pas consentir, disant que n'ayant pour amis que des personnes respectables, une correspondance religieuse convenoit pour qu'on sût si je persévérois ou non dans la pénitence que Dieu m'avoit inspirée, et qu'il seroit content que je soumisse mon attrait à l'obéissance : c'est ce que je fis sur-le-champ.

Je l'avois priée, en entrant, de ne me point ménager, et de me faire pratiquer tout ce que je devois pratiquer dans la suite, parceque ayant perdu tant de temps dans ce monde, je n'en devois pas perdre un moment dans la sainte religion ; elle eut la bonté de condescendre à mes desirs, et de m'exempter des prudentes attentions qu'on a pour toutes les commençantes : l'on me mit donc le balai dans la main le premier jour de mon entrée. Laver la lessive ; tirer l'eau d'un puits très profond, pour la communauté ; frotter les tables du réfectoire ; porter toutes les cruches de chaque sœur à leur place ; laver la vaisselle de terre à notre usage ; récurer les marmites et les poêles de la cuisine ; tout cela fut une satisfaction pour moi plus grande que ne l'avoient été mes anciennes mollesses. A ces occupations, qui durèrent quatre ans, succéda celle de faire les alpagattes ou souliers de corde de toute la communauté, avec le soin de l'horloge, dont il falloit monter chaque jour, à force de bras, trois pierres d'un poids énorme. Je fus neuf ans dans cet emploi; mais, comme il m'avoit un peu dérangé l'estomac, on voulut bien m'en dispenser.

Après les trois premiers mois d'épreuves, l'on m'admit au saint habit, le 20 janvier 1725. L'archevêque me fit la grace d'en faire la cérémonie : tout Lyon y assista, malgré l'extrême rigueur du froid.

On avoit peine à se persuader un tel changement, et, de mon côté, j'avois peine à me le persuader. Le souvenir du passé, et la vue du présent, ne me permettoient pas d'avoir besoin de secours étrangers pour m'entretenir avec le Seigneur. Ses miséricordes me rendoient mes anciens égarements plus odieux; mes yeux étoient deux sources de larmes intarissables. Quoique l'horreur de mes désordres fût pour moi le plus affreux supplice (comme il me l'est encore), je crus devoir faire servir à leur expiation cette riche constitution, et cette force au-dessus de mon sexe, qui me faisoit autrefois rouler une assiette d'argent avec les mains, comme on roule une feuille de papier, et dont j'avois fait un si pernicieux usage. Je demandai à mon confesseur la permission d'ajouter à la rigueur de la régle toutes les autres austérités. Ce même père de Veaux, de père flagellant, étoit devenu père temporiseur; il vouloit attendre que mon année de noviciat fût écoulée, après laquelle il me mettroit la bride sur le cou, ce fut son terme ou l'équivalent. Aux approches de ma profession, Dieu permit à Satan de me cribler plus que jamais, en me représentant l'importance des vœux que j'allois prononcer; l'engagement de passer ma vie avec des filles et des religieuses que j'avois toujours haïes mortellement; l'impétuosité de mon caractère; la subordination à une fille prieure, après mon aversion pour celle que toute femme doit à son mari; l'humiliation de me voir, jusqu'au dernier soupir, au milieu de tant de pures vierges, comme une corneille souillée au milieu d'un colombier; mille et mille réflexions de cette nature augmentoient mon trouble et ma désolation; j'approche de la sainte table, en disant à notre Seigneur: « Qu'ai-je cherché ici, sinon vous, ô mon Dieu! Nul « respect humain, nulle raison quelconque ne m'ont « fait quitter le monde et embrasser cet état où je « suis, que le seul desir de satisfaire à votre divine « justice. Regardez d'un œil de miséricorde ce pu- « blicain, cette Madeleine, cette femme adultère, « cette Samaritaine, car je suis composée à-la-fois « de tous les heureux objets de votre clémence. »

J'entends la mère prieure qui s'approche pour me mettre le flambeau à la main, avec lequel je devois commencer la cérémonie de ma profession. A ce moment, j'entends à l'oreille de mon cœur cette parole : *Allons*, que notre Seigneur dit au jardin des Olives à ses disciples, lorsque les soldats venoient se saisir de sa personne. Cette divine parole fit disparoître tous mes combats; à l'instant même un calme et une paix céleste succèdent au trouble et à l'amertume où j'étois plongée; une inexplicable consolation s'empare de mon ame et se répand jusque sur mon front, où la grace d'en haut sembloit être peinte, à ce que m'a dit depuis la mère prieure ; je vais au chapitre, où il me sembloit voir les cieux ouverts et les anges qui s'y réjouissoient de ma conversion ; je prononce mes vœux avec une voix ferme et une joie qui surprend toute la communauté, et je me sens pénétrée d'une onction que les bienheureux qui sont dans le ciel auroient pu m'envier. Cet état de saintes délices dura plus de huit jours de suite sans interruption, après lesquels Dieu me mit dans la disposition habituelle où doit être ici bas une ame pécheresse telle que la mienne, qui sait sûrement qu'elle a un million de fois mérité l'enfer, et qui ignore si sa pénitence et son repentir sont dignes de pardon. Dieu, néanmoins, de temps en temps m'envoyoit des consolations : quelque temps après avoir prononcé mes vœux, je me trouvai, en dormant, occupée d'un songe bien significatif : il me sembloit être appuyée fort tranquillement sous un des portiques du petit quai de Gesvres, qui est entre le Pont-au-Change et le pont Notre-Dame de Paris; que de là je voyois le bras de la Seine rempli d'une multitude innombrable d'hommes et de femmes de tout âge et de tout état, qui se pressoient les uns sur les autres, se précipitoient violemment, et sans retour, sous les arches du Pont-au-Change, qui paroissoient être autant de gouffres profonds; la compassion de tant de personnes qui périssoient me frappa tellement, que je m'éveillai: je n'eus pas besoin d'aller bien loin chercher l'explication de mon songe, qui me montroit évidemment le gouffre d'où la main de Dieu m'avoit tirée pour me mettre dans la salutaire pratique de son église.

Le démon, recommençant son ancienne persécution, me tourmenta de nouveau, non plus, comme à Pont-de-Veaux, par des songes impertinents; mais le jour et la nuit je me trouvai dans des états qui me faisoient horreur; cette réponse du Seigneur à saint Paul, dans un cas pareil: *Ma grace te suffit*, me rassura; mais je crus que je devois opposer à l'ennemi de mon repos des armes offensives. Si je n'employai pas des épines comme un saint Benoît, ni le feu comme un saint Martinien, ce fut l'équivalent de l'un et de l'autre; et onc depuis le tentateur n'a reparu, du moins pour une guerre de cette espèce.

Le père de Veaux m'avoit, selon sa promesse, laissé la bride sur le cou après ma profession, pour ajouter à l'austérité commune toutes celles que mes forces et mon courage pourroient me permettre de pratiquer. Je commençai par faire le vœu de ne jamais boire de vin, pas même en danger de mort, s'il n'en falloit qu'une goutte pour prolonger ma vie. Pendant douze ans de suite, avec la permission du père de Veaux et le secours d'en haut, je me suis exercée à faire servir à la justice divine, les membres qui avoient servi à l'iniquité; et une grande maladie de dix jours seulement ayant affoibli ma forte constitution, je m'en suis tenue depuis à l'austérité commune de la règle, et à un total abandon aux ordres de la divine providence.

J'ai cette grace particulière à rendre au Seigneur, que, depuis le moment que j'ai quitté le monde jusqu'à ce jour, 10 août 1747, je ne l'ai pas regretté une seule fois, malgré les épreuves qu'il m'a fallu subir, et les violences qu'il m'a fallu faire pour vaincre ma sensibilité et renoncer à moi-même. Elles ont été si grandes ces violences, qu'en très peu d'années mes cheveux et mes sourcils, de noirs qu'ils étoient, devinrent blancs. Dieu m'a fait passer par le feu et par l'eau; et, dans mes plus profondes afflictions, j'ai toujours adoré la main paternelle qui ne me châtioit en cette vie que pour m'épargner en l'autre; la vue de mes péchés, que j'ai toujours présents, me confond de plus en plus ; et celle des miséricordes de Dieu sur moi me les fait paroître plus énormes, d'autant plus que ces mêmes miséricordes m'ont préservée de mille périls où ma jeunesse insensée se livroit aveuglément : car à quoi ne me suis-je pas exposée pour satisfaire et mon intempérance et mes passions ?

Quels risques ne couroit pas naturellement une fille de vingt à vingt-deux ans, d'aller dans le Wurtemberg, et du Wurtemberg à Paris, dans une chaise de poste, accompagnée d'un seul laquais et du postillon ? Le laquais, plus timide que moi et plus raisonnable, me faisoit apercevoir les dangers évidents que je courois. Il approchoit son cheval de ma chaise, dans les bois de Nancy et de Sainte-Ménéhould, pour me dire : *Mademoiselle, nous sommes ici dans des coupe-gorges.* Eh bien ! lui répondis-je, *que crains-tu ? n'ai-je pas deux bons pistolets ? Va, va, tu suis César et sa fortune.* Étant dans une auberge, j'entends entrer dans ma chambre avant le jour ; je crois qu'on vient m'avertir que les chevaux de poste sont à ma chaise ; j'appelle mon laquais par son nom, personne ne répond, et j'entends qu'on s'avance vers mon lit ; je crie : *Au voleur !* le voleur prend la fuite ; je sors du lit pour l'atteindre, il m'échappe, et se sauve ; on vient au bruit que je faisois ; je dis à l'hôtesse : *Vous avez des voleurs chez vous. Il y a,* me répond-elle, *trois carrosses de voiture qui y logent, je ne connois pas ceux qui les remplissent. Cela suffit*, lui dis-je; *qu'on mette les chevaux à ma chaise*. On les y met ; je pars à la pointe du jour, sans m'embarrasser de quel côté aura tourné le voleur; c'est ainsi que Dieu, par une providence marquée, m'a toujours préservée des funestes accidents dans lesquels je me précipitois, malgré les sages remontrances des personnes même les plus respectables par leur rang, par leur âge et par leurs vertus.

Lorsqu'elles me demandoient si j'approchois des sacrements : « Non, sans doute, disois-je ; je ne veux
« pas les profaner, et je ne veux pas renoncer à mes
« plaisirs avant quarante-cinq ans. — Mais n'avez-
« vous point de remords? — Non ; et pourquoi en au-
« rois-je? je ne fais de mal à personne ; je laisse le pa-
« radis futur à qui le voudra, je me contente de celui
« dont je jouis ». O délire pitoyable ! qui me faisoit parler ainsi ; c'est sur cette insensée que le Seigneur a daigné jeter des yeux de compassion pour dessiller les miens, et me rendre à moi-même; car, en naissant, il m'avoit donné une bonne ame, un cœur droit, compatissant, bienfaisant, susceptible des meilleurs sentiments, et une horreur pour le vice bas et honteux. S'il eût permis que des parents plus aisés et plus attentifs à mon éducation eussent cultivé ces heureuses dispositions, et la facilité surprenante avec laquelle j'apprenois tout ce qu'on m'enseignoit, peut-être aurois-je été vertueuse. Dieu sait ce qu'il m'a coûté de

larmes pour cesser de l'être; Dieu sait encore qu'à l'âge de dix-neuf ans, me trouvant, dans une ville de Flandres, aux portes de la mort, je promis d'abandonner pour jamais la profession dangereuse où j'étois engagée, si l'on vouloit m'assurer deux cents livres de pension viagère : on le pouvoit; on le devoit; on ne l'a pas fait; Dieu veuille qu'on n'ait pas à rendre compte à son tribunal des égaremens où les occasions séduisantes me plongèrent quelque temps après!

En voilà trop, quoique ce ne soit qu'un léger crayon de l'abyme des misères qui ont attiré les miséricordes du Seigneur. Il me faudroit deux ans au moins pour les écrire toutes, et six mois pour les dire de bouche. Vous avez exigé de ma confiance cet abrégé qui m'a fait répandre de nouveaux ruisseaux de larmes; j'exige à mon tour de votre zèle, que vous m'aiderez à rendre à Dieu d'éternelles actions de graces, et que vous lui demanderez de couronner en moi ses propres bienfaits par la persévérance finale, et une bienheureuse mort.

FIN DE LA CONVERSION DE MADEMOISELLE GAUTIER.

CRITIQUE

DE L'OUVRAGE INTITULÉ :

RECUEIL DE CES MESSIEURS.

Vous voulez absolument savoir mon sentiment sur l'ouvrage que vous allez donner au public : le voici. Il sera d'autant plus désintéressé que je ne connois pas un des auteurs; et je suis dans une si grande habitude de faire des critiques, que je n'ai pas eu besoin de lire l'ouvrage : les titres me suffisent. Il me paroît que vous avez fait une collection dans le goût de la Bibliothèque de Photius; je crains seulement qu'on ne la trouve trop savante.

Bon Dieu! que de contes et d'histoires! Pour moi, je serois tenté de croire que, dans un recueil aussi grave que celui-ci, tant de fadaises ont un objet plus sérieux que celui qui se présente d'abord. Ne pourroit-on point, à l'exemple des alchimistes, y chercher des mystères cachés aux profanes? Pour moi, qui suis de ceux-ci, je ne cherche jamais que ce que je trouve.

Liradi, nouvelle espagnole, me donne de l'humeur; elle est de quelque mélancolique qui aura pris un travers avec sa maîtresse, pour une infidélité qu'elle lui aura faite: quand on se fâche pour si peu de chose, il n'y a rien dont on ne puisse s'offenser.

A deux de jeu. Après la nouvelle espagnole, en voici une françoise : c'est fort bien fait ; mais je voudrois qu'on me fît grace du pays, et qu'on le reconnût aux caractères des acteurs et à la nature des événements.

A quoi bon un *Dialogue des morts?* Il me semble que, pour faire dire des sottises, il suffiroit de faire parler des vivants. A propos de vivants, je trouve encore qu'il est ridicule de donner l'oraison funèbre d'un mort; personne ne s'y intéresse. Je me suis quelquefois trouvé à ces sortes de cérémonies ; j'ai toujours remarqué qu'on n'étoit occupé que de l'orateur, et nullement du héros : pourquoi? c'est que celui-ci est mort, et que l'autre est vivant. On ne dit jamais de bien des morts que pour humilier les vivants ; comme on exalte les étrangers pour ne pas reconnoître de supérieurs dans sa patrie. Pourquoi Molière n'a-t-il pas été jugé digne d'être de l'académie? c'est qu'il étoit vivant. Pourquoi est-on étonné aujourd'hui qu'il n'en ait pas été? c'est qu'il est mort: tous les plats motifs qu'on lui opposoit ont disparu ; il ne reste plus que le grand homme qui manque à la liste. Je crois cependant que le manteau de Sganarelle décoreroit bien autant aujourd'hui l'académie, qu'un manteau ducal.

Je serois volontairement ami de l'*Original du por-*

trait; ce n'est pas en considération de ses bonnes qualités, c'est à cause de ses défauts: Je ne veux point d'ami parfait : on pense assez généralement comme moi ; car je vois peu de gens qui ne déchirent leurs meilleurs amis : c'est apparemment de peur qu'on ne les soupçonne d'avoir des amis parfaits.

Je suis édifié du *Sermon turc*. Béni soit l'auteur ! c'est une bonne ame, puisqu'il pense bien des femmes. En effet, on doit aimer leur beauté, estimer leur caractère, respecter le malheur de leur situation ; elles sont belles, tendres et malheureuses. Les hommes, toujours injustes, cherchent à les séduire, affectent de les mépriser, abusent contre elles de la tyrannie qu'ils ont usurpée par force : ce seroient là les trois points de mon discours, si elles me jugeoient digne d'être leur avocat. En attendant, je ne puis m'empêcher d'observer que les hommes ne suivent que l'impétuosité de leurs desirs, en recherchant les femmes ; celles-ci, avec les sens plus calmes, ont le cœur plus tendre : une femme, dans cet état, voudroit que son amant fût, comme elle, satisfait de la possession du cœur; mais il presse, il pleure, il supplie, il excite la compassion ; elle ne peut voir son amant malheureux, elle céde à la pitié, à la tendresse, à la générosité seule ; elle accorde tout, non pour elle, mais pour lui. L'amant est-il heureux? Aussitôt ses feux s'éteignent, il devient inconstant, il court vers un autre objet ; le voilà perfide, sans que sa maîtresse ait rien à se reprocher que des vertus et une foiblesse. Je suis d'autant plus surpris que les femmes soient les dupes des hommes, qu'elles ont infiniment plus d'esprit qu'eux; il est vrai qu'elles ont une meilleure éducation.

Les hommes exercent des professions, ou cultivent des talents qui les obligent d'acquérir quelques connoissances nécessaires et pénibles. Jusqu'ici je ne vois point d'esprit. Voici pourquoi nous n'avons pas tout celui que nous pourrions avoir : les langues ont été imaginées par le besoin de se communiquer réciproquement ses idées; on devroit donc avoir ses idées propres, et n'apprendre que les mots qui en sont les signes; mais, au lieu de nous apprendre simplement, dans notre enfance, des mots pour nous exprimer, on nous donne des pensées toutes faites qui ne sont que des phrases; chacun pensant différemment, et voulant nous suggérer ses idées, les nôtres deviennent un amas informe, et ne sont ni précises ni suivies; nous n'en avons guère de justes que celles que nous acquérons de nous-mêmes, comme on ne sait bien que ce qu'on invente. Si l'on interroge un enfant, la mère ou la gouvernante lui dicte aussitôt sa réponse; de sorte qu'au lieu de dire une sottise de lui-même, qu'on pourroit ensuite rectifier, il répète celle de la sotte qui est auprès de lui. L'habitude et la paresse font qu'insensiblement il sait toujours ce qu'il faut dire et jamais ce qu'il faut penser. Une fille, au contraire, est obligée, grace au peu de soin qu'on prend de son éducation, de penser d'elle-même ; elle reçoit ses idées de l'impression des objets, elle pense, bientôt elle fait la comparaison, elle tire ensuite des conséquences : voilà sa raison formée ; ses pensées, naissant les unes des autres, sont toujours justes. On dira peut-être qu'elle n'est occupée que d'objets peu importants ; mais je n'en connois point qui le soient les uns plus que les autres ; tout consiste à les voir tels qu'ils sont : d'ailleurs, qu'y a-t-il de plus important que d'étudier les hommes, et de connoître leur caractère ? Veut-on juger de la différence d'éducation ? il suffira de voir un jeune homme sortant du collége, en présence d'une sœur plus jeune que lui : il ne sait ni ce qu'il dit ni ce qu'il entend, pendant que sa sœur est toujours au fait de la conversation, et quelquefois en est l'ame. Pourquoi ? c'est qu'elle n'a point appris de latin. Pourquoi les Romains avoient-ils, dit-on, plus d'esprit que nous ? c'est qu'ils n'apprenoient pas le latin ; mais comme ils apprenoient le grec, les Grecs, qui n'apprenoient rien, avoient plus d'esprit qu'eux. Ainsi je conclus qu'on doit aimer, estimer et respecter les femmes ; c'est même très bien fait de les aimer toutes à-la-fois, ne fût-ce que pour prévenir l'inconstance.

Il ne faut compter sur rien. Cela est bien vrai, car je m'attendois à trouver un conte en vers. Je parierois que c'est ainsi que l'auteur a coutume de penser; après quoi il traduit en prose, quand il juge que son ouvrage peut se passer de vers; il faut bien un autre mérite pour la prose. Que d'ouvrages perdroient leur réputation, si on les y réduisoit! Ce seroit une espèce de coupelle, pour savoir s'il y a des choses, et non pas des mots. Souvent, pour remettre des vers en prose, il suffiroit d'ôter leurs rimes.

Il y a long-temps que je voulois savoir pourquoi *la Vérité est au fond d'un puits*. Me voilà un peu éclairci; mais je n'en suis pas plus avancé : il me paroît plus difficile que jamais de l'en retirer, parceque ceux qui sont allés la chercher, étant tombés dedans sur les morts, il faudroit commencer par les dégager de tout ce qui les accable aujourd'hui.

Je ne sais pas pourquoi les hommes taxent les femmes de fausseté, et ont fait la Vérité femelle. Problème à résoudre. On dit aussi qu'elle est nue, et cela se pourroit bien. C'est sans doute par un amour secret pour la Vérité que nous courons après les femmes avec tant d'ardeur; nous cherchons à les dépouiller de tout ce que nous croyons qui cache la Vérité; et, quand nous avons satisfait notre curiosité sur une, nous nous détrompons, nous courons tous vers une autre, pour être plus heureux. L'amour, le plaisir et l'inconstance ne sont qu'une suite du desir de connoître la Vérité.

Lettres pillées. C'est du moins tirer d'un vieil ouvrage un titre neuf. L'auteur est de bonne foi ; c'est sans doute un honnête homme, quelque pauvre diable qui ne peut se passer d'écrire et qui vit de sa plume.

Le *second Dialogue* est défectueux à bien des égards. Je desirerois, par exemple, quelques traits satiriques et personnels. Un auteur qui se prive d'un si grand avantage, entend mal ses intérêts. S'il s'avise de donner un éloge à quelqu'un, les autres le trouvent mauvais, parcequ'ils voudroient qu'il s'adressât à eux. Celui même qui en est l'objet, use de fausseté et tâche de persuader qu'il est outré, et que c'est à son insu : le comble de la gloire est de mériter et de mépriser les louanges. Si vous mettez, au contraire, quelques traits piquants et applicables à plusieurs personnes, l'intérêt commence à s'échauffer : chacun en fait l'application à d'autres.

La Sincérité, par une jeune demoiselle, est quelque anecdote publique : j'aimerois mieux l'auteur que l'ouvrage.

Ce qui me plaît de l'auteur sur *la Paresse*, c'est qu'il doit avoir l'esprit naturel; car il n'auroit pas la force de courir après.

J'aime le morceau du *Chien enragé* : il y a de l'esprit, et point de raison. Voilà ce qui fait les bons ouvrages. L'esprit est quelque chose de décidé ; la raison est arbitraire. Tout le monde court après l'esprit, tout le monde en veut avoir : preuve de l'estime qu'on en fait. L'esprit se fait sentir tout d'abord, on ne peut le méconnoître. Qu'un homme parle et écrive avec esprit, il est aussitôt l'objet de l'admiration et de la satire, deux sortes d'éloges ; au lieu qu'on ne sait ce que c'est que la raison, puisque les gens les plus opposés de sentiments prétendent tous avoir raison. On appelle une chimère un être de raison, parce qu'un mauvais arbre ne peut produire que de mauvais fruits. L'esprit a de commun avec le bonheur, qu'il ne dépend pas d'autrui. Le plus heureux est celui qui croit l'être ; le plus spirituel est celui qui prétend le plus à l'esprit. Quel bien que celui qui se partage sans s'affoiblir ! Ayons donc beaucoup d'esprit, puisque tout le monde en doit avoir. Je dois pourtant avertir en conscience qu'il est plus rare qu'on ne l'imagine, sur-tout depuis qu'il est devenu plus commun. La marque de l'esprit borné d'un siécle, est lorsque tout le monde en a ; c'est la preuve qu'il n'y a point d'esprits supérieurs ; car ils ne sont jamais en troupe.

Ah ! voilà donc enfin la *Géométrie* appliquée à quelque chose d'utile ! Cela me réconcilie avec elle ; jusqu'ici les sciences ne m'avoient paru propres qu'à rendre une raison pénible de ce que nous faisons sans leur secours. On fait voir ici comme quoi on devient plus grand quand on se redresse. La proposition n'est pas si vraie au moral qu'au physique.

LES CARACTÈRES
DE LA FOLIE,

BALLET

Représenté pour la première fois, par l'académie royale de musique, le mardi 20 août 1743.

SUJET DU BALLET.

On a cru pouvoir rapporter les caractères de la Folie, à trois espéces principales, les Manies, les Passions et les Caprices. Parmi les Manies, on a choisi l'Astrologie, parcequ'elle se lie plus facilement à une action bornée à un acte. On suppose qu'une jeune bergère superstitieuse combat le penchant de son cœur. C'est en profitant de son erreur qu'on parvient à l'en détromper.

On a choisi l'Ambition parmi les Passions, pour le sujet du second acte.

Les Caprices de l'Amour font le sujet du troisième. Après en avoir exposé les bizarreries, on s'est permis, par une licence, de faire triompher la Raison.

PROLOGUE.

ACTEURS CHANTANTS.

L'Amour.
La Folie.
Vénus.
Jupiter.
Suivants de l'Amour.
Suivants de la Folie.

ACTEURS DANSANTS.

Suite de l'Amour.
Suite de la Folie.

PROLOGUE.

Le théâtre représente les jardins de Cythère.

SCÈNE I.

L'AMOUR, VÉNUS, LA FOLIE, SUITE DE L'AMOUR ET DE LA FOLIE.

VÉNUS.

O crime affreux! O malheureuse mère!
Mon fils a perdu la lumière.
La Folie a commis ce forfait odieux,
Et l'Amour est privé de la clarté des cieux.
Venez signaler sa puissance,
Vous qu'il combla de ses biens les plus chers;
Vengez le dieu de l'univers,
Armez-vous, accourez, volez à la vengeance.

CHŒUR DES SUIVANTS DE L'AMOUR.

Armons-nous pour l'Amour, courons à la vengeance :
C'est le maître de l'univers.

LA FOLIE.

Vous à qui j'ai fait part de mes biens les plus chers,
Heureux sujets, signalez ma puissance;
Venez de la Folie embrasser la défense :
C'est la reine de l'univers.

CHŒUR DES SUIVANTS DE LA FOLIE.

Allons de la Folie embrasser la défense :
C'est la reine de l'univers.

L'AMOUR.
O ciel! ma vengeance est trahie.
LA FOLIE.
Tout doit céder à la Folie.
L'AMOUR.
Moi qui reçois tous les vœux!
LA FOLIE.
Moi qui fais tous les heureux!
L'AMOUR.
Ma vengeance est trahie.
LA FOLIE.
Tout doit céder à la Folie.
VÉNUS et L'AMOUR.
Souverain maître des dieux,
C'est à toi de venger Cythère :
Arme ton bras du tonnerre;
Viens immoler la Folie en ces lieux,
Lance tes feux, punis la terre.
VÉNUS.
Nos cris ont pénétré les cieux,
C'est Jupiter qui paroît à mes yeux.

SCÈNE II.

JUPITER et les acteurs de la scène précédente.

JUPITER.
Sur l'Amour et sur la Folie
Les dieux sont partagés ainsi que les mortels:
Mais par des décrets éternels
Le Destin les réconcilie.
Entr'eux il rétablit la paix :
Par un arrêt irrévocable.

PROLOGUE.

> La Folie à jamais
> Doit être de l'Amour le guide inséparable.
> Allez, volez, régnez sur tout ce qui respire;
> Rien ne peut résister à vos charmes divers;
> Soumettez tout à votre empire;
> Rendez le monde heureux, régnez sur l'univers.

Le chœur répète les quatre derniers vers.

(On danse.)

L'AMOUR.
> Sans mes ardeurs,
> Point de plaisirs flatteurs;
> Mes traits vainqueurs
> Des cœurs
> Font le bien suprême.
> Tous les mortels
> Encensent mes autels,
> Et dans les cieux
> Les dieux
> Brûlent des mêmes feux.
>
> Le plaisir d'une tendresse extrême
> Est le bien le plus charmant :
> Pour un amant
> Délicat et constant,
> Les peines, les soupirs
> Ont des plaisirs.

LA FOLIE.
> Plus léger qu'Éole,
> De ta triste école
> Le plaisir s'envole :
> Sans moi dans tes chaînes
> Il n'est que des peines;
> Mes aimables jeux
> Peuvent seuls rendre heureux.
>
> Chantez ma victoire,
> Célébrez ma gloire.
> C'est dans le bel âge
> Qu'on me rend hommage;
> Aimable jeunesse,
> A mes lois sans cesse,
> Aux tendres amours
> Consacrez vos beaux jours :
> Les biens les plus doux
> Sont pour les plus fous;
> Si l'on rit de vous,
> Ce plaisir nous console.

(On danse).

CANTATILLE.

VÉNUS.
> L'Amour et la Folie unissent leurs autels;
> Venez leur rendre vos hommages :

Ils règnent sur tous les mortels,
Leurs plaisirs sont de tous les âges.

Venez jouir dans ce séjour
Des biens les plus doux de la vie:
On les demande à l'Amour,
On les obtient de la Folie.

L'Amour et la Folie unissent leurs autels;
Venez leur rendre vos hommages:
Ils règnent sur tous les mortels,
Leurs plaisirs sont de tous les âges.

FIN DU PROLOGUE.

PREMIÉRE ENTRÉE.

L'ASTROLOGIE.

ACTEURS CHANTANTS.

Florise, bergère.
Licas, berger.
Hermès, mage.
Troupes de mages, de bergers et de bergères.

ACTEURS DANSANTS.

Mages.
Bergers et bergères.

SECONDE ENTRÉE.

L'AMBITION.

ACTEURS CHANTANTS.

Palmire, reine de Lesbos.
Arsame, }
Iphis, } princes lesbiens.
Cléone, confidente de Palmire.
Troupes de Lesbiens et de Lesbiennes.

ACTEURS DANSANTS.

Lesbiens.

TROISIÈME ENTRÉE.

LES CAPRICES DE L'AMOUR.

ACTEURS CHANTANTS.

AGENOR.
EUCHARIS.
CÉPHISE.
Une Grecque.
Troupe de jeunes gens qui célèbrent la fête de Vénus.

ACTEURS DANSANTS.

Habitants de Cythère.

LES CARACTÈRES
DE LA FOLIE.

PREMIÈRE ENTRÉE.

L'ASTROLOGIE.

Le théâtre représente une forêt; on voit d'un côté la retraite d'un Mage, et de l'autre un hameau.

SCÈNE I.

FLORISE.

Amour, cruel Amour, je languis dans tes chaînes.
    Mon cœur forme de vains soupirs,
  Hélas! faut-il que j'éprouve tes peines,
    Quand je renonce à tes plaisirs?

Licas a triomphé de mon indifférence.
Je voudrois lui cacher le trouble de mon cœur;
Contre un charme fatal ce cœur est sans défense,
    Mes yeux trahissent mon silence,
Et je vois que le ciel condamne mon ardeur.

Amour, cruel Amour, je languis dans tes chaînes.
    Mon cœur forme de vains soupirs,

Hélas! faut-il que j'éprouve tes peines,
Quand je renonce à tes plaisirs?

Ah! fuyons. C'est lui qui s'avance.

SCÈNE II.
FLORISE, LICAS.

LICAS.
Fuirez-vous toujours ma présence?
Des soupirs méprisés ne sont pas dangereux,
Mes plaintes ne sont point terribles;
La pitié ne fléchit que les ames sensibles,
La vôtre ne l'est pas aux pleurs d'un malheureux.

FLORISE.
L'amant dont l'orgueil nous brave,
Alarme peu notre cœur;
Celui qui paroît esclave
Est souvent notre vainqueur.
Je sens trop que pour vous l'estime s'intéresse;
Un injuste soupçon cherche à vous alarmer;
Et s'il m'étoit permis d'aimer....

LICAS.
Achevez, dissipez le trouble qui me presse.

FLORISE.
Et s'il m'étoit permis d'aimer,
Vous auriez toute ma tendresse.

LICAS.
Ah! si de mes soupirs votre cœur est flatté....

FLORISE.
Les astres nous sont trop contraires.

LICAS.
Eh quoi! votre crédulité....

DE LA FOLIE.

FLORISE.

Ah! n'allez pas, par une impiété,
Profaner ces mystères.

Par des présages trop affreux
Le ciel a condamné nos vœux.

J'ai vu de nos ruisseaux tarir la source pure,
Nos prés ont perdu leur verdure,
Mon troupeau languissant, dispersé dans les bois,
Ne connoît plus ma voix;
Tout est changé pour moi dans la nature.

LICAS.

Pourquoi le ciel seroit-il en courroux?
Les dieux n'oseroient pas désapprouver ma flamme;
Mais, si j'avois touché votre ame,
Les dieux d'un si beau sort pourroient être jaloux.

FLORISE.

Ce n'est pas pour vous seul que le ciel est sévère.

LICAS.

Ah! si j'ai su vous plaire,
Livrons-nous aux transports d'une innocente ardeur;
Et pour aimer, jeune bergère,
Ne consultons que notre cœur.

FLORISE.

Eh bien! sur notre sort je veux qu'Hermès prononce;
C'est lui qui du Destin interprète les lois,
Le ciel daigne emprunter sa voix:
J'en croirai sa réponse.

(*Elle sort.*)

LICAS.

Pour assurer le bonheur de mes jours,
Allons d'Hermès implorer le secours.

SCÈNE III.

HERMÈS, MAGES, BERGERS ET BERGÈRES.
(*Marche.*)

HERMÈS.

O vous pour qui le ciel est toujours sans nuage,
Unissez vos accents à nos transports sacrés;
   Bergers, venez lui rendre hommage,
Apprenez les destins qui vous sont préparés.

CHOEUR.

Chantons, offrons au ciel nos vœux et notre hommage,
Apprenons les destins qui nous sont préparés.

HERMÈS.

   Flambeaux sacrés, astres divins,
   Dans votre brillante carrière
   Vous répandez sur les humains
   Et vos faveurs et la lumière;
   C'est vous qui faites les destins.

CHOEUR.

Flambeaux sacrés, etc.

                        (*On danse.*)

HERMÈS.

   Au sein des biens purs et tranquilles,
   Vous ignorez, dans vos asiles,
La source des malheurs, le crime et les trésors :
Le ciel verse sur vous son heureuse influence,
Vous méprisez les biens que suivent les remords,
Et jouissez de ceux que donne l'innocence.

                        (*On danse.*)

SCÈNE IV.
HERMÈS, LICAS.

LICAS.
Auguste interprète des dieux,
C'est de vous aujourd'hui que mon sort doit dépendre.
HERMÈS.
Berger, faut-il pour vous interroger les cieux?
Parlez, que voulez-vous apprendre?
LICAS.
Adorateur des décrets souverains,
Je ne viens point en percer le mystère;
Mon sort dépend d'une bergère.
HERMÈS.
Qui peut troubler vos jours sereins?
LICAS.
Quelquefois à mes maux sa pitié s'intéresse,
Elle plaint mon amour, elle estime mon cœur;
Mais l'estime n'est pas le prix de la tendresse.
HERMÈS.
Amants, pour prix de votre ardeur,
Si l'on vous offre de l'estime,
Que votre constance s'anime,
Vous touchez à votre bonheur.
La beauté qui vous plaint n'est pas loin de se rendre,
Et d'aimer à son tour;
La pudeur inventa l'estime la plus tendre,
Pour servir de voile à l'amour.
LICAS.
Florise croit qu'un noir présage
S'oppose à mes tendres desirs;

Vous pouvez seul terminer mes soupirs :
Prononcez que le ciel approuve mon hommage.
HERMÈS.
Le Destin a tracé ses arrêts dans les cieux ;
    Je les lis, ma voix les annonce.
LICAS.
Vous qui savez interroger les dieux,
  Ne pouvez-vous leur dicter leur réponse ?
Je consens que votre art, divin ou séducteur,
Aveugle mon esprit pour faire mon bonheur.
HERMÈS.
Les yeux trop pénétrants profanent nos mystères,
    Le ciel leur cache ses décrets ;
   Nous ne voulons pour nos secrets
     Que d'innocentes bergères,
    Et des amants discrets.
LICAS.
Fléchissez pour l'amour les astres trop sévères,
    Daignez combler mes vœux,
  Je croirai tout pour être heureux.
Florise vient.
HERMÈS.
    Je vais, sans tarder davantage,
Employer pour vous tous mes soins.
Retirez-vous sous ce feuillage,
Et que vos yeux en soient témoins.

SCÈNE V.

FLORISE, HERMÈS.

FLORISE, *à part.*
Prends pitié d'une infortunée,
O ciel, termine mes soupirs,
Ou règle nos desirs sur notre destinée,
Ou notre sort sur nos desirs.
HERMÈS.
Devez-vous craindre ma présence?
Je lis dans votre cœur; dissipez votre effroi.
FLORISE.
Quoi, vous sauriez déja?
HERMÈS.
    Rien n'est caché pour moi;
Vous aimez, on vous aime.
FLORISE.
    O divine science!
HERMÈS.
Méritez mon secours par votre confiance.
Les soins d'un tendre amant ont-ils su vous toucher?
Licas.... Mais, à ce nom, votre trouble est extrême!
FLORISE.
Ah! puisque vous savez que j'aime,
Je n'ai plus rien à vous cacher.
HERMÈS.
Cédez, cédez au penchant qui vous presse,
Tous les cieux sont soumis au dieu de la tendresse :
C'est l'Amour qui dicte au Destin
Les jours heureux qu'il doit écrire;
Lorsque ce dieu conduit sa main,

De son bonheur un amant est certain ;
Dans les décrets du sort il lit ce qu'il desire.

FLORISE.

D'un feu nouveau mon esprit animé....

HERMÈS.

Je vois que le ciel vous éclaire ;
L'amour, dans un cœur enflammé,
Est un rayon de sa lumière.

FLORISE.

Sage Hermès, que ne dois-je pas
A votre suprême science?

HERMÈS.

Faites le bonheur de Licas,
Que ce soit là ma récompense.

FLORISE.

Les dieux qui calment nos soupirs
Douteroient-ils de notre obéissance?

SCÈNE VI.

HERMÈS, FLORISE, LICAS.

LICAS.

Belle Florise, enfin, comblez-vous mes desirs?

FLORISE.

Que vois-je?.. Quel soupçon!.. Les dieux ou leurs ministres..

LICAS.

N'allez pas attirer des présages sinistres.

FLORISE.

Non, non, je ne crains plus les signes menaçants ;
Berger, je consens à me rendre ;
L'Amour m'affranchit des tourments
Que j'éprouvois à me défendre.

ENSEMBLE.

Que les plaisirs augmentent nos ardeurs!
Règne, Amour, règne dans notre ame;
Qu'à jamais ton feu nous enflamme;
Épuise tes traits sur nos cœurs!

HERMÈS.

Venez, bergers; que tout s'empresse,
Que tout applaudisse à l'Amour;
Ce n'est qu'au dieu de la tendresse
Que vous devez les biens de cet heureux séjour.

CHOEUR.

Allons, allons que tout s'empresse,
Que tout applaudisse à l'Amour;
Ce n'est qu'au dieu de la tendresse
Que nous devons les biens de cet heureux séjour.

(*On danse.*)

LICAS.

C'est l'Amour qui, dans ces retraites,
Satisfait nos desirs;
Nos hautbois, nos tendres musettes
Ne chantent que nos plaisirs.
Loin de nous la vaine puissance
Et l'éclat de la grandeur!
Ils séduisent notre innocence,
Sans augmenter notre bonheur.

(*On danse.*)

FLORISE.

Amour, résister à tes charmes,
C'est refuser d'être heureux;
Qui peut échapper à tes armes?
Nous aimons quand tu le veux.

Aimable dieu, ta victoire

Peut-elle alarmer un cœur?
Non, non, de ta gloire
Nous goûtons tout le bonheur.

FIN DE LA PREMIÈRE ENTRÉE.

SECONDE ENTRÉE.

L'AMBITION.

Le théâtre représente un palais.

SCÈNE I.
PALMIRE, CLÉONE.

CLÉONE.
Reine, vous voyez vos sujets
De ce grand jour consacrer la mémoire :
Vous allez assurer, en comblant leurs souhaits,
Et leur bonheur et votre gloire ;
Remplissez leurs vœux les plus doux.
PALMIRE.
Je cède à leur impatience,
Je vais nommer un roi, je choisis un époux.
CLÉONE.
Pour obtenir la préférence,
Deux illustres rivaux, nés du sang de nos rois,
De l'amour près de vous font entendre la voix.
PALMIRE.
Ma gloire approuve leur hommage ;
Tous deux, par leurs vertus, sont dignes de mon choix.
CLÉONE.
Arsame, fier de ses exploits,
Prétend obtenir l'avantage.

PALMIRE.

Iphis, avec les mêmes droits,
N'a-t-il pas, pour l'état, signalé son courage?

CLÉONE.

C'est à vous de nommer le plus digne des deux.

PALMIRE.

Chaque amant à mes yeux montre le même zèle,
 Le succès devoile ses vœux ;
 Le moment qui fait un heureux,
 Ne fait souvent qu'un infidèle.

CLÉONE.

Ces princes brûlent donc d'une inutile ardeur?

PALMIRE.

Je n'ose encore interroger mon cœur.

CLÉONE.

 Souvent plus tôt qu'on ne pense,
 Un secret est révélé :
 On croit garder le silence,
 Le cœur a déja parlé.

PALMIRE.

Mon cœur ne doit-il donc écouter que la gloire?
Il est temps que l'Amour partage la victoire.

 Dieu puissant, exauce les vœux
  Que ta flamme m'inspire ;
 Règle le sort de cet empire :
 C'est toi seul qui fais les heureux.

CLÉONE.

Mais déja les princes paroissent.

SCÈNE II.

PALMIRE, CLÉONE, ARSAME, IPHIS.

ARSAME.
Reine, fixez notre destin.
IPHIS.
L'empire attend un roi de votre main,
Vos sujets vous en pressent.
ARSAME.
Tout parle en ma faveur; et si pour vos appas
Je cède à l'ardeur qui m'anime,
Ce trône, affermi par mon bras,
Semble justifier un espoir légitime.
IPHIS.
Peut-être mes succès flatteroient mon espoir,
Si j'eusse osé prétendre un prix pour mon devoir.
PALMIRE.
Le sceptre que les rois tiennent de la naissance,
Ne semble dû qu'à vos travaux;
C'est à votre valeur qu'ils doivent leur puissance:
Le sang forme les rois, la vertu les héros.
IPHIS.
Le trône est embelli par l'espoir de vous plaire.
ARSAME.
Les rois sont des dieux qu'on révère.
IPHIS.
Ce n'est ni la pompe des cieux,
Ni le droit d'effrayer la terre,
C'est le bonheur qui fait les dieux.
L'unique objet de ma flamme
Est de porter vos fers :

Le don de votre cœur charmeroit plus mon ame
Que l'empire de l'univers.

PALMIRE.

Je vois le peuple qui s'avance,
Vous apprendrez mon choix en sa présence.

SCÈNE III.

LES MÊMES ACTEURS, PEUPLES.
(*Marche.*)

CHOEUR.

Triomphez, auguste Palmire ;
Nous goûtons les douceurs de votre aimable empire,
Le ciel verse ses dons sur vos heureux sujets.
Que tous les cœurs vous cèdent la victoire.
Publions à jamais
Notre bonheur et votre gloire.

PALMIRE.

Princes, je vais faire connoître
Que votre espoir doit être égal ;
Mais que chacun de vous respecte en son rival
Celui qui, dans ce jour, peut devenir son maître.

Assis auprès du trône, et mes premiers sujets,
C'est vous que le peuple contemple :
Il doit sa gloire à vos succès ;
De la fidélité vous lui devez l'exemple.

ARSAME et IPHIS.

Que les dieux immortels
Protecteurs de votre puissance,
Reçoivent nos vœux solennels,
Qu'ils soient garants de notre obéissance.

Entendez-nous, dieux tout-puissants;
Si quelque téméraire
Ose violer ses serments,
Qu'il soit étranger sur la terre;
En proie aux remords dévorants,
Qu'il tombe frappé du tonnerre.

CHOEUR.

Entendez-nous, etc.

PALMIRE.

Vous qui reconnoissez mes lois,
Soyez attentifs à ma voix.
Malgré l'éclat du diadème,
Mon ame a plus senti le poids
Que les douceurs du rang suprême.
Princes, si l'un de vous, satisfait de ma main,
Consent à partager un tranquille destin,
Jouissant avec lui du repos où j'aspire,
J'élève au même instant son rival à l'empire.

ARSAME.

Ah! pourquoi séparer deux biens si précieux!
Un empire jamais peut-il cesser de plaire?
Mais, s'il n'a plus de charmes à vos yeux,
Que votre choix préfère
Le soutien de l'état et l'appui de ces lieux.

IPHIS.

Reine, si votre cœur est mon heureux partage,
Puis-je former d'autres souhaits?
Qu'Arsame régne en paix,
Qu'il reçoive à l'instant l'hommage
Du plus heureux de ses sujets.

PALMIRE.

Méprisez-vous la grandeur souveraine?

IPHIS.

Sans vous, elle n'est rien; j'y renonce sans peine.

PALMIRE, *montrant Iphis.*

Peuples, vous voyez votre roi.
Iphis, avec ma main, recevez la couronne:
Votre vertu m'en fait la loi,
Et c'est l'Amour qui vous la donne.

ARSAME.

Sortons de cette ingrate cour,
Cherchons ailleurs la Gloire, et méprisons l'Amour.

PALMIRE et IPHIS.

C'est à l'Amour que je dois mon bonheur,
Votre cœur fait mon bien suprême;
Je ne connois le prix de la grandeur,

PALMIRE. { Qu'en la cédant à ce que j'aime.
IPHIS. { Qu'en l'obtenant de ce que j'aime.

PALMIRE.

Que tout retentisse en ce jour
De concerts amoureux et de chants de victoire:
Célébrez un héros couronné par la Gloire,
Et choisi par l'Amour.

CHOEUR.

Que tout retentisse en ce jour
De concerts amoureux et de chants de victoire:
Célébrez un héros couronné par la Gloire,
Et choisi par l'Amour.

PALMIRE, *alternativement avec le chœur.*

Ce n'est point un empire
Qui flatte nos vœux;
Son éclat dangereux
Coûte des soins fâcheux:
La grandeur peut séduire,
Mais l'Amour rend heureux.

Vole, descends des cieux,
Fais briller tous tes feux,
Dieu qui fais les plaisirs;
Pour prix de nos soupirs,
Viens combler nos desirs.

FIN DE LA SECONDE ENTRÉE.

TROISIÈME ENTRÉE.

LES CAPRICES DE L'AMOUR.

Le théâtre représente un lieu préparé pour la fête de Vénus dans l'île de Chypre ; on voit d'un côté le péristyle d'un temple.

SCÈNE I.

AGENOR.

Aveugle dieu, tyran des ames,
Cesse de déchirer mon cœur :
Amour, tu ne répands tes flammes
Que pour signaler ta fureur.
  Le crime et le délire
Brûlent l'encens sur ton autel :
N'est-on jamais sous ton empire
Que malheureux ou criminel ?

Aveugle dieu, etc.

Aux charmes d'Eucharis mon cœur est insensible,
Et Céphise à mes vœux est toujours inflexible ;
Ah ! cherchons à finir un si cruel tourment.

SCÈNE II.

AGENOR, CÉPHISE.

AGENOR.
Belle Céphise, arrêtez un moment.

CÉPHISE.

Dans ce temple odieux tout m'outrage et m'irrite.

AGENOR.

Ou plutôt vous fuyez un malheureux amant.

CÉPHISE.

Rien ne sauroit calmer le trouble qui m'agite.
C'est ici de Vénus le séjour respecté :
    On doit, par un antique usage,
       Couronner la beauté
   Qui peut en retracer l'image;
Je pouvois me flatter d'en obtenir le prix,
Et je vois qu'à mes yeux on couronne Eucharis.

AGENOR.

   Les vrais amants font de leur flamme
   Leur suprême félicité.
Mon cœur seroit pour vous le prix de la beauté,
   Si l'Amour eût touché votre ame.

CÉPHISE.

A l'heureuse Eucharis offrez ces soins flatteurs :
   Ils ne sont dus qu'à la plus belle;
   Allez partager avec elle
Et sa tendresse et ses nouveaux honneurs.

AGENOR.

   Ah ! vous savez trop bien, cruelle,
   Qu'à votre sort le mien est attaché.

CÉPHISE.

Si de mon sort votre cœur est touché,
Prouvez-moi votre amour en servant ma colère;
Que des mains d'Eucharis le prix soit arraché,
   Alors soyez sûr de me plaire.

AGENOR.

   Vous ne voulez que m'outrager....
   Mais si jamais je puis me dégager....

Il est un terme à la constance.
CÉPHISE.
Ou servez ma fureur, ou fuyez ma présence.
J'aperçois d'Eucharis le triomphe odieux :
Sortons.
AGENOR, *en suivant Céphise.*
Il faut calmer ses transports furieux.

SCÈNE III.

EUCHARIS, *tenant une couronne de fleurs, et suivie de la jeunesse de l'île de Chypre, qui célèbre le triomphe de la beauté.*

UNE GRECQUE.
Rassemblons-nous, dans cette fête,
Sous les lois de la volupté ;
Rendons hommage à la beauté.
Que tous les cœurs soient sa conquête.
(*On danse.*)
CHOEUR.
Rassemblons-nous, etc.
UNE GRECQUE.
Amants, redoublez vos ardeurs,
  Méritez les faveurs
Dont l'Amour vous comble sans cesse.
Charmants objets de ce séjour,
  Aimez à votre tour,
Profitez de votre jeunesse :
La beauté n'est, sans la tendresse,
  Qu'un outrage à l'Amour.   (*On danse.*)
EUCHARIS.
C'est assez célébrer de trop foibles attraits :
  Laissez-moi respirer en paix.

SCÈNE IV.

EUCHARIS.

Déesse des Amours, Vénus, daigne m'entendre;
Sois sensible aux soupirs de mon cœur amoureux :
 Sous ton empire en est-il un plus tendre,
  En est-il un plus malheureux ?

  L'objet qui remplit seul mon ame
   Méprise mes douleurs,
Agenor est toujours insensible à ma flamme,
   Et tous ces vains honneurs
  Me font mieux sentir mes malheurs.

Déesse des Amours, etc.
Je le vois ; sa présence augmente ma foiblesse.

SCÈNE V.

AGENOR, EUCHARIS.

EUCHARIS.

Tandis que sur mes pas tout un peuple s'empresse,
  Lorsque j'entends de toutes parts
  Retentir des chants d'alégresse,
Agenor est le seul que cherchent mes regards,
Agenor est le seul qui m'évite sans cesse.

AGENOR.

  Parmi les concerts éclatants
  Qui célébrent votre victoire,
Aurois-je osé penser que mes foibles accents
  Pussent manquer à votre gloire ?

EUCHARIS.

Connoissez mieux mes sentiments :
De ces honneurs je ne sens point l'ivresse.
Les éloges de la beauté
Ne charment que la vanité,
Et ne flattent point la tendresse.

Que le triomphe est charmant
Quand un cœur nous rend les armes !
Ce sont les transports d'un amant
Qui font l'éloge de nos charmes.

AGENOR.

Je ne mérite pas un si tendre retour.

EUCHARIS.

Quel est le prix de ma constance !
Vous ne doutez de mon amour
Que pour ne pas rougir de votre indifférence.

AGENOR.

Apprenez donc tout mon malheur :
Mon cœur vous étoit dû ; mais l'injuste Céphise
M'arrache malgré moi ce cœur, et le méprise.

EUCHARIS.

Hélas ! je vois avec douleur
Qu'à mes soupirs votre ame est inflexible ;
Mais si j'en jugeois par mon cœur,
Vous n'auriez jamais dû trouver une insensible.

AGENOR.

L'Amour, pour vous venger, me fait subir la loi
D'une rivale impérieuse.

EUCHARIS.

Votre malheur peut-il me rendre plus heureuse?
Il en est un nouveau pour moi.

AGENOR.
Vous ne connoissez pas encor cette inhumaine,
Et jusqu'où son orgueil insulte à mon malheur.
EUCHARIS.
Après m'avoir enlevé votre cœur,
Que pourroit-elle ajouter à ma peine ?
AGENOR.
Son cœur ne connoît que la haine ;
On ne pourroit adoucir sa fierté
Qu'en portant à ses pieds le prix de la beauté
Que vos charmes ont mérité.
EUCHARIS.
Si le bonheur dépend d'obtenir ce qu'on aime,
Si je ne puis partager en ce jour
Cette félicité suprême,
Vous la devrez du moins à mon amour.
(*en lui offrant la couronne de fleurs.*)
Allez, présentez-lui ce gage,
Qu'elle en jouisse désormais:
Puisque de votre cœur elle reçoit l'hommage,
Ce prix n'est dû qu'à ses attraits.
AGENOR.
Dieux! est-ce donc de la main qu'on outrage
Qu'on reçoit les bienfaits?
EUCHARIS.
Puisque de votre cœur elle reçoit l'hommage,
Ce prix n'est dû qu'à ses attraits.
AGENOR, *se jetant aux pieds d'Eucharis.*
Généreuse Eucharis, votre vertu sublime
Dissipe mon aveuglement;
Et mes remords en ce moment
Me font voir vos attraits, vos vertus et mon crime;

Je rougis à vos pieds de mon égarement.

De vos bontés puis-je être digne encore?
L'amour brûle mon cœur, le remords le dévore.
EUCHARIS.
Ah! cessez de vous condamner,
C'est de votre bonheur que le mien peut dépendre;
Partagez avec moi le plaisir vif et tendre
Que je sens à vous pardonner.
AGENOR.
De vos vertus mon bonheur est l'ouvrage;
En admirant votre beauté,
On croit voir la divinité;
Votre ame en offre encore une plus belle image.
ENSEMBLE.
Soupirons à jamais,
Brûlons d'une éternelle flamme:
Que l'Amour qui règne en notre ame,
Soit jaloux de ses bienfaits.
EUCHARIS.
Vous qui de la beauté célébrez la victoire,
Venez chanter l'Amour, mon amant et ma gloire.
CHOEUR.
Reine de la beauté, déesse des amants,
Nous adorons votre puissance:
Triomphez de nos cœurs, } recevez notre encens,
Descendez parmi nous,
Le feu de nos desirs, sans cesse renaissants,
Annonce votre présence.

(On danse.)

EUCHARIS, *alternativement avec le chœur.*
Charmant Amour, ame du monde,
Nous suivons tes aimables lois;

Tu règnes dans les cieux, sur la terre et sur l'onde,
Tout s'anime, respire et s'enflamme à ta voix.

    Que d'autres dieux effraient l'univers,
      Que la crainte leur rende hommage,
      Leur culte n'est qu'un esclavage;
Tu triomphes des cœurs, nous adorons tes fers.
    Charmant Amour, etc.

(On danse.)

CANTATILLE.

    Dans ces beaux lieux tout nous engage;
Le murmure des eaux, le souffle des zéphirs,
    Les rossignols par leur ramage,
Tout inspire l'amour et forme des desirs.
      L'amant fidèle ou volage,
      Y brûle des mêmes feux;
      Le plaisir est notre hommage,
      Et tous les cœurs sont heureux.

Dans ces beaux lieux, etc.

FIN DES CARACTÈRES DE LA FOLIE
ET DU TOME NEUVIÈME ET DERNIER.

TABLE

DES ARTICLES CONTENUS DANS CE VOLUME.

Morceaux historiques, et Matériaux pour l'histoire.	1
Mort de madame Henriette d'Angleterre.	ibid.
Causes secrètes de la guerre de 1741.	6
Négociation du duc de Duras en Espagne.	17
Révolution de Russie de 1762.	27
Lettre écrite par Catherine II.	38
Bâtards de la maison de France.	51
Ordre du Saint-Esprit. Prétentions de quelques maisons, etc.	59
Valets-de-chambre du roi.	66
Origine des noms de M. le Prince, M. le Duc, M. le Comte et Altesse, Monsieur, Monseigneur, Madame, Mademoiselle, etc.	72
Extraits des dépêches des cardinaux Dubois et de Rohan, de l'abbé de Tencin, etc.	78
Extrait des dépêches du cardinal de Fleuri au cardinal de Tencin.	87
Bons mots, Anecdotes, Souvenirs, Réflexions, etc.	104
Voyage en Italie, ou Considérations sur l'Italie.	147
Lettres écrites par Duclos à M. Abeille, pendant ce voyage.	353
Réflexions.	373
La Conversion de mademoiselle Gautier.	379, 387
Notice sur mademoiselle Gautier.	381
Critique du Recueil de ces Messieurs.	418
Les Caractères de la Folie, ballet.	427

FIN DE LA TABLE.